"现代农业产业技术体系——国家葡萄产业技术体系（CARS-29）"
建设专项资金资助出版

中国葡萄产业大数据分析

● 冯建英　穆维松　田　东　李　玥　等 编著

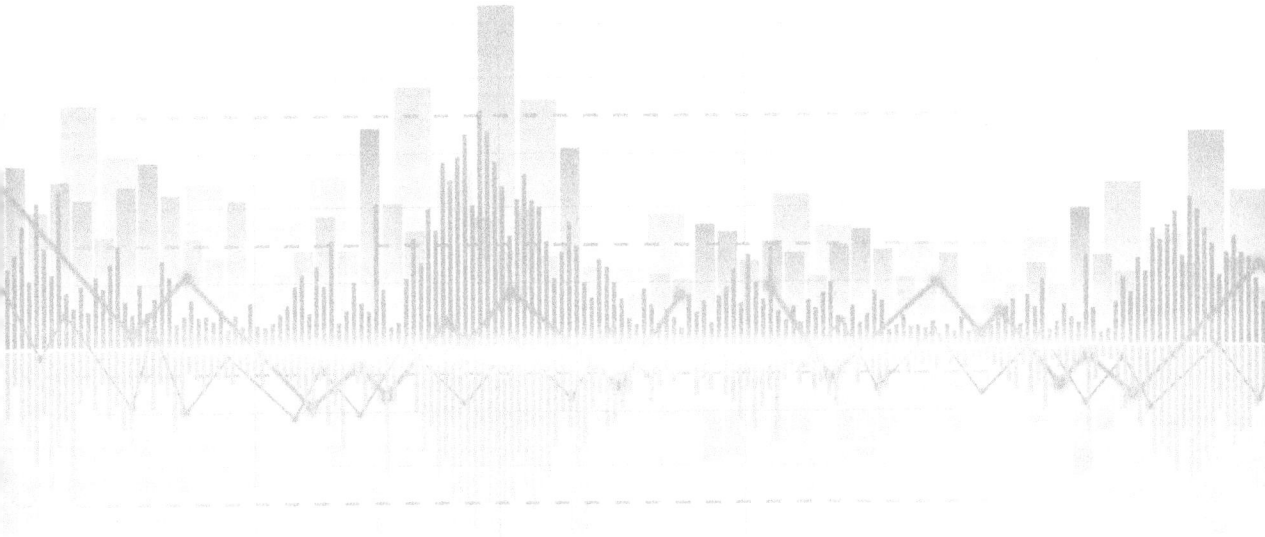

中国农业科学技术出版社

图书在版编目(CIP)数据

中国葡萄产业大数据分析／冯建英等编著. -- 北京：中国农业科学技术出版社，2024.7. -- ISBN 978-7-5116-6929-2

Ⅰ.F326.13

中国国家版本馆 CIP 数据核字第 20247ER687 号

责任编辑	崔改泵
责任校对	李向荣
责任印制	姜义伟　王思文

出 版 者	中国农业科学技术出版社
	北京市中关村南大街 12 号　　邮编：100081
电　　话	(010) 82109194（编辑室）　　(010) 82106624（发行部）
	(010) 82109709（读者服务部）
网　　址	https://castp.caas.cn
经 销 者	各地新华书店
印 刷 者	北京虎彩文化传播有限公司
开　　本	185 mm×260 mm　1/16
印　　张	14.5
字　　数	352 千字
版　　次	2024 年 7 月第 1 版　2024 年 7 月第 1 次印刷
定　　价	100.00 元

◆━━ 版权所有・翻印必究 ━━◆

《中国葡萄产业大数据分析》编著委员会

主编著： 冯建英　穆维松　田　东　李　玥

编著者：（按姓氏拼音排序）

褚晓泉　范梦扬　冯建英　冯俞萌
龚劭齐　李　鑫　李　玥　刘天琪
穆维松　苏允汇　田　东　王　智
王军伟　原变鱼　张思源

前　　言

2007年以来，农业部（现农业农村部）、财政部先后启动建设了50个以主要农产品为单元、产业链为主线、从产地到餐桌、从生产到消费、从研发到市场各个环节紧密衔接、服务国家目标的现代农业产业技术体系。国家葡萄产业技术体系属于2008年启动的第二批40个现代农业产业技术体系之一。国家级现代产业技术体系的建立，为葡萄产业的提质增效和高质量发展充分赋能，使葡萄产业充分发挥了服务乡村振兴和支撑县域经济发展的积极作用。

很幸运，本团队的穆维松教授从2008年起获聘为国家葡萄产业技术体系产业经济岗位科学家。在国家葡萄产业技术体系的支持下，本团队持续开展葡萄产业经济信息分析与决策支持相关研究工作。我们先后于2010年和2016年出版了两部《中国葡萄产业经济研究》专著，展示了团队围绕葡萄产业链经济问题研究的阶段性成果，并得到葡萄产业相关主体的好评。

21世纪以来，信息技术和智能技术的发展方兴未艾，大数据、人工智能与各行各业深入融合发展。尤其是2020年中共中央、国务院发布《关于构建更加完善的要素市场化配置体制机制的意见》，明确将数据视为生产要素之一，标志着数据在经济发展中的重要地位被正式认可。我们认为大数据技术在葡萄产业经济研究中具有巨大的应用价值，其强大的数据分析和处理能力，能够挖掘出更多样和更深入的经济关系，增强我们对现象的理解。而随着葡萄产业数字化的发展和持续的数据积累，使得基于大数据技术等相关智能技术开展葡萄产业经济问题研究成为可能。在这种形势下，近年来本团队在完成产业经济岗位任务的同时，还探索开展了基于大数据技术、机器学习甚至深度学习的产业经济研究，并初步积累了一些经验，本次出版的《中国葡萄产业大数据分析》即是我们近期部分研究成果之体现。

本书覆盖葡萄产业链丰富、多源、多尺度、多类型的基础数据，从葡萄全产业链视角系统分析了我国葡萄产业的历程与规模、布局与变迁、生产与消费、国际贸易等产业发展的宏观产业环境，进而对生产环节、流通环节、消费环节进行了数据深入挖掘与分析，以期数字化全面展示我国葡萄产业发展的动态与形势，揭示数据驱动的产业链关键环节分析结果，为从业者提供不同视角的决策支撑。全书主要内容包括以下几方面：

第一部分，数说中国葡萄产业发展。包括3个独立章。基于丰富、详实的统计数据,全面剖析了世界葡萄产业发展形势及中国的产业地位;梳理了中国葡萄产业的规模、布局、市场现状;分析了葡萄产业国际贸易的规模、结构、价格等动态与趋势。

第二部分,生产环节葡萄产业数据挖掘与分析。包括3个独立章。主要基于国家葡萄产业技术体系积累的葡萄生产环节基础数据,开展了考虑区位因素的、基于机器学习的葡萄生产技术效率智能评价;面向混合数据聚类算法的葡萄农户群体细分;基于关联分析的细分葡萄农户群体特征挖掘。

第三部分,流通环节葡萄产业数据建模。包括4个独立章。基于葡萄供应链调研数据和人工神经网络模型,开展了鲜食葡萄可持续供应链风险评价研究;基于理化试验和感官试验数据,对鲜食葡萄运输过程中环境因子与感官品质进行非线性建模;基于第三方发布的葡萄批发价格数据,引入时间序列聚类和时间序列预测算法,开展鲜食葡萄批发价格的区域特征挖掘和价格预测。

第四部分,消费环节葡萄产业大数据分析。包括4个独立章。基于第一手市场调研数据,识别了我国消费者对鲜食葡萄的感官属性、外部属性偏好及渠道选择;基于市场调研数据,开展了鲜食葡萄消费市场细分以及细分群体对葡萄属性偏好的关联规则挖掘;获取消费者对电商平台鲜食葡萄的评价文本数据,基于自然语言处理等深度学习技术分析了消费者的关注度和满意度。

本书各章节撰写人员分工如下:第一篇由田东、冯建英、范梦扬、张思源完成;第二篇由冯建英、穆维松、龚邵齐、苏允汇完成;第三篇由冯建英、穆维松、原变鱼、李鑫、王智、褚晓泉完成;第四篇由穆维松、李玥、冯俞萌、刘天琪、王军伟完成。冯建英、穆维松、田东、李玥还承担了全书的结构设计、统稿、修订等工作。本团队的其他研究生同学,也以不同形式为本书的完成贡献了力量,在此一并表示感谢!

特别感谢国家葡萄产业技术体系首席科学家段长青教授对我们工作的认可和支持!也感谢其他岗、站专家及其团队的协助!产业经济岗位的实地调研和基础数据收集工作得到了体系各位同仁的鼎力支持,否则我们无法顺利完成各项任务。特别指出,葡萄生产环节的成本收益调研数据采集依托各综合试验站开展,唐美玲、刘三军、郝燕、蒋爱丽、吴伟民、龚林忠、刘晓、马小河、雷龑、杨顺林、鲁会玲、孙其宝、蔡军社、黄建全、张瑛、王录俊、孙凌俊、杨丽丽、何建军、吕中伟、魏灵珠、徐美隆、申海林、边凤霞、李勃等现任站长、前任站长及其团队成员为此项工作付出了多年辛勤工作,在此一并表示感谢!

本书在编写过程中,参阅和引用了国内外许多学者、专家的研究文献,在此向有关专家表示感谢!由于编者水平有限,本书难免存在不足之处,恳请广大科技工作者、生产者、体系同仁及广大读者批评指正。

编著者
2024年5月

目　　录

第一篇　数说中国葡萄产业发展

第 1 章　世界葡萄产业发展及中国葡萄产业的国际地位 ⋯⋯⋯⋯⋯⋯ 3
　1.1　世界葡萄产业发展规模 ⋯⋯⋯⋯⋯⋯⋯⋯⋯⋯⋯⋯⋯⋯⋯⋯ 3
　1.2　世界葡萄产业布局及变迁 ⋯⋯⋯⋯⋯⋯⋯⋯⋯⋯⋯⋯⋯⋯⋯ 4
　1.3　世界葡萄产业贸易发展分析 ⋯⋯⋯⋯⋯⋯⋯⋯⋯⋯⋯⋯⋯⋯ 7

第 2 章　中国葡萄产业生产与市场数据分析 ⋯⋯⋯⋯⋯⋯⋯⋯⋯⋯ 11
　2.1　中国葡萄产业发展规模 ⋯⋯⋯⋯⋯⋯⋯⋯⋯⋯⋯⋯⋯⋯⋯⋯ 11
　2.2　中国葡萄产业区域布局 ⋯⋯⋯⋯⋯⋯⋯⋯⋯⋯⋯⋯⋯⋯⋯⋯ 12
　2.3　中国葡萄产业的市场供给和消费情况 ⋯⋯⋯⋯⋯⋯⋯⋯⋯⋯ 15

第 3 章　中国葡萄产业贸易大数据分析 ⋯⋯⋯⋯⋯⋯⋯⋯⋯⋯⋯⋯ 23
　3.1　中国葡萄产业贸易现状 ⋯⋯⋯⋯⋯⋯⋯⋯⋯⋯⋯⋯⋯⋯⋯⋯ 23
　3.2　中国葡萄产业贸易动态与趋势 ⋯⋯⋯⋯⋯⋯⋯⋯⋯⋯⋯⋯⋯ 30

第二篇　生产环节葡萄产业数据挖掘与分析

第 4 章　基于区位因素的葡萄生产技术效率智能预测模型 ⋯⋯⋯⋯ 45
　4.1　变量与数据 ⋯⋯⋯⋯⋯⋯⋯⋯⋯⋯⋯⋯⋯⋯⋯⋯⋯⋯⋯⋯⋯ 45
　4.2　预测模型的构建与验证 ⋯⋯⋯⋯⋯⋯⋯⋯⋯⋯⋯⋯⋯⋯⋯⋯ 49
　4.3　技术效率预测结果分析 ⋯⋯⋯⋯⋯⋯⋯⋯⋯⋯⋯⋯⋯⋯⋯⋯ 52

第 5 章　基于混合数据聚类的葡萄生产者细分研究 ⋯⋯⋯⋯⋯⋯⋯ 54
　5.1　数据获取及数据集特点 ⋯⋯⋯⋯⋯⋯⋯⋯⋯⋯⋯⋯⋯⋯⋯⋯ 54
　5.2　葡萄种植农户聚类细分算法 ⋯⋯⋯⋯⋯⋯⋯⋯⋯⋯⋯⋯⋯⋯ 58
　5.3　葡萄种植农户细分结果分析 ⋯⋯⋯⋯⋯⋯⋯⋯⋯⋯⋯⋯⋯⋯ 65

第 6 章　基于关联分析的葡萄种植农户生产特征挖掘方法 ⋯⋯⋯⋯ 68
　6.1　基于关联分析的农户生产特征挖掘总体思路 ⋯⋯⋯⋯⋯⋯⋯ 68

6.2 基于差分进化的加权关联规则挖掘算法 …………………………………………… 70
6.3 基于改进算法的葡萄种植农户生产特征规则挖掘结果 ………………………… 72

第三篇 流通环节葡萄产业数据建模

第7章 基于神经网络的鲜食葡萄可持续供应链风险评价 …………………… 79
7.1 鲜食葡萄可持续供应链风险特征指标体系构建 ………………………………… 79
7.2 风险评价数据集的建立与特征描述 ……………………………………………… 83
7.3 基于机器学习的供应链风险评价模型构建 ……………………………………… 87
7.4 基于改进的 PSO-BP 模型的供应链风险评价结果 ……………………………… 92

第8章 鲜食葡萄运输过程中感官品质评价与预测 …………………………… 95
8.1 鲜食葡萄运输过程环境及品质数据获取 ………………………………………… 95
8.2 运输环境因子与葡萄感官品质预测模型构建 …………………………………… 98
8.3 建模结果 …………………………………………………………………………… 100

第9章 我国鲜食葡萄批发价格区域特征挖掘 ………………………………… 103
9.1 鲜食葡萄批发价格数据集 ………………………………………………………… 103
9.2 鲜食葡萄价格区域聚类方法 ……………………………………………………… 111
9.3 葡萄价格聚类结果分析 …………………………………………………………… 118

第10章 我国鲜食葡萄批发价格预测建模 …………………………………… 121
10.1 葡萄批发价格概况 ………………………………………………………………… 121
10.2 基于"分解—集成"策略的 EEMD-ADD 价格预测建模 ……………………… 122
10.3 价格预测模型应用结果及分析 …………………………………………………… 126

第四篇 消费环节葡萄产业大数据分析

第11章 基于消费大数据的鲜食葡萄市场偏好分析 ………………………… 135
11.1 调研方案及样本特征 ……………………………………………………………… 135
11.2 我国消费者对鲜食葡萄感官属性的偏好特征 …………………………………… 138
11.3 消费者对鲜食葡萄外部属性的偏好 ……………………………………………… 150
11.4 消费者购买鲜食葡萄的渠道偏好及影响因素 …………………………………… 154

第12章 面向混合数据集的鲜食葡萄消费市场细分 ………………………… 159
12.1 问题与数据 ………………………………………………………………………… 159
12.2 混合属性的 K-means 相异性度量和特征加权 ………………………………… 161
12.3 面向混合数据集的鲜食葡萄客户细分模型 ……………………………………… 165

  12.4 基于改进 K-means 聚类算法的鲜食葡萄客户细分结果与分析 …………… 172

第 13 章 消费者细分群体对葡萄属性偏好的关联分析 ……………………… 179
  13.1 消费者细分群体/客户类别对产品属性偏好数据编码及转换 …………… 179
  13.2 基于优化 Apriori 算法的客户类别对产品属性偏好挖掘方法 …………… 181
  13.3 鲜食葡萄客户类别对产品属性偏好挖掘结果与分析 ……………………… 182

第 14 章 基于电商评论文本的鲜食葡萄消费者情感分析 ……………………… 189
  14.1 鲜食葡萄电商评论数据收集 ………………………………………………… 189
  14.2 基于情感词典的鲜食葡萄评论描述 ………………………………………… 194
  14.3 基于文本聚类的鲜食葡萄评论细分 ………………………………………… 198
  14.4 鲜食葡萄电商评论的情感分析 ……………………………………………… 207

参考文献 ……………………………………………………………………………………… 216

第一篇

数说中国葡萄产业发展

第1章 世界葡萄产业发展及中国葡萄产业的国际地位

在开放的市场环境下，中国葡萄产业发展离不开世界葡萄产业发展的大形势和大环境，掌握世界葡萄产业发展现状及最新形势，对科学研判我国葡萄产业发展的定位和趋势具有重要的宏观指导意义。因此，本章将通过丰富、翔实的数据分析，洞悉当前世界葡萄产业的发展形势、产业布局和贸易格局，并重点关注我国在世界葡萄产业发展中的国际地位。

本章首先从产业规模总量上分析世界葡萄产业发展，其次分析了葡萄产业在各大洲及主产国的分布，最后梳理了世界葡萄产业贸易发展情况。

1.1 世界葡萄产业发展规模

葡萄一直是全世界最重要的水果之一，其种植面积和产量均居于世界水果前列。据FAO统计，2022年世界葡萄园收获面积为673.02万公顷，总产量为7 494.26万吨，单产为11 135.3千克/公顷，全世界有近100个国家栽培葡萄。

近20年来世界葡萄收获面积总体表现出波动中减少的趋势。根据联合国粮食及农业组织（FAO）统计数据（图1-1），世界葡萄收获面积在2003年达到最高点，当年面积为738.90万公顷，之后逐渐下降，2012年达到阶段性低点（691.69万公顷）；随后面积有所恢复和上升，至2015年收获总面积达到710.73万公顷，为近10年最高点；2016年开始面积再次出现大幅下降，之后几年虽然有增有减，但总体在低位徘徊；2021年葡萄园收获面积再次出现明显下降，2022年维持低位，世界葡萄园收获面积为672.92万公顷，处于2000年来低点。

虽然世界葡萄园收获面积呈下降趋势，但葡萄产量仍表现出波动上升的变化趋势。2000—2012年全球葡萄产量在6 000万~7 000万吨之间起伏；从2013年开始，世界葡萄产量站上7 000万吨关口，并高位徘徊，虽然年度间仍有波动，但均高于7 300万吨；至2022年世界葡萄总产量达到7 494.26万吨，虽然比最高时期的8 000万吨（2018年）有所降低，但仍然处于历史高位。收获面积下降，但产量维持增长趋势，应该归功于葡萄栽培技术改良等科技进步所带来的单产提高。

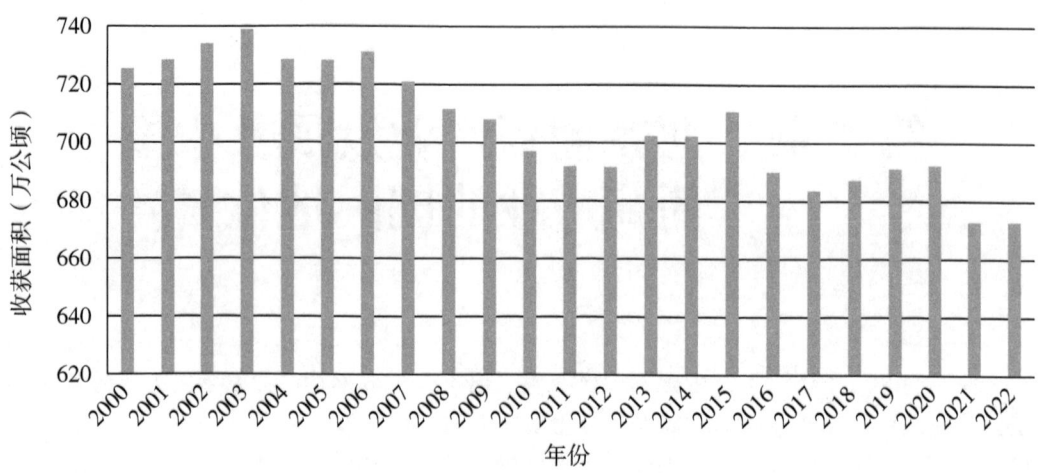

图 1-1 世界葡萄收获面积变化趋势（数据来源：FAO）

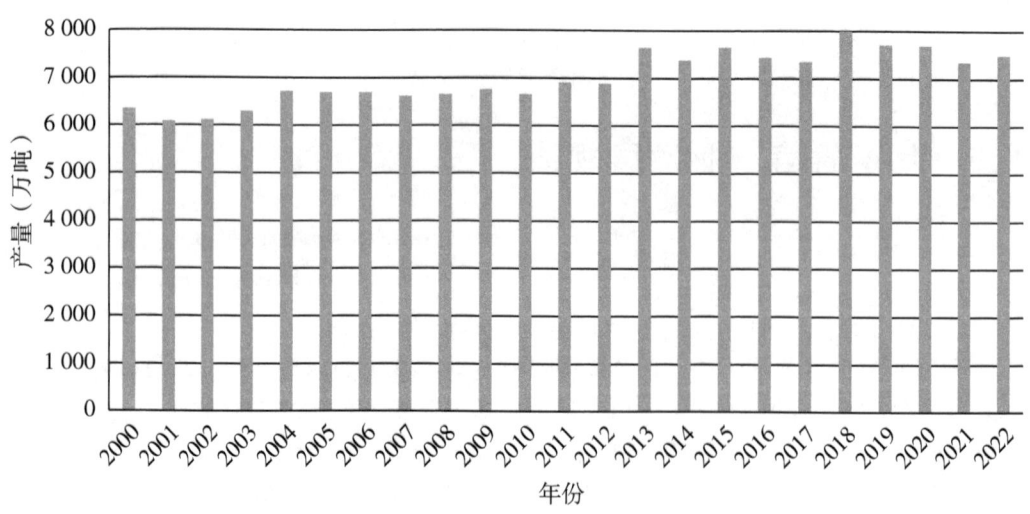

图 1-2 世界葡萄产量变化趋势（数据来源：FAO）

1.2 世界葡萄产业布局及变迁

图 1-3 和图 1-4 显示了世界葡萄生产在各大洲的分布情况，世界各大洲在葡萄收获面积和产量上的分布及变化趋势并不一致。欧洲一直为全球葡萄主产区域，但面积和产量占全球的比重分别从 2000 年的 59.10% 和 49.87% 下降到 2022 年的 51.63% 和 37.53%；亚洲葡萄收获面积和产量的比重分别从 2000 年的 22.90% 和 22.23% 上升到 2022 年的 28.31% 和 36.50%；美洲葡萄收获面积所占的比例在 10 多年中变化不大，产量的比重从 2000 年的 20.65% 降到 2022 年的 17.16%；非洲和大洋洲的葡萄产业规模一直很小，在世界总量中的份额很低。总之，欧洲葡萄产业的规模占比正在显著缩小，美

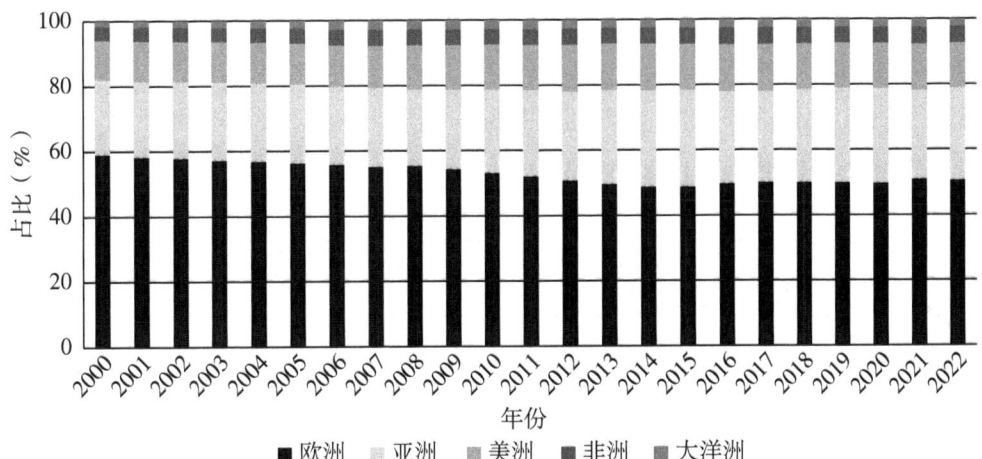

图1-3 世界各大洲葡萄收获面积占比变化趋势（数据来源：FAO）

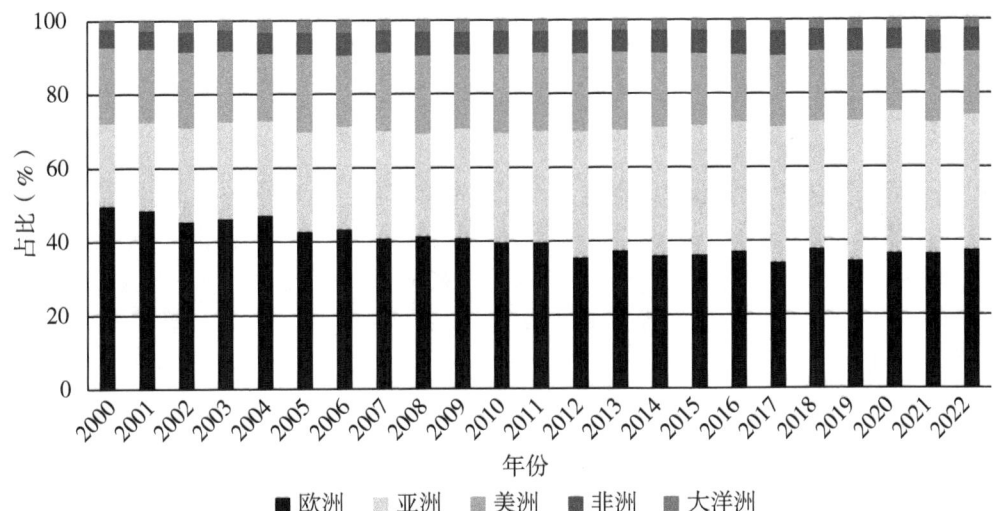

图1-4 世界各大洲葡萄产量占比变化趋势（数据来源：FAO）

洲小幅减少，而亚洲占比越来越重要。

图1-5和图1-6分别从收获面积和产量角度展示了世界葡萄主产国的产业发展趋势。西班牙一直是葡萄收获面积最大的国家，而且远远高于排名第二的法国，但西班牙葡萄收获面积持续下降，2022年处于较低水平；多数年份法国与意大利的葡萄园面积分别居第二和第三；土耳其的葡萄园收获面积也表现出持续下降趋势，种植面积从21世纪初的53.5万公顷下降到近年来不足40万公顷；美国的收获面积基本稳定在40万公顷左右，2002年以后一直居世界第六位；中国的葡萄园收获面积则表现出持续上升态势，且增速明显，从2000年葡萄收获面积在世界排名第六上升到2010年的第四位，2014年、2015年一度上升至第二位，2022年为世界第四；其他主产国还有阿根廷、葡

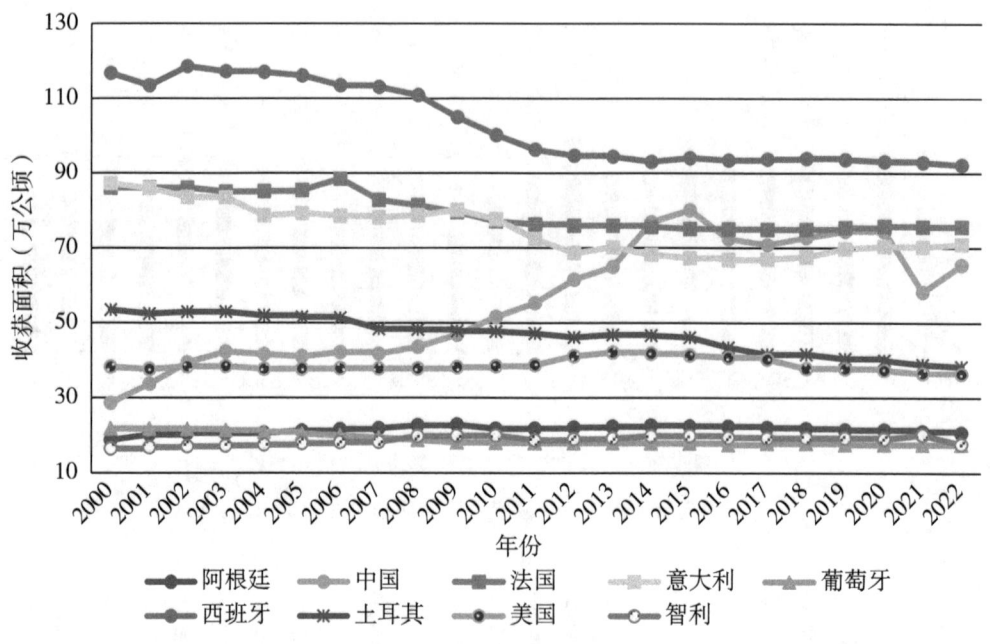

图1-5 各葡萄主产国近年收获面积变化与趋势（数据来源：FAO）

萄牙、智利等，葡萄园面积总体上比较稳定。

从葡萄产量来看，2000—2009年意大利是世界葡萄产量最高的国家，从2010年开始被中国超过，随后中国一直保持世界第一葡萄主产国的地位，也是唯一一个葡萄产量超过1 000万吨、继而超过1 200万吨的国家；意大利2010年后产量居第二位，美国、西班牙、法国三国交替位居世界葡萄产量第三到第五位，土耳其比较稳定地处于第六位。在世界葡萄主产国中，中国葡萄产量增幅显著，而其他国家均比较稳定。

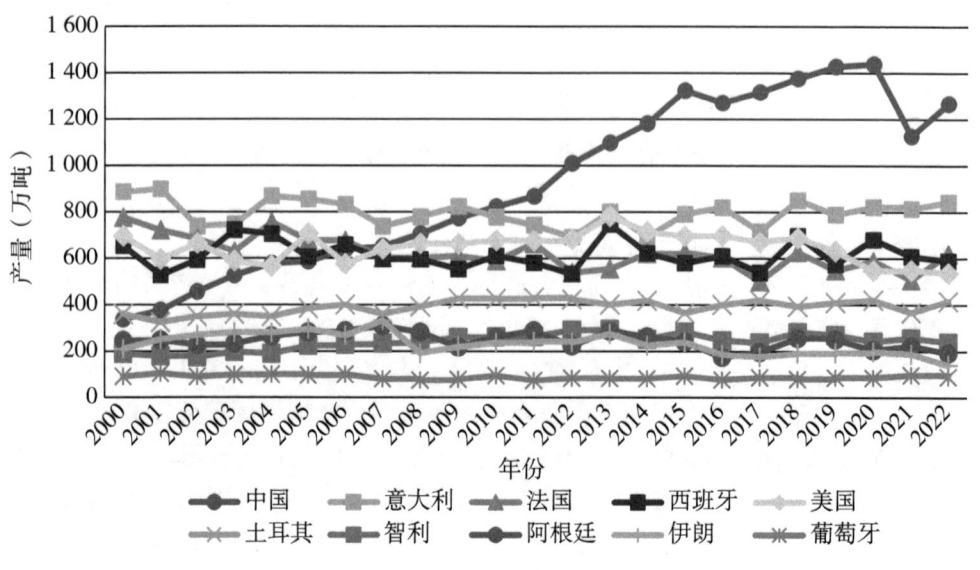

图1-6 各葡萄主产国近年产量变化与趋势（数据来源：FAO）

1.3 世界葡萄产业贸易发展分析

1.3.1 世界葡萄产业贸易总体情况

据联合国贸易统计数据库，2021年全球鲜食葡萄进出口贸易均有所增加。2021年世界鲜食贸易进口量、进口额分别为459.94万吨和102.48亿美元，与2020年相比分别增加了3.82%和4.92%；出口量和出口额分别为465.22万吨和93.61亿美元，分别比2020年增加了0.69%和1.07%。按贸易额比较，鲜食葡萄主要进口国家有美国、荷兰、德国、英国和中国等，主要出口国有秘鲁、荷兰、智利、意大利、美国和中国等。

2021年全球葡萄酒（含散装葡萄酒、瓶装葡萄酒、起泡酒）进出口贸易额和出口量有所上升，进口量下降。2021年葡萄酒进口、出口量分别为860 174.65万升、1 068 759.99万升，与2020年相比，进口量降低7.45%，出口量增加16.49%；进、出口额分别为407.27亿美元、413.09亿美元，分别增加了17.59%和21.64%。美国、英国、德国、加拿大和日本处于葡萄酒进口国前五位，而法国、意大利、西班牙、新西兰和智利是较大的出口国。

2021年全球葡萄干进口、出口总量分别为81.39万吨、68.68万吨，与2020年相比，分别增加了4.74%、4.22%；葡萄干进、出口额分别为15.95亿美元和14.22亿美元，分别降低了1.49%和0.72%。英国、德国、印度、荷兰和日本是主要的葡萄干进口国，土耳其、美国、智利、南非和希腊为主要的葡萄干出口国。

2021年世界葡萄汁的贸易量和贸易额均有所上升。葡萄汁进、出口量分别为78.63万吨和71.58万吨，分别比2020年增加了9.01%和11.56%；进、出口额分别为8.00亿美元和7.72亿美元，比2020年增加了10.72%和11.08%。主要葡萄汁的进口国为美国、日本、意大利、加拿大和德国，而西班牙、意大利、阿根廷和智利是较大的出口国。

1.3.2 主要出口国贸易状况

表1-1汇总了各种葡萄产品全球主要贸易国和贸易地区的出口贸易信息。

鲜食葡萄的主要出口国有秘鲁、荷兰、智利、意大利、美国和中国等，其中秘鲁鲜食葡萄的出口额居第一，出口量居第二；智利的出口额居第三，出口量居第一。2021年，世界前十位主要出口国占世界总出口量的比例为72.25%，出口贸易额占世界总额的78.74%，比2020年下降2%。可以看出，世界鲜食葡萄主要出口国的出口量占总出口量的份额大，贸易市场集中度较高。

世界葡萄酒主要出口国处于市场垄断地位，欧美国家的葡萄酒出口优势显著。法国、意大利、西班牙、澳大利亚、智利等仍是世界葡萄酒出口的主要国家。2021年，西班牙的葡萄酒出口量最大而出口额居第三位，法国的葡萄酒出口量为世界第三、出口额最高，意大利的葡萄酒出口量和出口额均居第二。相比而言法国出口葡萄酒的价格较高。出口量超过10亿升的国家有三个，为法国、意大利和西班牙，这三个国家葡萄酒出口额占世界葡萄酒出口总额的60.28%，所占比重有所增长，优势非常突出。世界前十个主要出口国贸易总量和贸易总额占全世界总数的比例均超过82%，其中法国、意大利、西班牙为传统的葡萄酒出口大国和强国，而澳大利亚、智利、美国则为新兴的葡萄酒出口国。

表1-1　2021年世界葡萄产业主要出口贸易状况（数据来源：联合国贸易数据库）

	鲜食葡萄				葡萄酒		
排序	国家和地区	出口额（万美元）	出口量（万吨）	排序	国家	出口额（万美元）	出口量（亿升）
1	秘鲁	119 575.27	49.00	1	法国	1 307 770.51	14.15
2	荷兰	92 068.40	34.05	2	意大利	841 691.72	21.77
3	智利	92 019.87	54.12	3	西班牙	340 547.09	22.99
4	意大利	89 185.74	47.29	4	新西兰	230 108.53	2.82
5	美国	78 159.11	31.05	5	智利	196 953.91	8.67
6	中国*	75 708.10	35.06	6	澳大利亚	160 471.82	—
7	南非	70 946.83	36.95	7	美国	145 354.03	3.28
8	西班牙	51 628.84	20.07	8	德国	119 899.52	3.73
9	澳大利亚	34 415.56	12.01	9	葡萄牙	109 673.71	3.29
10	中国香港	33 418.55	16.48	10	阿根廷	82 804.13	2.90
	世界总量	936 142.25	465.22		世界总量	4 130 907.23	106.88
	葡萄干				葡萄汁		
排序	国家	出口额（万美元）	出口量（万吨）	排序	国家	出口额（万美元）	出口量（万t）
1	土耳其	47 883.56	25.72	1	西班牙	26 497.26	27.12
2	美国	22 568.81	7.76	2	阿根廷	10 629.94	15.28
3	智利	12 737.11	6.34	3	智利	9 816.95	8.39
4	南非	12 026.95	6.40	4	意大利	8 112.09	4.25
5	希腊	7 670.10	3.17	5	美国	7 576.52	3.58
6	乌兹别克斯坦	6 082.80	2.56	6	奥地利	1 950.52	2.08
7	阿根廷	5 037.55	3.63	7	南非	1 588.93	1.45
8	阿联酋	4 279.84	3.15	8	澳大利亚	1 533.10	0.54
9	中国*	4 107.46	2.02	9	德国	1 055.53	0.99
10	德国	3 302.13	1.28	10	希腊	948.03	1.71
	世界总量	142 187.97	68.68		世界总量	77 189.37	71.58

注：*指实际进出中华人民共和国关境的贸易数据，表1-2同。

与鲜食葡萄和葡萄酒相比，葡萄干的贸易规模比较小。土耳其是最大的葡萄干出口国，其2021年的葡萄干出口量占全世界出口量的37.44%，出口额占到33.68%，较2020年世界葡萄干的出口量和出口额的比重小幅下降；其他葡萄干出口主要国家是美国、南非、智利，三国的葡萄干出口额都超过1亿美元；中国葡萄干出口额、出口量居第九位。总体来看，葡萄干出口国以亚洲和美洲国家为主，欧洲国家出口量很少。

葡萄汁的贸易规模最小，葡萄汁出口市场以欧洲和美洲为主。西班牙、智利和阿根廷是主要的出口国，这三个国家葡萄汁出口量占世界总量的70.96%，出口额占世界总出口额的60.82%，贸易集中度有所下降。总体来看，葡萄汁出口国以欧、美、澳洲国家为主，亚洲国家出口量少，与葡萄酒贸易局势呈现类似特点。

可以看出，智利已成为越来越重要的葡萄生产国，其在葡萄产业方面的优势，已经从鲜食葡萄逐渐扩大到葡萄酒、葡萄干和葡萄汁，智利在各种葡萄产品的出口贸易中都已经成为越来越重要的贸易出口国。另外，美国和意大利的葡萄产品出口量和出口额所占份额也较大。

1.3.3 主要进口国贸易状况

表1-2汇总了各种葡萄产品全球主要贸易国家和地区的进口贸易信息。

表1-2　2021年世界葡萄产业进口贸易状况（数据来源：联合国贸易数据库）

鲜食葡萄				葡萄酒			
排序	国家和地区	进口额（万美元）	进口量（万吨）	排序	国家和地区	进口额（万美元）	进口量（亿升）
1	美国	198 107.20	65.52	1	美国	737 550.88	13.92
2	荷兰	92 168.00	36.76	2	英国	482 611.31	—
3	德国	79 679.52	33.31	3	德国	339 858.34	—
4	英国	67 854.66	26.92	4	加拿大	224 689.98	4.19
5	中国*	53 539.67	19.46	5	日本	170 543.30	2.44
6	加拿大	47 161.82	18.48	6	荷兰	169 895.03	4.91
7	中国香港	45 561.11	19.17	7	中国*	168 969.64	4.24
8	俄罗斯	45 483.65	39.70	8	瑞士	147 039.77	1.81
9	印度尼西亚	31 527.08	9.83	9	中国香港	136 386.69	0.39
10	法国	25 291.27	13.41	10	俄罗斯	124 991.12	3.75
世界总量		1 024 832.84	459.94	世界总量		4 072 722.18	86.02
葡萄干				葡萄汁			
排序	国家	进口额（万美元）	进口量（万吨）	排序	国家	进口额（万美元）	进口量（万吨）
1	英国	18 459.80	9.07	1	美国	9 959.36	18.38
2	德国	16 304.67	7.98	2	日本	9 299.57	4.40
3	印度	10 419.37	2.87	3	意大利	6 948.64	12.08
4	荷兰	10 290.32	5.16	4	加拿大	6 444.14	2.85
5	日本	8 664.51	3.16	5	德国	6 358.59	9.68
6	加拿大	6 199.07	2.52	6	中国*	6 227.61	3.78
7	法国	5 817.74	2.67	7	法国	2 980.44	3.81
8	土耳其	4 576.90	3.30	8	荷兰	2 973.77	2.67
9	意大利	4 537.32	2.29	9	沙特阿拉伯	2 528.25	1.71
10	中国*	4 460.18	2.53	10	韩国	2 377.82	1.16
世界总量		159 497.51	81.39	世界总量		79 958.45	78.63

美国是最大的鲜食葡萄进口国,其次是德国、荷兰、英国等。美国既是世界第五大鲜食葡萄出口国,也是世界第一大鲜食葡萄进口国,2021年,其鲜食葡萄进口量约占世界总进口量的14.24%,比重比2020年有所下降。中国大陆和中国香港进口的鲜食葡萄分别位于第五位和七位,其他主要进口主体以欧美国家为主。

葡萄酒是葡萄及其加工品中贸易量最多的产品,其进出口的贸易量和贸易额都远超鲜食葡萄、葡萄干和葡萄汁。2021年,美国、英国、德国是世界三大葡萄酒进口市场,葡萄酒进口贸易额占到世界总额的38.30%。近年来,亚洲国家和地区对葡萄酒进口表现出逐渐增长的趋势;2021年,中国大陆、日本的葡萄酒进口额继续居世界前十,中国香港的进口额居第九,表明亚洲消费者对葡萄酒的需求逐渐增多。总体上看,葡萄酒的主要进口国和出口国仍以欧美国家居多,葡萄酒国际贸易在欧洲贸易量最大,其次是美洲。

2021年,葡萄干进口贸易的市场集中度也比较高,葡萄干进口大国以欧洲国家为主。葡萄干进口大国有英国、德国、荷兰及印度等,亚洲国家中印度已成为第三大葡萄干进口国。世界前十大葡萄干进口国的进口贸易量占世界葡萄干进口总量的比例为51.04%,进口贸易额达到总体的56.26%,比2020年略有下降。

2021年,美国、日本、意大利、加拿大为四个最大的葡萄汁进口国家,四国合计进口额占世界葡萄汁进口额的40.84%。其中美国的葡萄汁进口贸易额和进口量最高,分别为9 959.36万美元和18.38万吨,相比较而言,美国进口的葡萄汁产品单价远低于其他三个国家,而加拿大进口的葡萄汁产品单价最高,其原因在于各国进口的葡萄汁产品的结构差异较大。

总体上,2021年美国、英国和德国在各种葡萄产品的进口方面都是主要国家。尤其是美国,既是非常重要的葡萄产品出口国,又是重要的葡萄产品进口国。中国是鲜食葡萄和葡萄干的十大出口国,也是各种葡萄产品的主要进口国,其中鲜食葡萄进口居世界第五。

第 2 章 中国葡萄产业生产与市场数据分析

伴随着我国社会经济发展和农业结构调整的步伐，我国葡萄产业经历了辉煌而具有特色的发展历程。从总量时序数据上看，葡萄产量和栽培面积等反映产业规模的指标经历了持续多年的增长后进入调整期，反映出我国葡萄产业进入了转型、提质、增效的新发展期；从空间布局横向数据看，传统优势主产区、新兴产区的发展出现了分异，导致我国葡萄产业的空间分布和产业集中度不断调整，产业发展热点涌现。基于权威翔实的产业大数据，系统梳理我国葡萄产业在产业规模、发展历程、产业布局、市场价格等领域的特点和趋势，对于全面把握中国葡萄产业发展的历史、现状和未来，具有重要的数据支撑和决策支持作用。

本章首先介绍中国葡萄产业的规模发展及其变化，随后分析了中国葡萄产业的布局及其变迁，最后从市场消费、产品结构、价格分析角度介绍了中国葡萄产业的供需现状。

2.1 中国葡萄产业发展规模

据中国统计年鉴显示，2022 年底，我国葡萄栽培总面积为 70.51 万公顷，葡萄产量达 1 537.79 万吨，比 2021 年同期增加 2.53%，自 2010 年后一直位居世界葡萄产量第一位。我国葡萄产业发展速度较快，2022 年为国内第四大水果，产量仅次于苹果、柑橘和梨，葡萄总产量占全国果品总产量（31 296.24 万吨）的 5.00%。

图 2-1 显示了 2002 年以来中国葡萄产业的规模发展。从面积角度来看，葡萄种植面积经历了高速增长、平稳波动、快速增长、高位调整四个阶段。2004 年以前，葡萄产量和面积年增幅高达 10%左右，随后从 2005 开始增幅有所降低，2005—2008 年面积年增幅小于 3%，产量增幅低于 10%，但整体保持正向增长，到 2008 年我国葡萄种植面积达到 43.3 万公顷，葡萄产量接近 700 万吨。2009—2015 年，中国葡萄种植规模经历了快速增长期，面积年度增速均超过 5%，产量年度平均增速达 10%，总面积超过 70 万公顷，总产量超过 1 100 万吨。2015 年以后，葡萄产业进入调整升级阶段，栽培面积进入高位调整期，在 70 万公顷上下波动，葡萄产量则依然保持了正增长，2022 年高达 1 500 多万吨。产量增幅在绝大多数年份均超过面积增幅，这主要得益于中国葡萄栽培技术的进步。

经过多年的产业快速发展，季节性、区域性过剩时有出现。伴随着农业供给侧结构性改革和市场消费升级，葡萄产业进入调整升级和提质增效新阶段，总量增速降低，甚至出现小幅负增长,尤其是种植面积近几年连续波动调整,同时优质优价、提质增效的意识更强,总体来看生产过快发展的趋势得到了控制,这有助于防止产业"过热"、降低风险、提升发展质量。

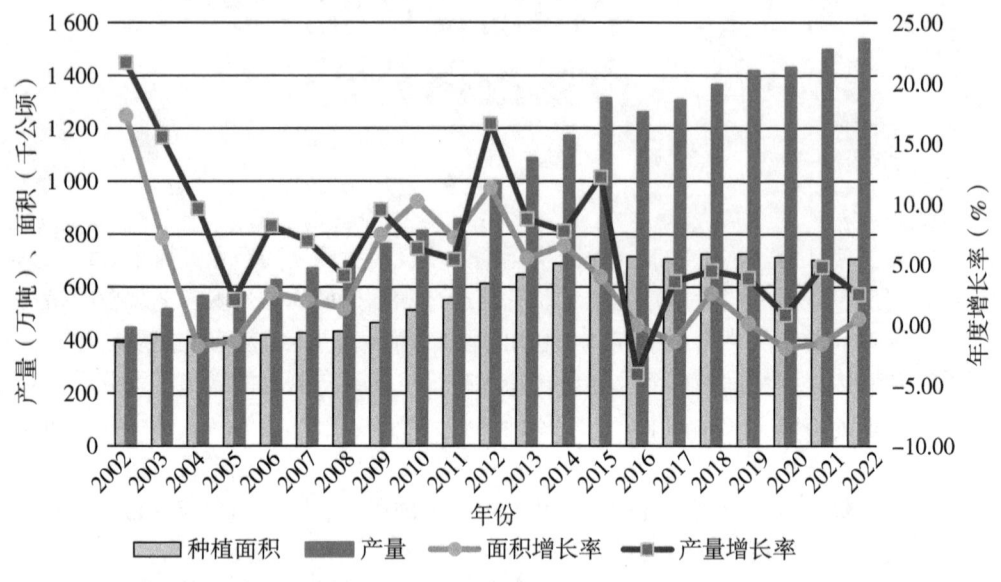

图 2-1　2002 年以来中国葡萄产业规模发展（数据来源：中国统计年鉴）

2.2　中国葡萄产业区域布局

2.2.1　主产省（区）的布局及变迁

回顾我国葡萄产业近四十年的发展历程,发现葡萄种植的区域布局处于不断变化中,各主产省的产业规模占比及位次彼此更迭,但也呈现一些规律性的趋势。运用生产规模指数（Production Scale Index）来分析 40 年来中国葡萄种植区域格局变动情况,葡萄生产规模指数是 i 省区 t 时期葡萄产量 S_{it} 占同期全国总产量 S_t 的比重,即

$$PSI_{it} = S_{it} / S_t$$

（公式 2-1）

根据国家统计局统计数据,表 2-1 列出了 1980—2022 年中国葡萄生产规模指数变化情况。

从表 2-1 可以看出,中国葡萄产业区域布局变动很大。1980 年,新疆是绝对的主产区,葡萄产量占全国产量超过 45%,其他省份累计占比不足 55%；新疆、山东、河南、河北、辽宁五个省份占比均超过 5%,主产区中以西北、华北省份居多、南方省份少。1990 年、2000 年、2010 年三个代表性年份中,前五大主产省（区）仍然是新疆、山东、河南、河北、辽宁五省（区）,新疆稳居第一,但是产量占比明显下降,2010 年占比降至全国约 1/4,其他四个省份位次有所更迭。至 2020 年,产业格局发生较大变化,新疆的产量占比略超 1/5,云南跻身前五,辽宁占比份额被云南和陕西超越。2022 年数据统计和测算显示,各主产区域排序与 2020 年基本一致。

表 2-1　1980—2022 年各省区葡萄生产规模指数　　　　（单位:%）

1980 年		1990 年		2000 年		2010 年		2020 年		2022 年	
省份	PSI	省份	PSI	省份	PSI	省份	PSI	省份	PSI	省份	PSI
新疆	46.73	新疆	38.54	新疆	20.83	新疆	24.16	新疆	21.35	新疆	20.58
山东	10.64	山东	16.24	河北	15.96	山东	11.21	河北	8.71	河北	8.72
河南	8.27	河北	9.42	山东	14.48	河北	11.11	山东	8.11	山东	7.95
河北	6.91	辽宁	8.57	辽宁	13.11	辽宁	7.70	云南	6.81	云南	6.59
辽宁	5.73	河南	3.58	河南	6.35	河南	5.96	河南	6.15	河南	5.88
北京	4.64	江苏	2.82	四川	3.53	浙江	5.24	陕西	5.64	陕西	5.79
山西	4.00	浙江	2.60	浙江	3.49	江苏	4.08	辽宁	5.57	辽宁	5.25
安徽	3.36	吉林	2.42	天津	3.11	陕西	4.04	浙江	5.32	浙江	4.79
江苏	2.55	陕西	2.35	江苏	2.67	安徽	3.21	广西	4.37	广西	4.68
吉林	1.27	天津	2.03	湖北	2.28	云南	2.91	江苏	4.27	江苏	4.25
天津	1.18	安徽	1.91	吉林	2.00	广西	2.85	安徽	3.73	安徽	3.72
陕西	1.00	上海	1.89	安徽	1.71	四川	2.68	四川	2.91	四川	3.53
内蒙古	0.91	山西	1.78	山西	1.54	山西	1.83	山西	2.41	山西	2.86
贵州	0.55	北京	1.49	陕西	1.27	湖北	1.45	贵州	2.36	贵州	2.68
湖北	0.55	甘肃	0.79	广西	1.20	宁夏	1.40	湖北	2.19	湖北	2.10
宁夏	0.45	内蒙古	0.64	福建	1.18	吉林	1.32	甘肃	1.89	湖南	1.81
云南	0.27	云南	0.52	北京	1.04	天津	1.27	湖南	1.71	甘肃	1.74
甘肃	0.27	湖南	0.41	上海	0.70	福建	1.23	福建	1.60	福建	1.59
福建	0.27	宁夏	0.41	甘肃	0.68	湖南	1.18	重庆	0.89	宁夏	1.36
黑龙江	0.27	贵州	0.36	湖南	0.57	甘肃	1.04	宁夏	0.76	重庆	0.86

注：根据国家统计局数据计算，以当年生产规模指数降序排列；港澳台地区数据未计入。

综合各个省份在全国葡萄产量中的生产规模指数及其变动趋势，可以发现中国葡萄产业整体出现了东扩、南移之势。新疆一直是第一大主产省份，此外，山东、河北、河南、辽宁等省也一直位居主产省份前列；陕西和云南从 2010 年跃居前十主产省份，近年来更是进入前六，尤其是云南从 1980 年的 16 位升至 2022 年的第 4；浙江、广西等南方产区发展迅速，均从 1980 年的 20 名开外升至近年的前 10；江苏、安徽位次相对稳定或小幅下降；北京、天津、上海、吉林占比位次下滑幅度较大。

2.2.2　中国葡萄生产行业集中度

为进一步探索中国葡萄产业的产区集中程度及其变化情况，利用行业集中度指标测算葡萄种植主产区的地理集中情况。

行业集中度是指该行业规模较大的前 n 家生产者的产出占总体份额的总和，其计算公式为：

$$CR_n = \sum_{i=1}^{n} S_i \times 100\% \qquad （公式 2-2）$$

在式（2-2）中，S_i 为排列第 i 位的生产者的产出（可以用产量、产值、销售额等指标来衡量）占该产业全国总产出的比重，CR_n 为前 n 位生产者所占比重之和。通常取 $n=4$ 或 $n=8$，其取值范围为 $0\sim1$。CR_n 值越大，表示该行业越集中。根据美国经济学家贝恩和日本通产省对集中度的划分标准，产业结构分为寡占型（$CR_8 \geq 40\%$）和竞争型（$CR_8 < 40\%$）两类。其中，$CR_8 \geq 70\%$ 被视为极高寡占型。本研究通过计算份额较大的前 8 个地区所占比重之和来评估葡萄产业的行业集中程度。

依据式（2-2）测算中国 1980—2022 年葡萄行业集中率（CR_8）测算结果如图 2-2 所示。可以看出，中国葡萄种植的行业集中度在逐年下降，20 世纪 80 年代高达 90% 以上，经过 40 年发展，目前降至 65% 左右。葡萄种植的地理集中度由 2015 年以前的极高寡占型逐渐演变为寡占型，虽然前八大主产省的占比仍然较高，但是行业集中度下降明显，更多的竞争者已经参与进来。分析这种演变趋势产生的原因：一方面是葡萄育种、栽培等技术进步的推动，传统上高温、高湿不利于葡萄种植的华南、西南、长三角地区成为新兴的优势种植区，在我国葡萄产业版图中越来越发挥着重要作用；另一方面是新兴产区凭借其在资金、技术、市场、营销等领域的优势，减弱了传统产区的市场份额和竞争力，因而传统产区的产业规模增长相对缓慢。

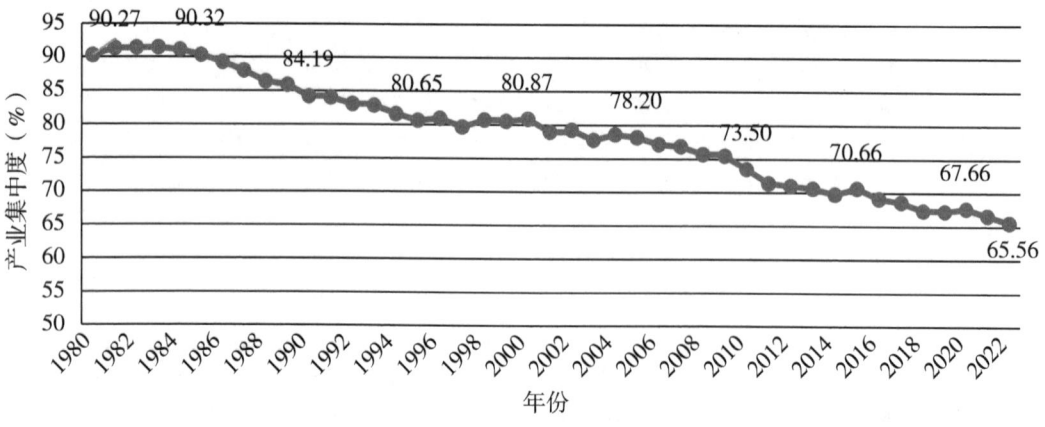

图 2-2 中国 1980—2022 年葡萄种植的行业集中率（CR_8）

（注：根据国家统计局数据计算；港澳台地区数据未计入）

进一步分析中国葡萄产量前八（以 2022 年数据位排序依据）的主产省（区）的产量变动情况。如图 2-3 所示，各个省份的发展趋势并不一致。新疆的规模优势突出，葡萄产量在波动中增长，2019 年后产量在 300 万吨以上，而其他主产省大部分在 150 万吨以下。山东和辽宁的趋势类似，在 2016 年出现了明显下降。河北的产量虽然一直高出河南 30 万吨左右，但两省的产量变动趋势类似，产量整体稳步提升。浙江和云南两省的发展趋势有相似之处，2015 年以前高速增长了多年，分别在 2015 年和 2016 年达到最高峰，随后又经历了大幅调整，2018 年后相对稳定，云南在 100 万吨左右，浙江在 75 万吨左右。陕西省葡萄产业发展趋势与其他省份不同，除个别年份（2014 年和 2018 年）外，整体保持了持续上升之势，2013 年后增幅变缓，但是产业规模已达 90 万吨。

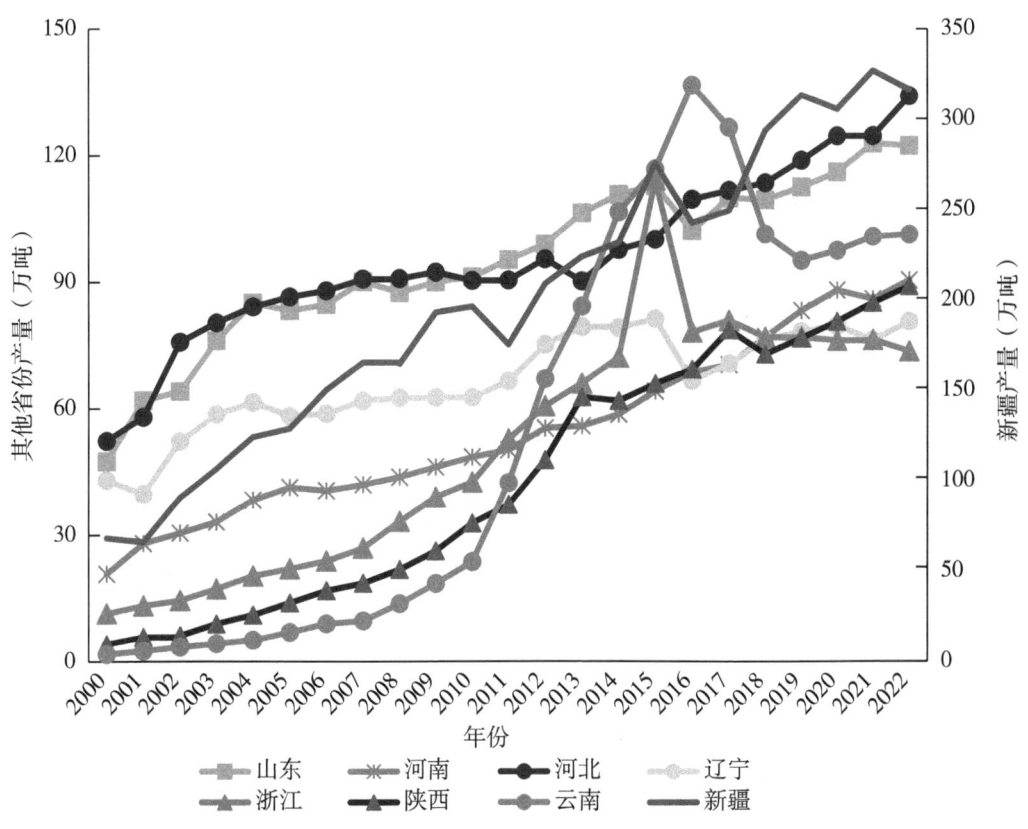

图 2-3 中国葡萄前八名主产省（区）的产量波动情况（数据来源：国家统计局）

2.3 中国葡萄产业的市场供给和消费情况

2.3.1 主要葡萄产品市场消费总量

(1) 鲜食葡萄

我国鲜食葡萄近年来的市场供给总量如图 2-4 所示，可以看出我国鲜食葡萄市场供给总量总体保持增长趋势，仅 2018/2019 年度出现明显下降。根据美国农业部（USDA）的统计数据，2022/2023 年度，我国鲜食葡萄市场供给总量达到 1 277 万吨，比上年度增加 60.89 万吨。葡萄市场供给主要来源于国内生产，另一方面来源于从国际市场的进口。

我国鲜食葡萄市场消费总量多年来表现出持续增长的态势（图 2-5）。但在 2018/2019 年度出现下降，随后连年增长。2022/2023 年度我国鲜食葡萄市场消费总量达到 1 239.5 万吨，比上年度增加了 58.47 万吨。由于我国鲜食葡萄市场供给的主体为国内生产，因而消费结构也以国产葡萄为主。

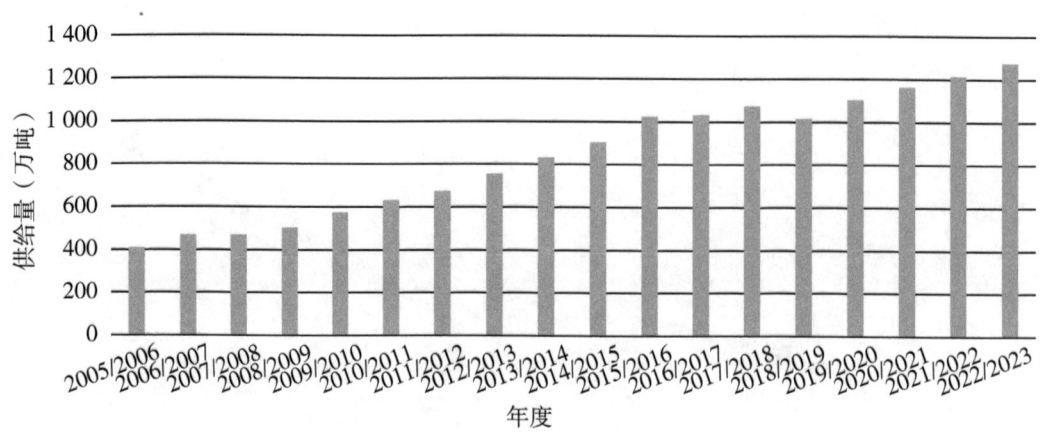

图 2-4　我国鲜食葡萄的国内供给量（数据来源：USDA）

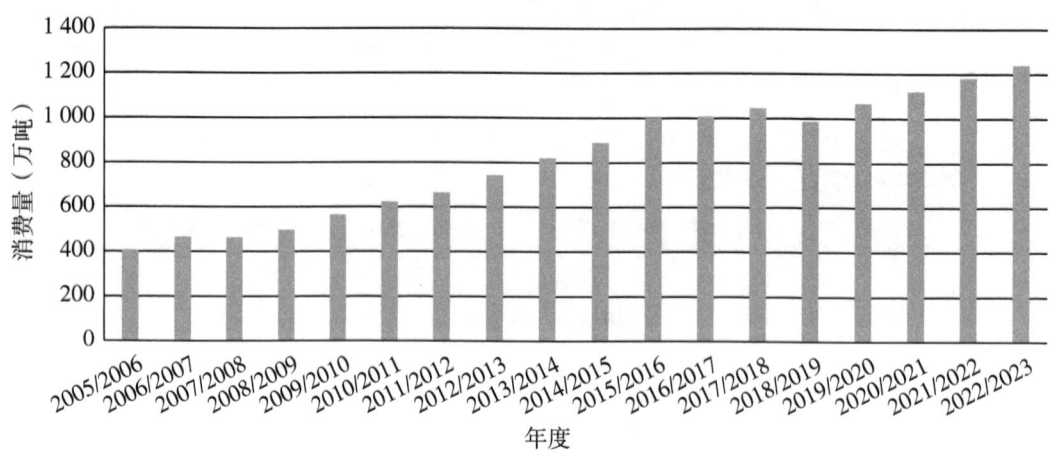

图 2-5　我国鲜食葡萄的国内消费量（数据来源：USDA）

（2）葡萄酒

进入 21 世纪以来，我国葡萄酒消费市场以 2017 年为界，经历了两个不同的发展阶段，2017 年以前葡萄酒消费量总体呈现增长态势，但 2017 年以后葡萄酒消费出现了显著下降（图 2-6）。2002—2012 年间，葡萄酒消费量曲线处于持续上升阶段，市场需求旺盛，中国成为世界前五的葡萄酒消费大国；2013 年葡萄酒消费量出现短暂小幅下降，但 2014 年迅速强势恢复，且再次连续维持了 4 年的高速增长，至 2017 年葡萄酒消费量达到历史最高值（19.3 亿升）；2018 年开始葡萄酒消费量进入持续下降通道，加之新冠疫情的影响，2020 年葡萄酒的消费量降至 12.4 亿升，与 2019 年相比下降了 17.4%，2021 年继续下跌至 10.5 亿升。

随着葡萄酒消费量的变化，葡萄酒的消费结构也出现了变化。近年来，进口葡萄酒市场的占有率逐年增长，进口葡萄酒在中国葡萄酒消费中占有重要地位。2018 年以前，中国葡萄酒的市场供给以国产葡萄酒为主，占比超过 50%；2018 年开始国产葡萄酒的市场占有率逐年下降，进口葡萄酒市场占有率逐年增长，2019 年进口葡萄酒在中国市场占有率为 48%；2021 年葡萄酒生产量仅为 5.9 亿升，消费量为 10.5 亿升，国产酒消费占比不足60%。

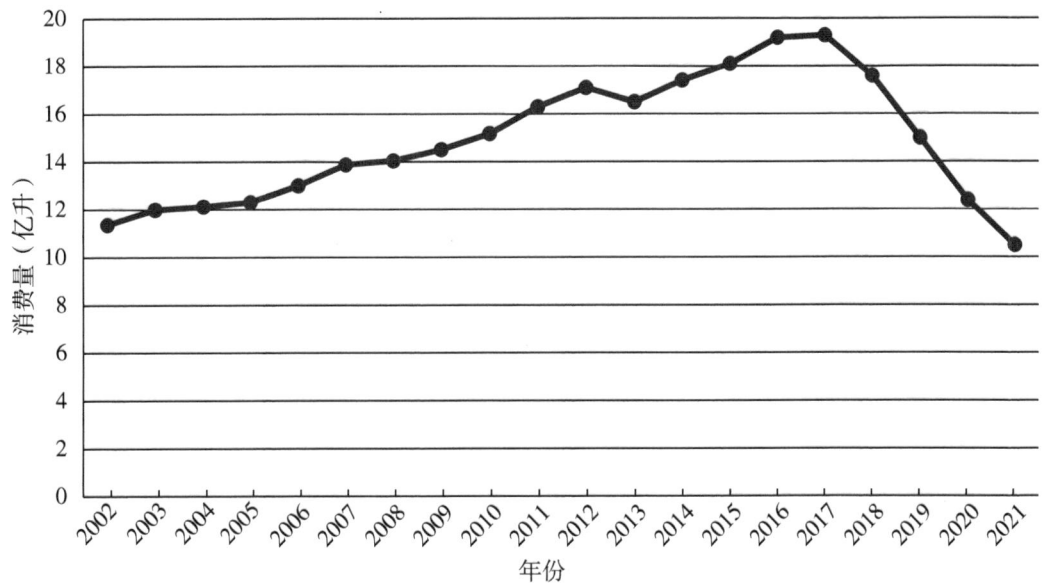

图2-6 中国葡萄酒市场消费量及变动趋势（数据来源：国际葡萄与葡萄酒组织）

（3）葡萄干

葡萄干在我国也是一种重要的葡萄加工品。2009年，葡萄干的市场供给量和消费量都处于阶段性的最高值（图2-7），2010年和2011年市场供给量和消费量均出现大幅下跌，但从2012年开始反弹，经过7年的增长，2018年我国葡萄干市场总供给量为22.6万吨，而国内的消费量为20.6万吨。

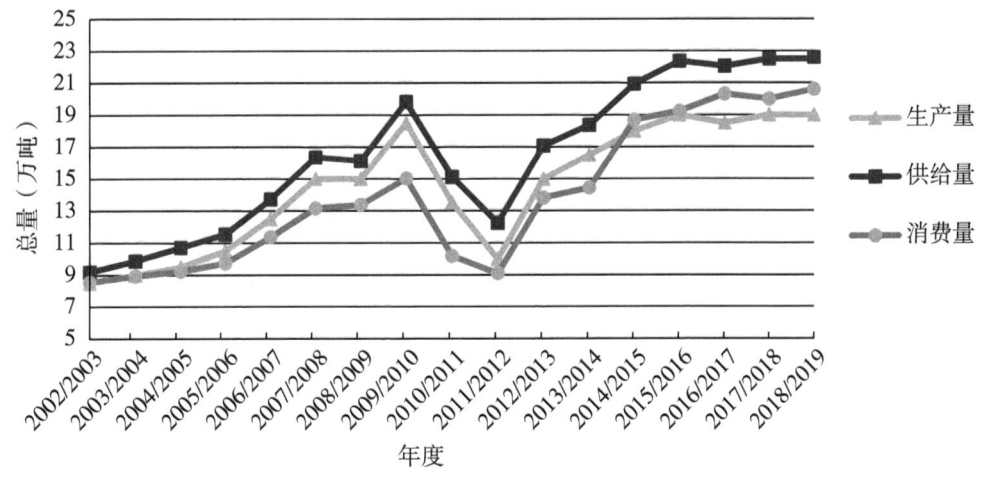

图2-7 我国葡萄干市场供给和产销总量（数据来源：USDA）

2.3.2 葡萄产品结构

我国葡萄市场结构从产品种类来看主要有鲜食葡萄、葡萄酒、葡萄干和葡萄汁；从产品来源看主要包括国产葡萄及产品和进口葡萄及产品。

从产品结构来看，目前我国葡萄生产主要以鲜食为主，鲜食葡萄产量占葡萄总产量的 80% 以上；而酿酒葡萄的产量占葡萄总产量的比例在 10% 左右，其余的葡萄用于制干、制汁或制醋，很少部分用于其他加工产品。其他葡萄主产国与我国葡萄产业情况不同，欧美葡萄主产国一般是有近 70% 的葡萄用于酿酒，25% 用于鲜食，5% 用于制干、制汁或制醋。

我国鲜食葡萄市场结构以国内生产的葡萄为主，进口葡萄所占比例较低，且 2019 年后占比持续下降（图 2-8）。2013/2014 年度我国的进口葡萄在国内鲜食葡萄供给总量中所占的比例达到最高的 2.78%，然后开始下降，2018/2019 年度上升为 2.57%，之后逐年降低，2022/2023 年度下降至 1.33%，2009—2023 年进口葡萄所占比例均在 1.3%~3%，比例很低，对国内市场影响较小。

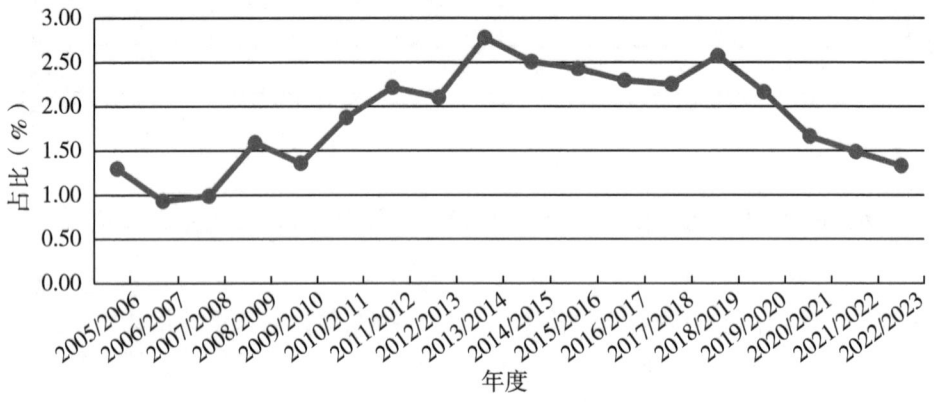

图 2-8　进口葡萄在我国葡萄市场供给量中的比例（数据来源：USDA）

在我国的葡萄干市场结构中，进口葡萄干所占的比例波动比较大（图 2-9）。2004/2005 年度这一比例超过 11.37%，后来一路下跌，2009/2010 年度跌至 6.71% 左右；此后开始出现上升趋势，2011/2012 年度葡萄干的进口比重达到最高，约为 18.37%；2012/2013 年度后持续下降，2014/2015 年度开始表现出波动上升的态势，2016/2017 年度占比为 15.93%。

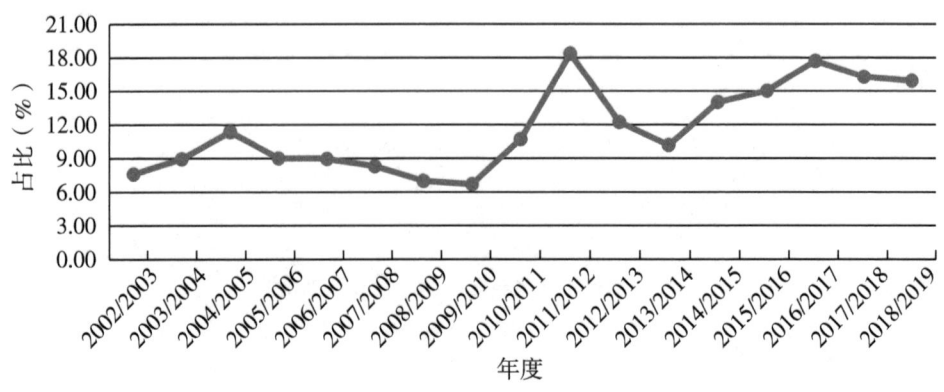

图 2-9　进口葡萄干在我国葡萄干市场供给量中的比例（数据来源：USDA）

2.3.3 葡萄批发价格特征及趋势分析

葡萄批发价格的年度差异主要受葡萄市场供给（种植面积、产量）、需求（人口增长率、城市化率、居民消费价格指数）、生产成本（物质成本、人工成本）、政策和环境（人民币汇率、进出口贸易）等因素的影响。以2023年为例（图2-10），该年度葡萄批发价格全年日度均价为11.21元/千克，价格在6月达到最高，而最低价格出现在9月，表现出明显的季节波动趋势。

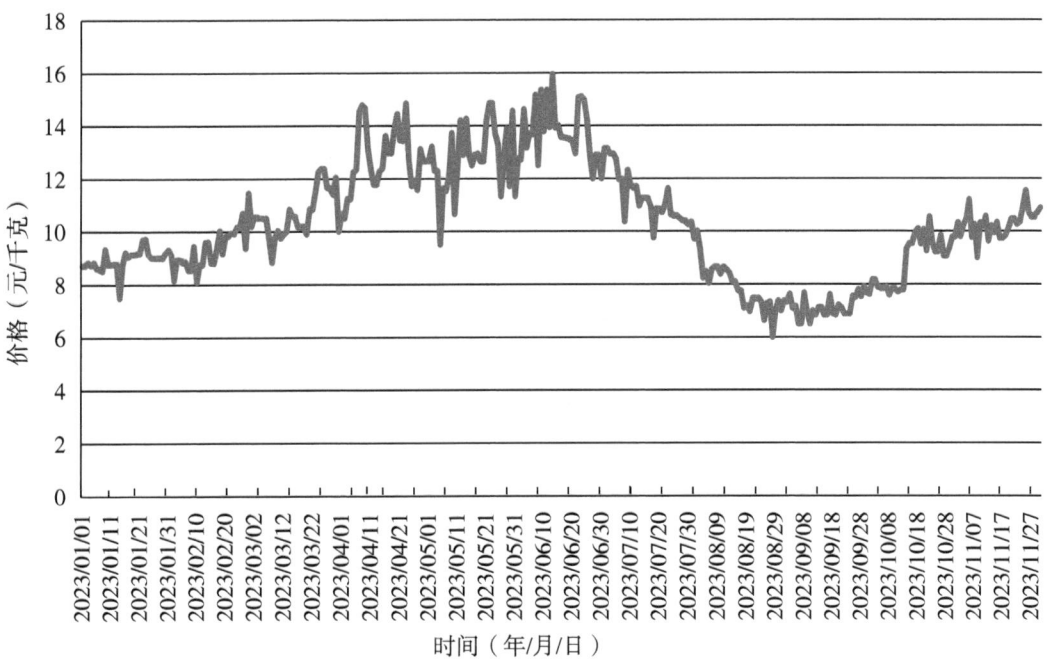

图2-10 2023年葡萄批发价格日度走势

进一步观察不同品种的批发价格（图2-11），巨峰葡萄的年度均价为11.95元/千克，最接近葡萄的整体均价。这也符合实际情况，因为巨峰葡萄是我国最大宗的葡萄栽培品种，其价格与整体均价趋于一致。玫瑰香葡萄2022年12月至2023年11月的均价达到17.92元/千克，明显高于葡萄的平均水平，反映了玫瑰香葡萄在市场上比较受欢迎。红提和马奶葡萄的批发价格略高于葡萄的整体水平，2022年12月至2023年11月的均价分别为14.30元/千克和15.68元/千克。

再结合我国葡萄批发市场价格的年度变动特征（图2-12），我国葡萄价格呈现出明显的周期性变化。每年的4—6月为批发价格的高峰期，这与葡萄刚开始进入成熟阶段、供应相对短缺以及市场对新鲜水果的需求旺盛有关。随着季节的推移，葡萄逐渐进入盛果期，导致供应增加，而价格则开始下降。到8—10月，葡萄价格降至每年的最低点，这一阶段葡萄市场供应充裕、消费需求相对平稳，价格竞争激烈。不同年份葡萄价格变化趋势相似，每年价格峰值与低谷明显，说明我国葡萄季节性集中上市的特点明显，除了上市期因素，季节交替、节假日需求等也会对价格产生影响。各年度的价格水平差异

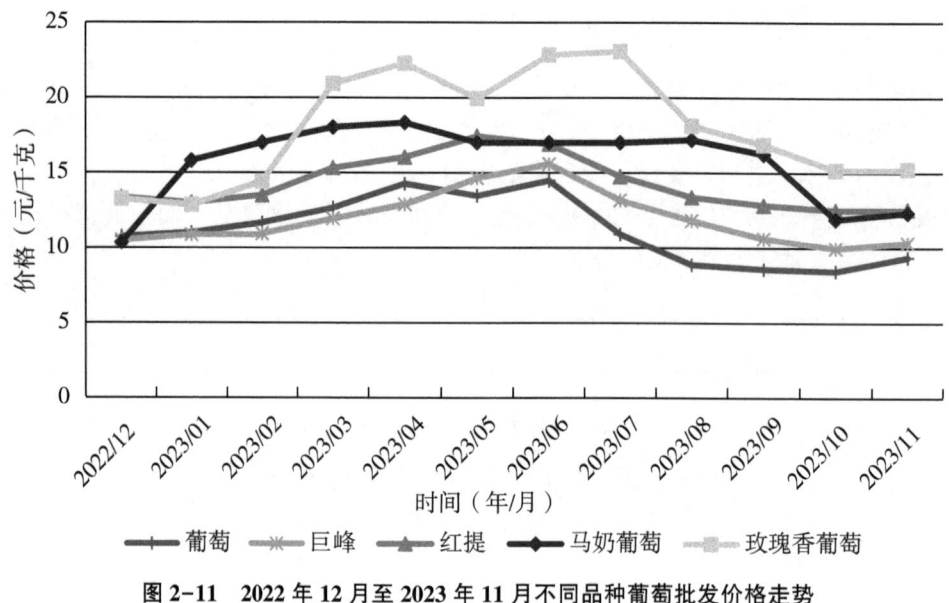

图 2-11 2022 年 12 月至 2023 年 11 月不同品种葡萄批发价格走势

主要受到当年气候因素、宏观经济、供给量、产品品质、替代水果价格等的影响。

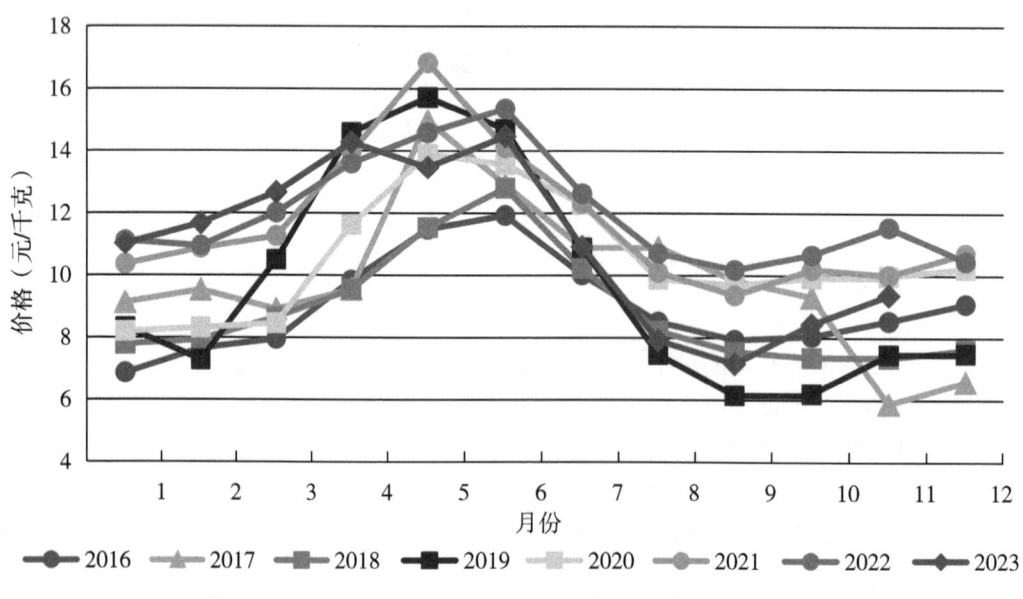

图 2-12 2016 年 1 月至 2023 年 11 月鲜食葡萄批发价格走势

进一步观察不同年份的价格走势折线，可以看出 2021 年和 2022 年是八年中批发价格均值偏高的年份。相比之下，2018 年批发价格均值最低，约为 8.89 元/千克。在 2019—2023 年 5 年的月度价格峰值中，2021 年 5 月达到最高，为 16.83 元/千克，而价格最低的月份是 2017 年 11 月，平均为 5.8 元/千克。2023 年前半年葡萄批发价格在八年整体偏高，但后期降至中等水平。

不同年份葡萄批发价格变化趋势相似，每年价格峰值与低谷明显，这表明我国葡萄批发市场价格的季节性趋势明显，这主要是由于鲜食葡萄具有明显的季节性集中上市的特点。

2.3.4 电商平台葡萄零售价格特征及趋势分析

葡萄零售价格由国家葡萄产业技术体系产业经济团队抓取自京东、天猫、淘宝、美团、叮咚买菜等热门电商平台每日销量前15个店铺的鲜食葡萄产品，经过整理和统计，构成零售价格鲜食葡萄分析的基础数据。京东、天猫、淘宝是传统生鲜电商，是线上销售、客户下单、线下配送的销售模式；美团、叮咚买菜是前置仓模式，通过自建仓储、自建物流的一种新型电商运营模式，以上5个平台能比较好地涵盖主要的鲜食葡萄电商渠道。

获取数据的时间范围为2023年1月1日—2023年11月30日，历时334天，共获取22 469条数据，其中天猫商城5 493条、淘宝网5 278条、京东商城4 969条、美团5 858条、叮咚买菜872条数据。其中电商平台零售鲜食葡萄品种主要有9种，分别为阳光玫瑰葡萄、夏黑葡萄、巨峰葡萄、茉莉香葡萄、玫瑰香葡萄、红提、郁金香葡萄和无核白葡萄。

首先对获取的数据进行处理，对于异常数据进行剔除，空缺值处理方式如下：连续出现且中间缺失一部分数据的通过平均值进行插值重新分配。由于零售平台每日前十五个店铺的产品存在日度差异，价格分析需要一定的连续性，因而统计分析时删除了部分数据量较少的鲜食葡萄品种。

将获取的22 469条数据，以月为单位，计算每月的鲜食葡萄的平均价格，绘制鲜食葡萄均价走势图，如图2-13所示。

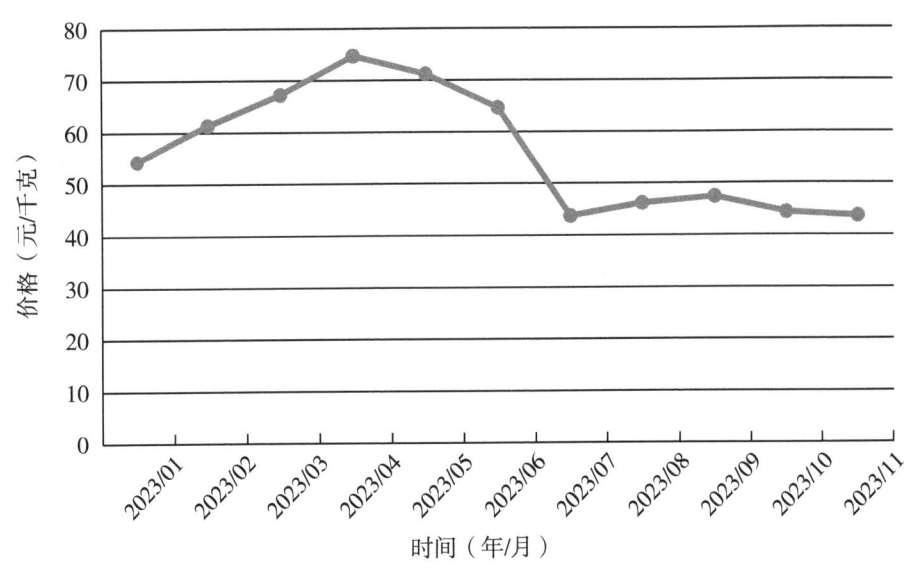

图2-13　鲜食葡萄均价走势

由图 2-13 可以分析出，不同时期葡萄的均价有所起伏，葡萄的均价在不同月份呈现出波动趋势，总体上经历了上升、下降和最终趋于稳定的过程。葡萄均价在 1—4 月呈上升趋势，4—7 月逐步下降，7 月以后趋于稳定。4 月葡萄均价处于最高点，达到 70 元/千克左右，此时葡萄尚未大量进入成熟期，市场供应少，价格高，随后呈下降趋势；从 6 月开始，全国各地促早、冷棚和早熟葡萄逐渐上市，导致市场上葡萄价格比前期明显下降；从 7 月下旬开始主要产区的葡萄大量成熟和上市，市场竞争激烈，价格也下降并逐渐平稳，达到 45 元/千克左右。

分析电商平台主要零售葡萄品种的零售价格，选取平均值、最大值、最小值、标准差，从宏观角度对价格进行整体分析，不同品种鲜食葡萄价格描述性统计分析如表 2-2 所示。在整个时间段内，葡萄的平均价格为 40.34 元/千克，标准差为 14.63。具体而言，茉莉香葡萄的平均价格最高，为 67.75 元/千克；其次是阳光玫瑰葡萄，为 63.72 元/千克；而无核白葡萄的平均价格最低，为 28.97 元/千克。阳光玫瑰葡萄的单价在销售中呈现较大波动，最高达到 305.33 元/千克，而最低只有 13.13 元/千克，不同渠道、不同品质、不同包装规格的葡萄零售价格差异非常大。

表 2-2　不同品种鲜食葡萄价格描述性统计分析　　（单位：元/千克）

品种	平均值	最大值	最小值	标准差
阳光玫瑰	63.72	305.33	13.13	15.87
夏黑	44.15	87.60	19.96	5.29
巨峰	41.78	124.00	14.72	12.19
茉莉香	67.75	113.60	33.30	21.10
玫瑰香	51.24	139.80	22.45	16.26
红提	40.60	84.50	19.62	12.48
美人指	55.56	141.92	28.00	15.01
无核白	28.97	49.50	14.95	14.43
郁金香	42.76	86.33	53.00	11.86

第3章　中国葡萄产业贸易大数据分析

国际贸易是我国葡萄产业的重要组成部分。一方面，以鲜食葡萄为代表的出口贸易发展形势乐观，为我国葡萄产业进入国际市场、扩大销路、提高效益和出口创汇贡献了积极力量；另一方面，以葡萄酒为代表的进口贸易发展，进一步丰富了葡萄及其加工品的市场供给、满足了国内消费者的多样化需求。我国葡萄产业积极参与国际贸易，鲜食葡萄及其主要加工品在贸易规模、贸易市场、贸易价格等方面均有其特殊性，值得深入分析和挖掘。

本章基于中国海关丰富权威的葡萄产业贸易大数据，首先从进出口总量、产品结构、市场结构、贸易价格等方面分析了我国葡萄产业贸易现状，进而从纵向时序变化的视角，分析了葡萄产业贸易总量、贸易市场、贸易价格的动态变化与发展趋势，以期从全球贸易宏观视角精准定位我国葡萄产业。

3.1　中国葡萄产业贸易现状

3.1.1　进出口总量

我国葡萄产业的贸易主要由鲜食葡萄、葡萄酒、葡萄干、葡萄汁四种产品构成。

2022年中国鲜食葡萄进出口贸易除出口量上升外，其余指标出现下滑趋势。出口量为37.73万吨，出口金额下滑至7.27亿美元，与2021年相比，出口量同比增长7.61%，出口金额同比减少4.01%。出口单价为1.93美元/千克，比2021年减少了10.80%。鲜食葡萄的主要出口市场有越南、泰国、印度尼西亚、菲律宾和孟加拉国。2022年我国鲜食葡萄进口贸易也在下滑，进口量为18.06万吨，进口额为5.30亿美元，但进口葡萄单价升至2.93美元/千克，比2021年增加6.67%，进口市场来源主要有智利、秘鲁、澳大利亚、南非、美国等。

2022年我国葡萄酒贸易以进口为主，是世界上主要葡萄酒进口国；葡萄酒进出口贸易均出现下跌。2022年葡萄酒的进口量为3.35亿升，比2021年下降了20.94%；进口额为14.35亿美元，比2021年下降了15.10%；2022年出口量为294.22万升，出口额为0.41亿美元，比2021年下降了30.04%和49.98%。进口葡萄酒单价上升，而出口单价有所下降。中国进口葡萄酒主要来自法国、智利、意大利、西班牙和美国。

中国的葡萄干国际贸易多年一直保持贸易顺差，但2017年、2018年、2021年和2022年出现贸易逆差。2022年进出口贸易均比上年有所下降。2022年葡萄干出口量为

1.71万吨，比2021年同期降低了15.37%；出口金额3 643.2万美元，比2020年同期降低了11.30%；进口量为2.27万吨，比2021年同期降低了10.44%；进口金额为4 441.5万美元，比2021年同期降低了0.41%。葡萄干进口价格、出口价格均有所上升。乌兹别克斯坦、智利、美国、土耳其为我国葡萄干的主要进口来源国，日本、越南、阿联酋和泰国为我国葡萄干的主要出口市场国。

中国的葡萄汁的贸易量和贸易额都比较少。2022年中国葡萄汁的进口量为3.33万吨，进口额为6 480.59万美元，进口量比2021年同期减少了11.90%，而进口额比2021年同期增加了4.00%；出口葡萄汁498吨，比2021年同期减少了25.61%，出口额97.60万美元，比2021年同期减少了29.70%；贸易逆差明显。我国进口的葡萄汁主要来源于西班牙、智利、以色列、阿根廷和美国。

3.1.2 进出口的产品结构

在我国葡萄产业贸易中，不同的产品类型在贸易总量中的占比差异很大，即使是同一种加工品，产品内部结构也有明显差异。长期以来，我国葡萄及其制品的销售以国内市场为主，鲜食葡萄的进出口贸易都很活跃，在葡萄产业贸易中所占的比重也越来越大；葡萄酒是进口贸易的主体，贸易逆差严重；葡萄干和葡萄汁的贸易份额较小。

如图3-1所示，在2022年我国葡萄产业进口贸易中，葡萄酒所占的份额最大，葡萄酒进口额占葡萄产业总进口贸易额的69.18%，其次是鲜食葡萄，占总进口额的25.55%，葡萄干和葡萄汁进口额所占的比例非常小。各葡萄产品所占比例与2021年基本相当，进出口产品结构变化不大。

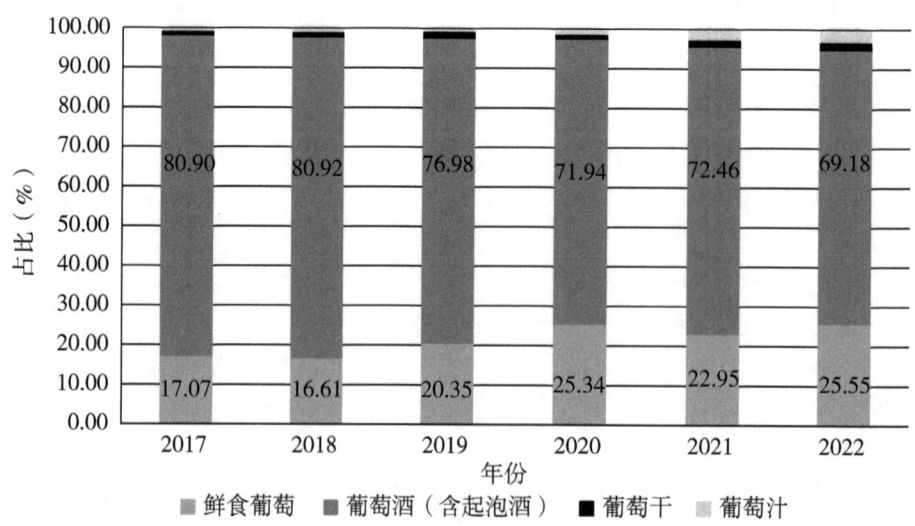

图3-1　2017—2022年我国葡萄产业进口贸易结构（以贸易额计算）（数据来源：中国海关）

如图3-2所示，我国葡萄产业出口贸易以鲜食葡萄为主。2022年鲜食葡萄占出口贸易总额的90.26%，与2021年相比鲜食葡萄占贸易总额的比重上升了4.38%；葡萄酒出口额占出口贸易总额的比重为5.10%，比2021年减少了4.21%；葡萄干出口额约占出口贸易总额的4.52%，基本与2021年持平；葡萄汁的出口额占出口贸易总额的比重一直比较小，2021年，葡萄汁所占的出口贸易总额仅为0.12%。

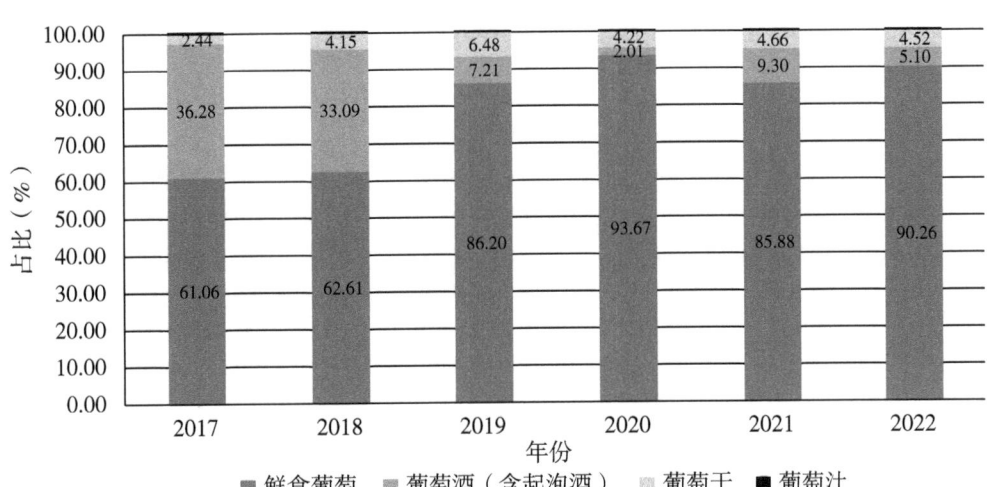

图3-2 2017—2022年我国葡萄产业出口贸易结构（以贸易额计算）（数据来源：中国海关）

2022年我国葡萄酒进出口贸易以装入2升以下容器的葡萄酒为主（图3-3）。在出口方面，装入2升以下容器的葡萄酒的出口量占出口总量的92.52%，而出口额占葡萄酒出口总额的92.97%，可见我国装入2升及以上容器的葡萄酒出口贸易非常少，出口主要以瓶装葡萄酒为主。进口贸易中，也以装入2升以下容器的葡萄酒为主，其进口量占葡萄酒进口贸易总量的64.58%，进口额占葡萄酒进口贸易总额的85.27%。装入2~10升容量的葡萄酒贸易量非常小，10升以上容器的鲜葡萄酿造的酒贸易比重相对较大，其进口量占葡萄酒进口贸易总量的31.95%，其进口额占葡萄酒进口贸易总额的7.94%。

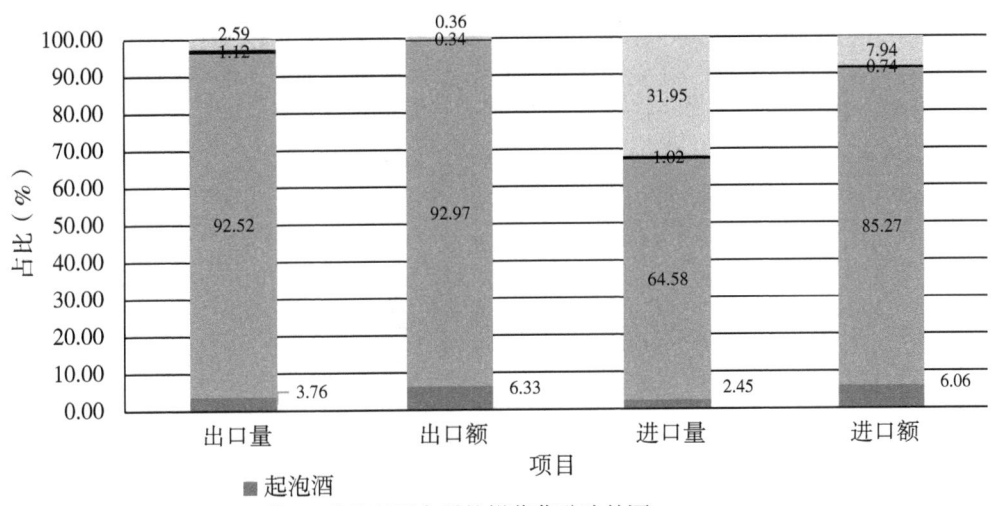

图3-3 2022年中国葡萄酒贸易结构分析（数据来源：中国海关）

葡萄汁国际贸易统计口径分为白利糖度值≤30和其他葡萄汁。如图3-4所示，2022年我国出口的葡萄汁总量不大，白利糖度值≤30的出口额占葡萄汁出口贸易总额的比重为20.29%，比2021年下降了3.19%；而白利糖度值≤30的葡萄汁进口量占葡萄汁进口总量比重为18.54%，比2021年下降了约5.38%；白利糖度值≤30的葡萄汁进口额占葡萄汁进口总额的13.13%，比2021年下降了约2.02%；其他葡萄汁在出口量和出口额中所占的比例有所上升。我国进口的葡萄汁有消费者直接饮用的葡萄汁，也有一些饮料企业从国外进口葡萄原汁进行分装生产。

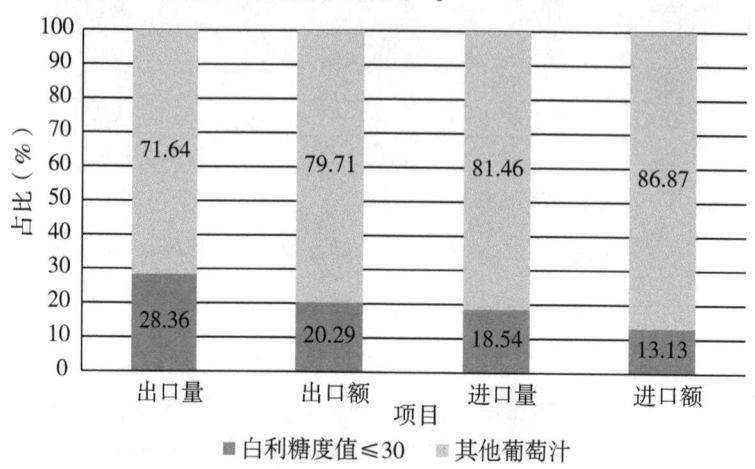

图3-4 2022年中国葡萄汁贸易结构分析（数据来源：中国海关）

3.1.3 进出口市场结构

在进口市场中，鲜食葡萄进口主要来自智利、澳大利亚、秘鲁、南非、印度等国，2014年前智利和美国一直是我国最大的鲜食葡萄进口来源国，2014年后秘鲁超过美国成为我国第二进口来源国，2016年澳大利亚超过美国成为第三进口来源国。2022年从智利、秘鲁、澳大利亚三国的进口鲜食葡萄量分别为7.80万吨、6.40万吨、2.79万吨，占我国鲜食葡萄进口量的94.1%（图3-5），比2021年增加了2.5%。

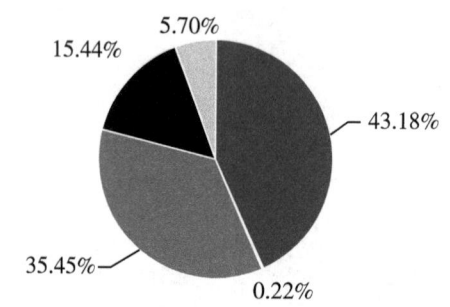

图3-5 2022年我国鲜食葡萄主要进口市场分布（进口量）

多年以来，法国一直是我国第一大葡萄酒进口来源国，但从 2020 年开始法国位居第二。2022 年从智利进口量较 2021 年有所上升，达 13 455 万升，位列第一；其次从西班牙、意大利、阿根廷、美国、南非等国进口量也比较多。装入 2 升以下包装的葡萄酒进口主要来自法国、智利、意大利、西班牙等国（图 3-6），装入 2 升以上 10 升以下包装的葡萄酒主要来自美国，而装入 10 升以上包装的葡萄酒主要从智利、法国、西班牙等国进口，葡萄汽酒主要从意大利进口。

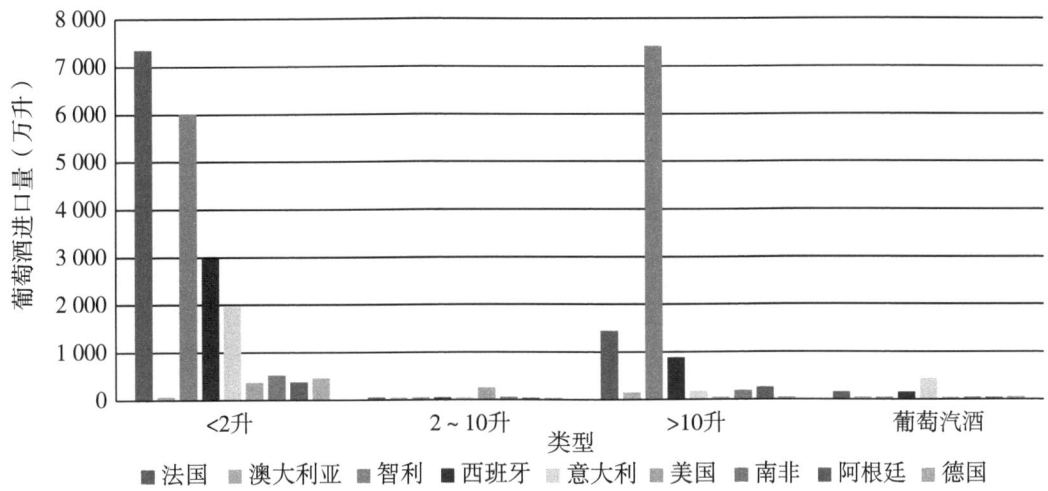

图 3-6　2022 年我国葡萄酒的主要进口市场（进口量）

中国葡萄干进口主要来自乌兹别克斯坦、美国、智利和土耳其等国（图 3-7）。2014 年以前美国一直是我国葡萄干进口第一大来源国，2014 年之后美国葡萄干的进口量下降，2022 年进口量为 0.23 万吨，占比为 10.13%；2014 年之后从乌兹别克斯坦进口的葡萄干呈上升趋势，2022 年从该国进口葡萄干 1.2 万吨，占葡萄干总进口量的 51.86%，位居第一。

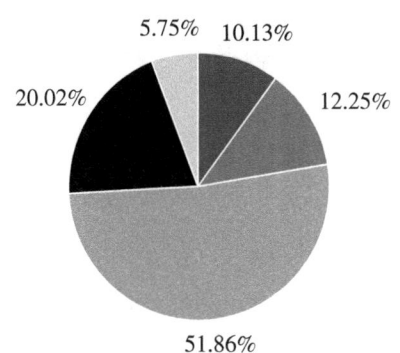

图 3-7　2022 年我国葡萄干的主要进口市场分布（进口量）

中国葡萄汁进口主要来自西班牙、智利、以色列和阿根廷等国，年均进口量都在 1 600 吨以上（图 3-8）；白利糖度值大于 30 及其他葡萄汁主要从西班牙、智利、以色列等国进口；中国对白利糖度值 30 以下的葡萄汁进口量主要来自西班牙、塞浦路斯、希腊，年进口量在 400 吨以上。

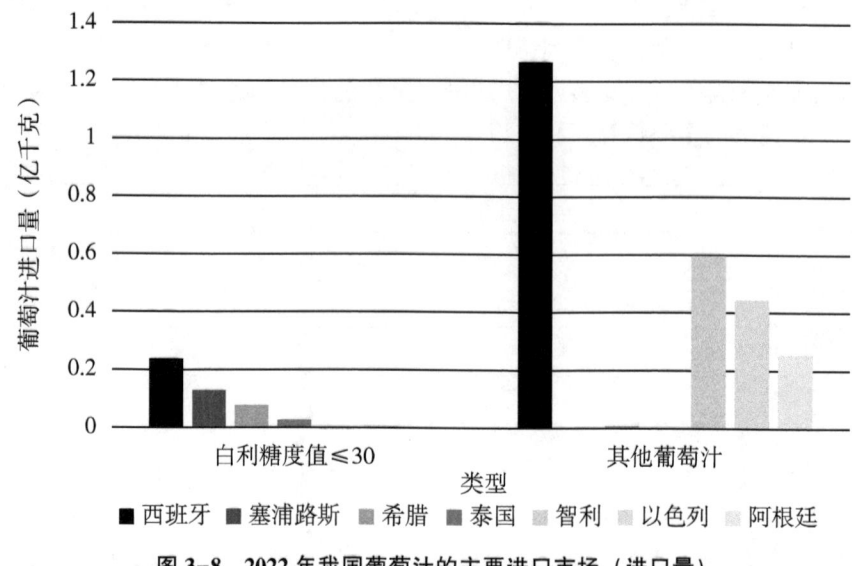

图 3-8 2022 年我国葡萄汁的主要进口市场（进口量）

在出口市场中，中国鲜食葡萄主要的出口去向是越南、泰国、印度尼西亚、菲律宾等周边的亚洲国家和地区（图 3-9）。2022 年，中国出口到泰国的鲜食葡萄在 11.02 万吨以上，占总出口量的比例近 1/3，是我国鲜食葡萄最大的出口市场。

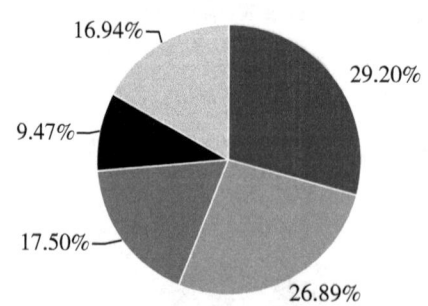

图 3-9 2022 年我国鲜食葡萄主要出口市场分布（出口量）

中国葡萄酒主要出口至中国香港、日本、马来西亚等国家和地区。其中，装入 2 升以下包装的葡萄酒出口到中国香港量最多，澳大利亚次之；而装入 2 升及以上包装的葡萄酒出口到朝鲜的出口量最多，韩国居第二位。

中国葡萄干主要出口到德国、日本、澳大利亚、阿联酋、越南等国（图 3-10）。2022 年，出口到阿联酋的葡萄干数量跃居第一，为 3 007.5 吨，占我国出口葡萄干总量的 17.56%；出口到越南和日本的葡萄干数量居第二和第三位，分别占我国葡萄干出口总量的 13.88% 和 10.57%；而作为一直以来中国葡萄干主要进口国的德国，2022 年中国出口到德国的葡萄干数量下降至 356.0 吨，仅占我国葡萄干出口总量的 2.08%。出口到前五大贸易国家的葡萄干数量占总出口量的近一半。

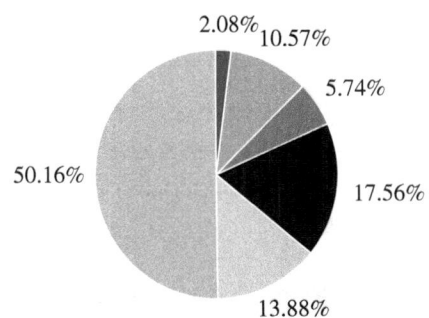

图 3-10 2022 年我国葡萄干主要出口市场分布（出口量）

中国葡萄汁的出口市场主要有泰国、中国香港和中国台湾等国家和地区（图 3-11）。2022 年，白利糖度值 30 以下的葡萄汁主要出口到新加坡、中国香港等国家和地区；其他葡萄汁则主要出口至中国台湾、泰国等国家和地区，2022 年对中国台湾的出口量有 238.1 吨，出口到泰国的葡萄汁有 118.3 吨。

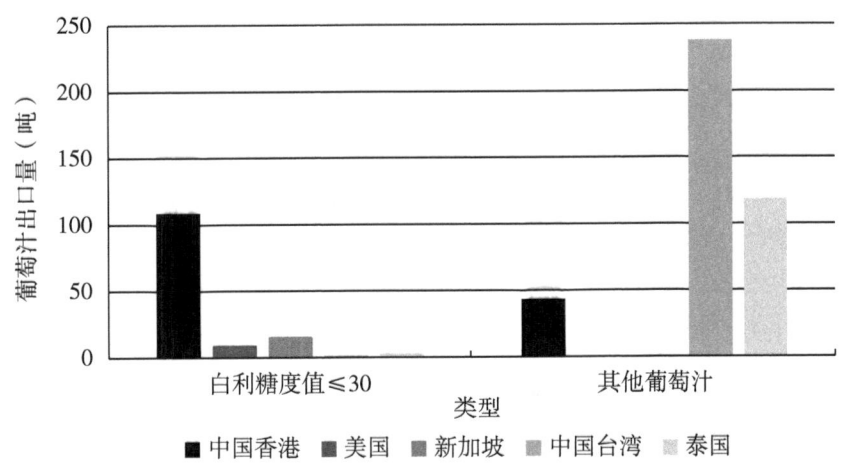

图 3-11 2022 年我国葡萄汁的主要出口市场（出口量）

3.1.4 进出口价格分析

不同产品的进出口贸易价格特点不同，因而葡萄产业的贸易价格因产品结构而差异很大。如图 3-12 所示，鲜食葡萄的进口单价之前一直显著高于出口单价，从 2014 年持平，到 2015 年进口单价首次低于出口单价，随后几年虽然有所波动，但以进口单价低于出口单价为主，2021 年进口单价高于出口单价，2022 年保持上年态势。2022 年，鲜食葡萄进口单价 2.93 美元/千克，比 2021 年增加 0.18 美元/千克；出口单价为 1.93 美元/千克，比 2021 年下降了 0.23 美元/千克。出口单价的上升显示我国鲜食葡萄在国际市场不再以低单价作为竞争优势，产品的品质、产区形象带来的竞争优势在上升。

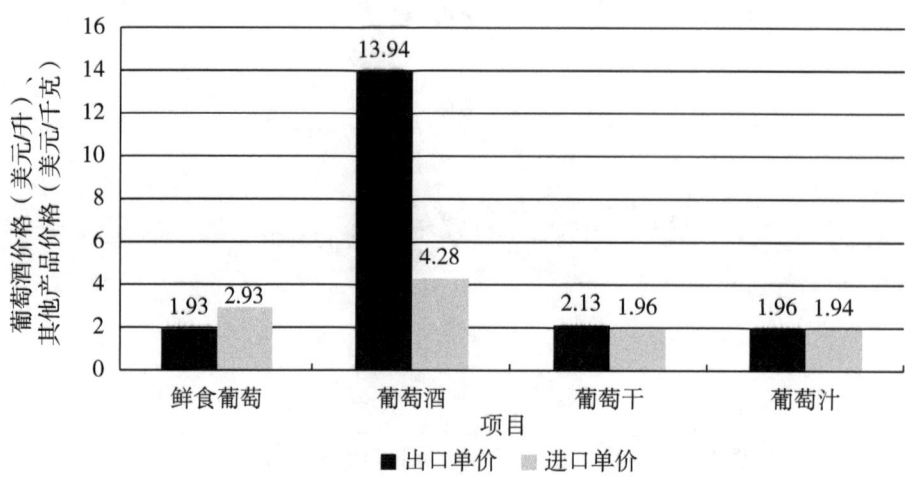

图 3-12　2022 年我国葡萄产品国际贸易单价（数据来源：中国海关）

中国的葡萄酒贸易呈现明显的贸易逆差，且进出口单价水平差距巨大。2022 年进口葡萄酒平均单价为 4.28 美元/升，比 2021 年增长了 0.29 美元/升；而出口葡萄酒平均单价为 13.94 美元/升，相比于 2021 年下降了 5.56 美元/升。大量低价进口葡萄酒进入中国市场，一方面丰富了消费者的选择，同时也给国内葡萄酒企业带来巨大竞争压力。

葡萄干的出口价格比进口价格高。2022 年，进口单价为 1.96 美元/千克，出口单价为 2.13 美元/千克，均比 2021 年有所上升，出口价格的上升也导致 2015 年以后我国葡萄干出口量持续低于进口量（2020 年除外），要继续保持较高的出口价格，必须继续提高产品品质竞争优势。

葡萄汁的出口价格与进口价格相当。2022 年，进口单价为 1.94 美元/千克，比 2021 年有所上升，而出口单价为 1.96 美元/千克，比 2021 年有所下降。

3.2　中国葡萄产业贸易动态与趋势

3.2.1　贸易总体动态与趋势

（1）鲜食葡萄

如图 3-13 所示，中国鲜食葡萄的进出口贸易均呈现整体持续增长的变化趋势，但近 3 年趋势有所改变。其中，2000—2007 年，鲜食葡萄进出口贸易处于平稳发展阶段，年度间变动不大；从 2007 年开始，鲜食葡萄的进口量和进口额开始进入快速增长的阶段；2016 年开始大幅增长期结束，开始在波动中有所下降。中国鲜食葡萄出口量和出口额的在多年间持续增长态势更加稳定，从 2021 年开始出口贸易下降明显。2007—2010 年，中国鲜食葡萄的出口量大于进口量，但由于鲜食葡萄的出口价格远远低于进口价格，因此贸易逆差一直存在；2011—2014 年，鲜食葡萄的进口量大于出口量，仍保持贸易逆差；2015年开始实现贸易顺差，尤其是2019—2020年葡萄出口量与出口额均出现大幅增加，贸易顺差增长显著，2020年进口额为6.43亿美元、出口额达到12.13亿美元，居历史最高位；2021年和2022年鲜食葡萄的贸易量和贸易额均出现下降，只有2022年出口量小幅增加。

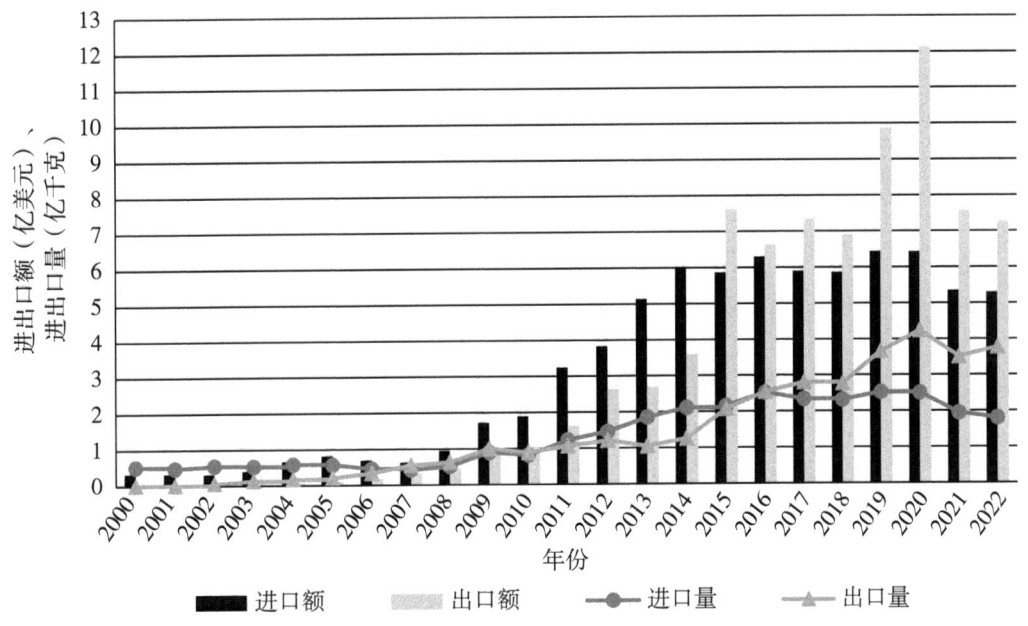

图 3-13 中国鲜食葡萄国际贸易动态与趋势（数据来源：中国海关）

（2）葡萄酒

中国葡萄酒进口贸易变化趋势比较复杂，2000—2022年，前期增长明显，但后期大幅下降，不同时期的变化趋势及幅度有所不同（图3-14）。2000—2005年葡萄酒的进口量和进口额处于持续稳定增长的阶段；从2006年开始，中国葡萄酒的进口贸易进入了快速上升阶段，葡萄酒进口贸易规模逐年扩大，中国对国际进口葡萄酒的需求量越来越大，至2012年葡萄酒的进口量达到了3.88亿升，进口额达到了15.21亿美元，达到阶段性高点，之后基本稳定保持；从2014年起，葡萄酒进口贸易再次进入快速增长期，至2017年进口量达到历年最大值，为7.49亿升；2018年进口额达到历年最高值，为28.6亿美元；2019开始，受国际贸易环境和新冠肺炎疫情影响，进口贸易迅速下滑，至2022年进口量下降为3.35亿升，进口额下降到14.35亿美元，与2014年大涨之前水平相当。

如图3-15所示，与进口贸易相比，中国葡萄酒出口贸易规模较小，年度间出口贸易表现出阶段性大起大落的变化特征。2000—2005年，葡萄酒出口贸易规模小，虽然贸易量有涨有跌，但年度间贸易额变化不大，基本处于平稳发展阶段；自2006年开始，葡萄酒出口贸易开始大幅波动，特别是2007年葡萄酒出口贸易量出现了第一次大幅增长，但是随后两年又迅速回落，2009—2013年出口量保持在200万升左右，2014年再次快速增长，2016年出口量和出口额均达到最高值，出口量接近1 000万升，出口额突

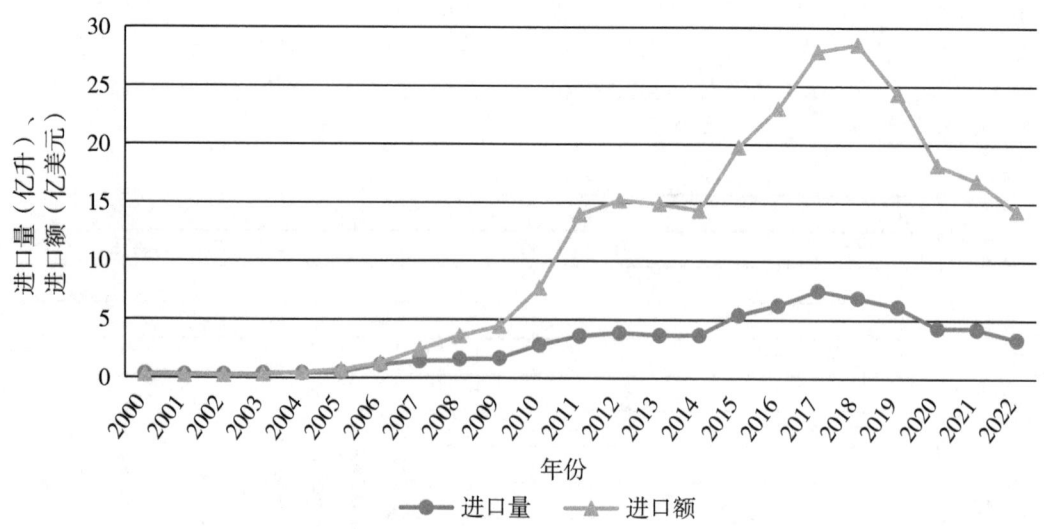

图 3-14 中国葡萄酒国际贸易进口贸易动态与趋势
（数据来源：中国海关，2017 年以前不包含葡萄汽酒）

破 5 亿美元；随后开始连续 2 年的下降，虽然 2021 年出口量和出口额双双出现增势，但 2022 年又一次进入下降通道，至 2022 年葡萄酒出口量不足 300 万升，出口额只有 0.41 亿美元。

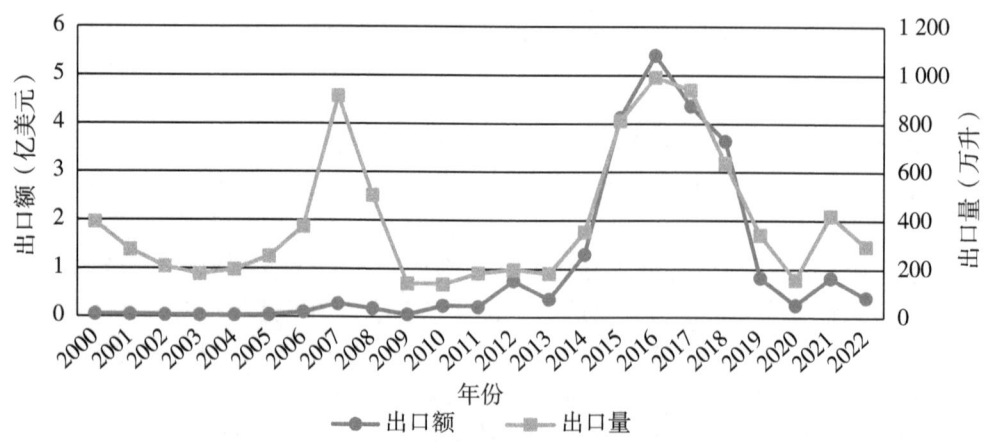

图 3-15 中国葡萄酒国际贸易出口贸易动态与趋势
（数据来源：中国海关，2017 年以前不包含葡萄汽酒）

（3）葡萄干

中国葡萄干国际贸易总体表现出波动增长的变化趋势（图 3-16）。2000—2011 年进口贸易和出口贸易的发展趋势表现比较一致，均处于上升趋势，尤其以出口额的增长最为显著。2004 年以后，我国葡萄干的国际贸易一直呈现明显的贸易顺差，具有明显出口优势；2011 年葡萄干的出口量和出口额均达到了历史最好水平，分别达到 4 796 万千克和 1.02 亿美元；从 2012 年起，葡萄干的出口量和出口额出现了下降，2017 年达到年最低值，之后几年有涨有跌，2022 年出口量和出口额分别为 1 712 万千克和 0.36 亿美元，比高峰期下降明显。葡萄干进口贸易的变动比出口贸易温和，经过 10 余年增长后，2013 年葡萄干进口出现回落，之后年度间涨跌互现，2016 年进口量和进口额分别达到了 3 709 万千克和 0.55 亿美元，但 2022 年进口量和进口额分别下降至 2 268 万千克和 0.44 亿美元。我国葡萄干出口贸易多数年份均为贸易顺差，只在 2017 年、2018 年和 2021 年、2022 年出现贸易逆差。

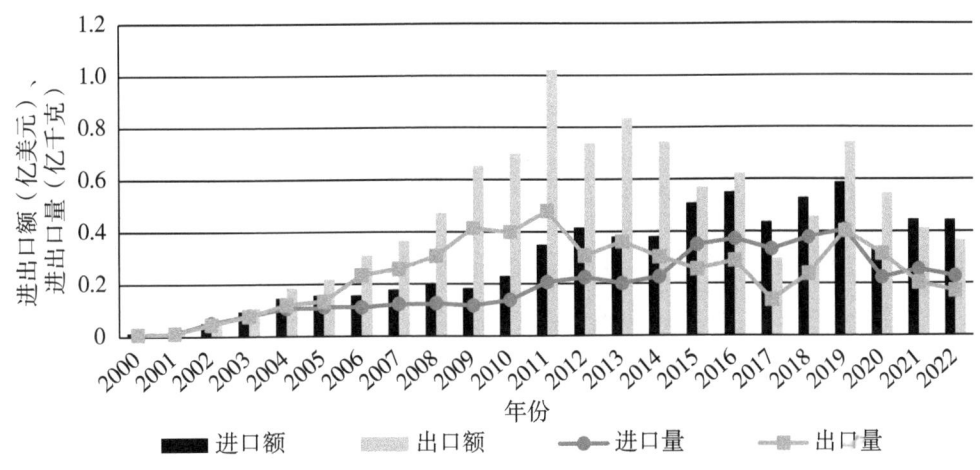

图 3-16 中国葡萄干国际贸易动态与趋势（数据来源：中国海关）

（4）葡萄汁

如图 3-17 所示，中国葡萄汁进口贸易规模呈现阶段性波动特征，且进口贸易规模显著大于出口贸易。2007 年以前，葡萄汁进口贸易平稳发展，年度间贸易规模变化不大，整体上升；从 2008 年开始，葡萄汁进口量和进口额增长幅度较大，2010 年达到贸易额阶段性最高值；经历了 2010—2015 年的震荡波动之后，2016 年葡萄汁进口贸易开始呈现连续上升趋势，只在 2019 年出现了下跌，尤其是 2021 年进口量和进口额大幅度上升，分别达到 3 785 万千克和 6 232 万美元；2022 年进口量下降至 3 334 万千克，但进口额继续上升，达到 6 481 万美元的历史最高水平。

中国葡萄汁出口贸易规模很小，但出口贸易年度间也表现出明显的波动（图 3-18）。2002—2008 年间，中国的葡萄汁出口贸易处于相对快速增长阶段，2008 年葡萄汁出口贸易量和贸易额均达到阶段性历史最好水平，分别为 173 万千克和 224 万美元；之后的 2009—2016 年出现大幅度波动，其中 2013 年葡萄汁出口贸易上升到最高水平，葡萄汁出口量和出口额分别达到 201.97 万千克和 393 万美元；但 2014 年、2017 年、2018 年出现了三次明显大跌，2022 年葡萄汁出口贸易量和出口额分别下降至 49.8 万千克和 97.6 万美元。

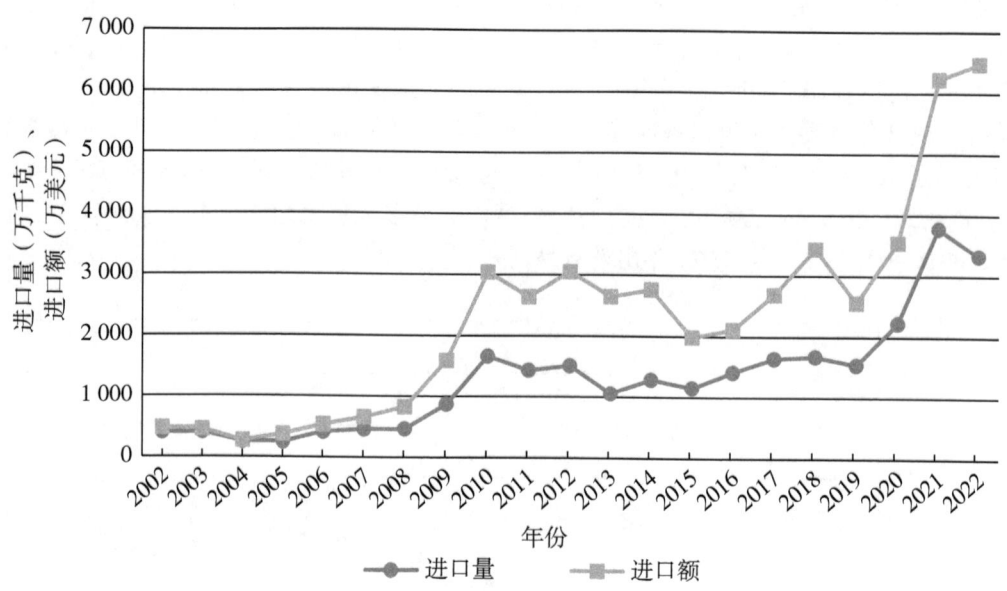

图3-17 中国葡萄汁国际贸易进口贸易动态与趋势（数据来源：中国海关）

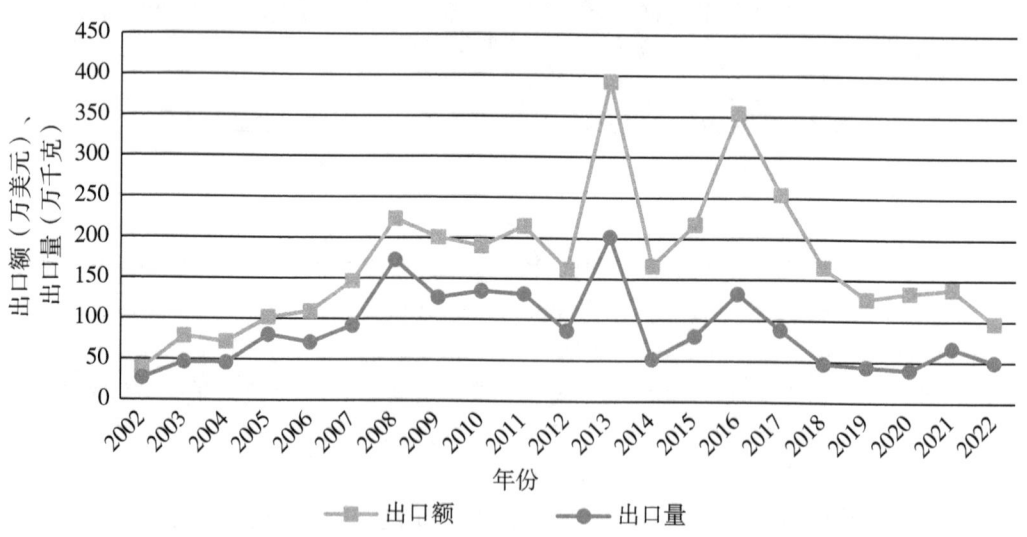

图3-18 中国葡萄汁国际贸易出口贸易动态与趋势（数据来源：中国海关）

3.2.2 中国葡萄产业贸易市场动态与趋势

（1）鲜食葡萄

中国鲜食葡萄的进口市场相对稳定。如图3-19所示，中国从智利的鲜食葡萄进口量一直最大，并且总体趋势保持上升，2016年从智利进口的鲜食葡萄量达到11 937万千克，为历史最高值。2013年以前美国一直是我国第二大鲜食葡萄进口来源国，2013年进口量达到历史最高值，2014年开始呈现下降趋势，2022年进口量降至39.9万千克。从秘鲁进口的鲜食葡萄从2006年一直处于上升趋势，2014年跃居第二位，进口量达到6 995万千克，2016年开始波动下降，2021年下降至4 727万千克，2022年再次上升至6 403万千克。中国从澳大利亚鲜食葡萄的进口量从2014年开始增速显著，在2020年超过第二大进口来源国秘鲁，2022年又被秘鲁反超，位居第三。此外，中国从南非进口的鲜食葡萄也较多。2022年，除秘鲁外，中国从以上国家的鲜食葡萄进口量均有所下降。

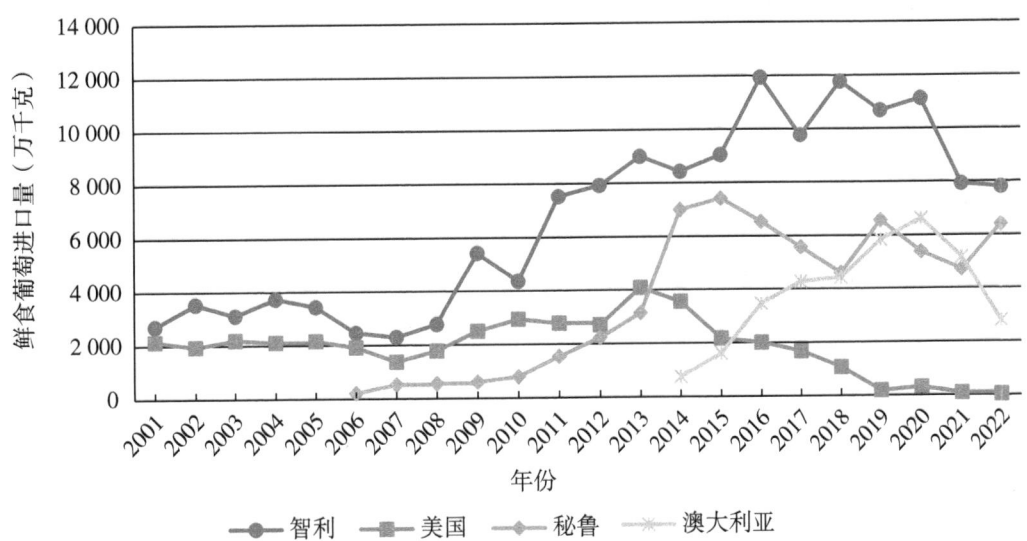

图3-19 中国从主要市场鲜食葡萄进口量动态与趋势（数据来源：中国海关）

如图3-20所示，中国鲜食葡萄出口市场主要是周边的亚洲国家和地区，包括泰国、越南、印度尼西亚、菲律宾、孟加拉国、马来西亚等，但在不同年度出口到不同国

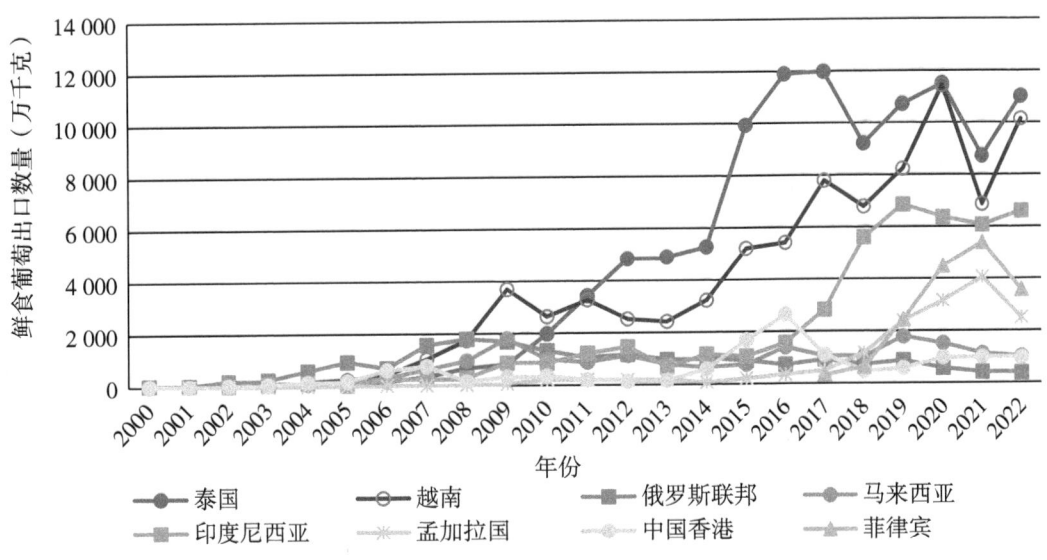

图3-20 中国对主要市场鲜食葡萄出口量动态与趋势（数据来源：中国海关）

家和地区的出口量波动比较大。自 2008 年开始,越南、泰国以及印度尼西亚从中国进口的鲜食葡萄量出现了大幅增长;从 2009 年开始,中国对泰国出口量呈大幅上升趋势,2011 年超过越南,泰国成为中国鲜食葡萄的第一出口国,出口量为 3 429 万千克,以后各年逐渐上升,2017 年达到最高值 11 985 万千克;中国对越南的出口量在 2009 年达到阶段性历史最高,超过了俄罗斯联邦等其他出口市场,之后出现下降,从 2014 年开始回升,2020 年出口量达到 11 442 万千克,已接近泰国。中国香港从中国大陆进口的鲜食葡萄波动比较大,2002—2007 年进口量持续增加,2008—2013 年进口量下降,2014 年开始鲜食葡萄进口量大幅增加,2016 年进口量达到最高值 2 653 万千克,以后各年逐渐下降,2018 年进口量下降为第九位,之后有小幅上升。印度尼西亚也是中国鲜食葡萄的主要出口市场。

(2) 葡萄酒

如图 3-21 所示,中国进口的葡萄酒主要来自欧洲,主要有法国、澳大利亚、智利、西班牙、意大利等国,从各国进口的葡萄酒数量年度差异较大。2009 年以前从智利进口的数量最多,后来被法国超过,2011 年起从智利进口的葡萄酒数量呈现出上升趋势,2018 年达到历史最高点(1.68 亿升),2022 年从智利进口葡萄酒 1.34 亿升,位居第一;从 2007 年开始中国从法国进口的葡萄酒数量开始快速增长,2010 年开始从法国进口的葡萄酒数量超过智利,法国也由此成为中国葡萄酒进口量最大的国家,并保持多年进口量第一,近两年被智利反超。对澳大利亚的葡萄酒进口量从 2014 年开始大幅度增加,2018 年达到最高值为 1.64 亿升,2019—2022 年连年下降至 0.02 亿升。从澳大利亚进口量的剧烈变化主要受贸易政策影响,自 2018 年 1 月 1 日起,中国对澳大利亚葡萄酒实施了免关税政策,导致其在 2018 年和 2019 年进口量大幅增长;但是,从 2020 年 10 月开始,商务部裁定反倾销,这就增加了澳大利亚葡萄酒在中国市场进一步

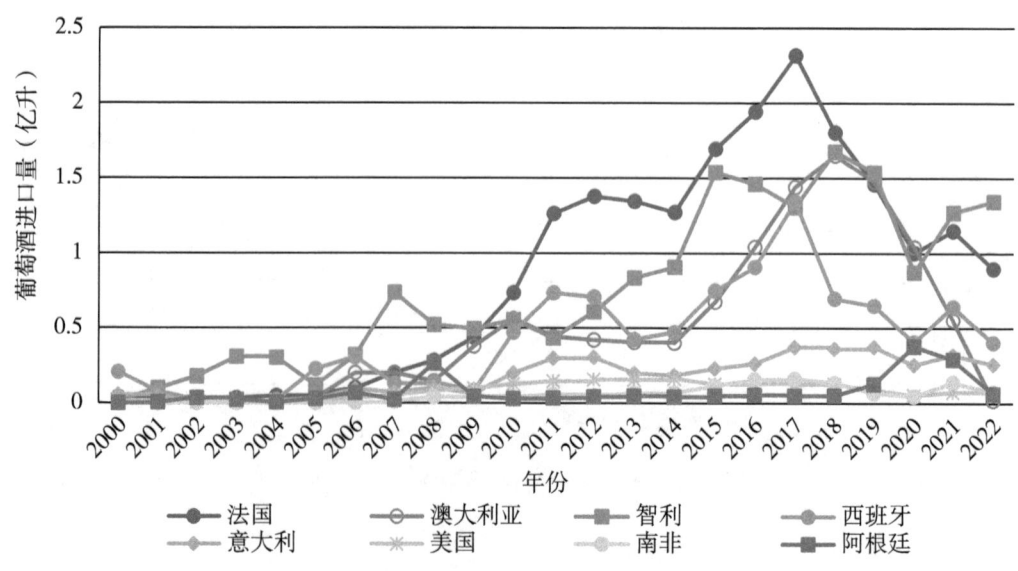

图 3-21 中国从主要市场葡萄酒进口量动态与趋势

(数据来源:中国海关,2017 年以前不包含葡萄汽酒)

发展趋势的不确定性。

中国葡萄酒出口规模比较小，主要销往中国香港、法国、澳门、荷兰等国家和地区（图3-22、图3-23）。中国对法国的出口量年度波动较大，从2007年开始表现出逐渐下降的态势，2013年出口量已降至13.93万升，2014年后出口量波动性上升，2019年升至45.8万升，2020年出现骤降，2022年再次下降为3.2万升；而对中国香港的出口量从2009年开始迅速增加，2011年跃居第一位，随后各年继续增长，2016年增加到最高值890.2万升，此后经历4年下降，2022年出口量为169.5万升；对荷兰和比利时的出口量在2007年达到最高，之后有所下降。

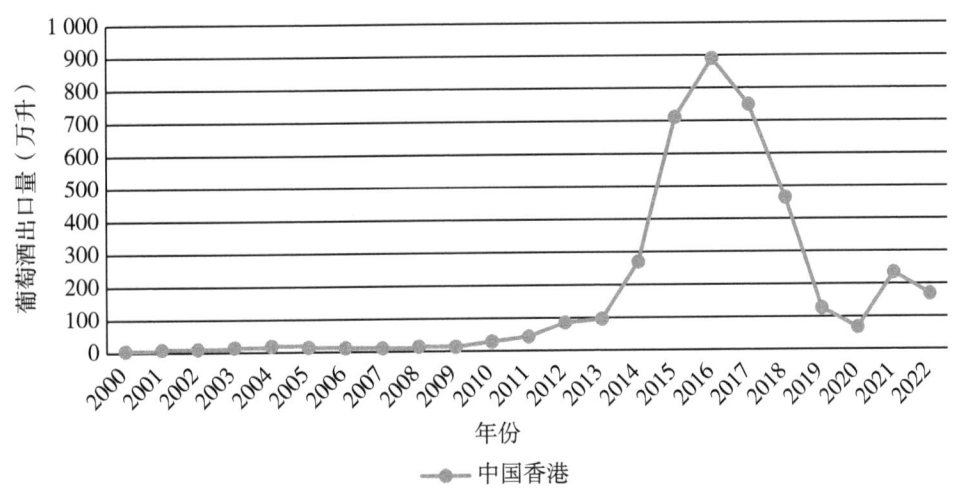

图3-22 中国内地对中国香港市场葡萄酒出口动态与趋势
（数据来源：中国海关，2017年以前不包含葡萄汽酒）

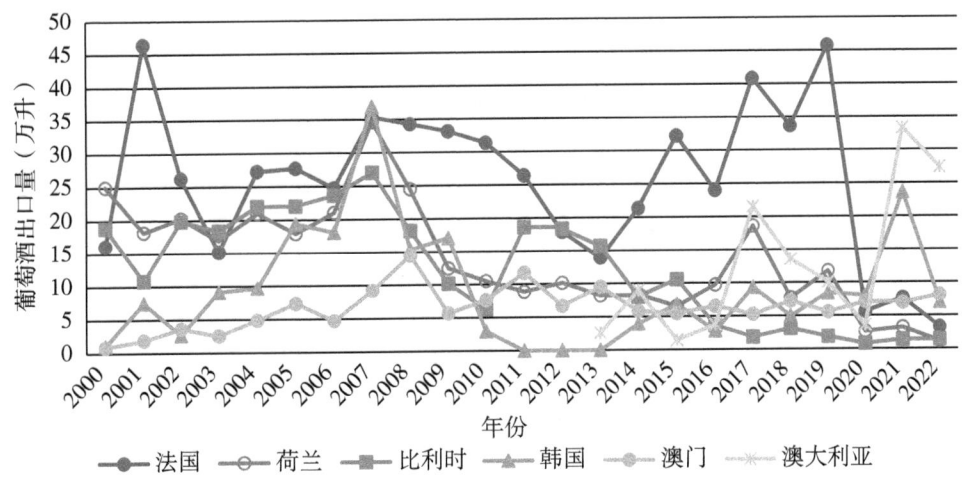

图3-23 中国对中国香港外的主要市场葡萄酒出口量动态与趋势
（数据来源：中国海关，2017年以前不包含葡萄汽酒）

(3) 葡萄干

中国葡萄干进口主要来自美国和乌兹别克斯坦（图3-24）。美国连续多年均是中国葡萄干进口的最大来源国，占中国葡萄干进口总量的一半，但从2014年开始被乌兹别克斯坦超越。中国从美国进口的葡萄干贸易量具有阶段性的变化特征，2001—2004年进口量快速增长，2005—2009年进口量相对稳定，2009—2011年出现了持续增长，达到最高值，随后又经历几次下降，2022年进口量为229.7万千克，降为第四位；从2010年开始，中国从乌兹别克斯坦进口的葡萄干量快速增长，2011年开始超过土耳其，跃居第二位，2014年超过美国，跃居第一位，2019年达到最高值2 790.1万千克，2020年进口量出现大幅下降，为1 403.3万千克，2022年再次小幅度下降，但仍居第一；从智利进口的葡萄干量从2012年开始上升，2021年上升至第二位；中国从土耳其进口的葡萄干量比较稳定，2021年的进口量为183.3万千克，2022年进口量增长到277.8万千克，超过美国，位居第三。

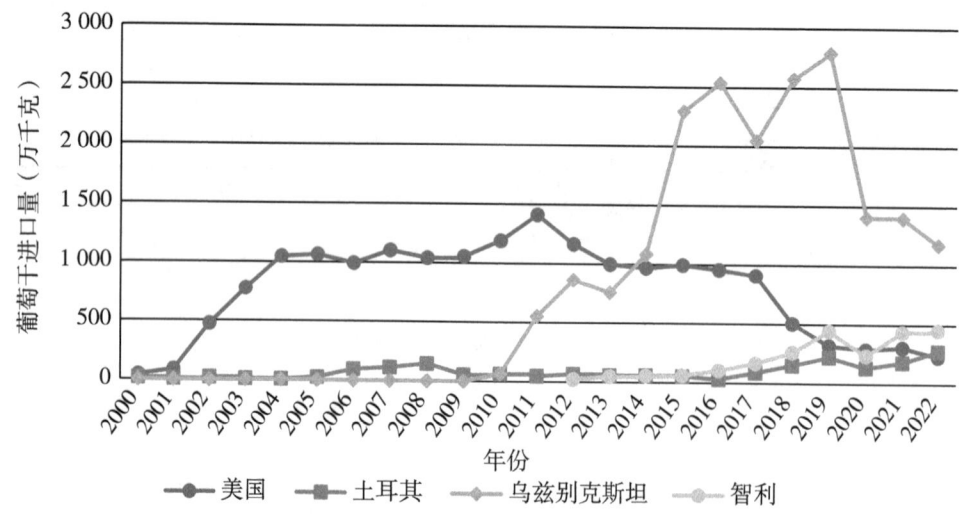

图3-24 中国从主要市场葡萄干进口量动态与趋势（数据来源：中国海关）

中国葡萄干主要出口国家有日本、英国、德国、荷兰和澳大利亚等（图3-25）。中国出口至日本的葡萄干数量最多，2005年以前对日本出口的葡萄干数量快速增长；2005—2011年，对日本出口的葡萄干比较稳定，维持在1 000万千克左右；从2011年开始大幅下降，2022年下降为181.0万千克。2005年以前中国对英国葡萄干出口量很小，但之后持续增长，2010年开始英国成为中国第二大葡萄干出口国，2013年成为中国第一大葡萄干出口国，出口量为822.9万千克，此后出口量明显下降，2017年降到最低点，2020—2022年持续下降至29.8万千克。2019年，中国对荷兰的出口量大增，达738.5万千克，2020—2022年又出现大幅下降，为21.5万千克。中国对德国的出口量从2018年开始显著上升，2020年出口量增至707.7万千克，但2021—2022年大幅下降为35.6万千克。

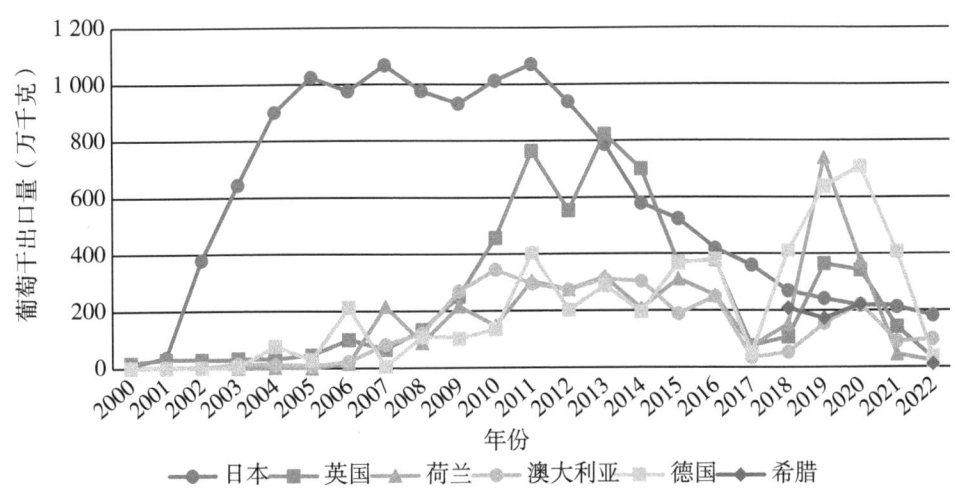

图 3-25 中国对主要市场葡萄干出口量动态与趋势（数据来源：中国海关）

(4) 葡萄汁

如图 3-26 所示，中国葡萄汁进口主要来自西班牙、以色列、阿根廷、智利、美国等，葡萄汁进口贸易年度间波动很大。除 2012 年外，西班牙一直是中国葡萄汁进口量最大来源国，2010 年的进口量达到新高，2012 年开始大幅下降，然后经历多次波动，2015 年下降为 274 万千克，2020—2021 年出现大幅上升，达到 1 691.8 万千克，位居第一；2012 年以前，从阿根廷的进口量表现出持续增长的变化趋势，2012 年进口量已跃居第一位，接近 500 万千克，此后出现明显下降，2014—2020 年趋势平稳，2021 年小幅上升为 256.4 万千克，2022 年基本持平，为 254.6 万千克；从智利进口的葡萄汁数量 2021 年后呈上升趋势，2021 年进口量为 786 万千克，居第二位，2022 年下降至 598 万千克，仍居第二。

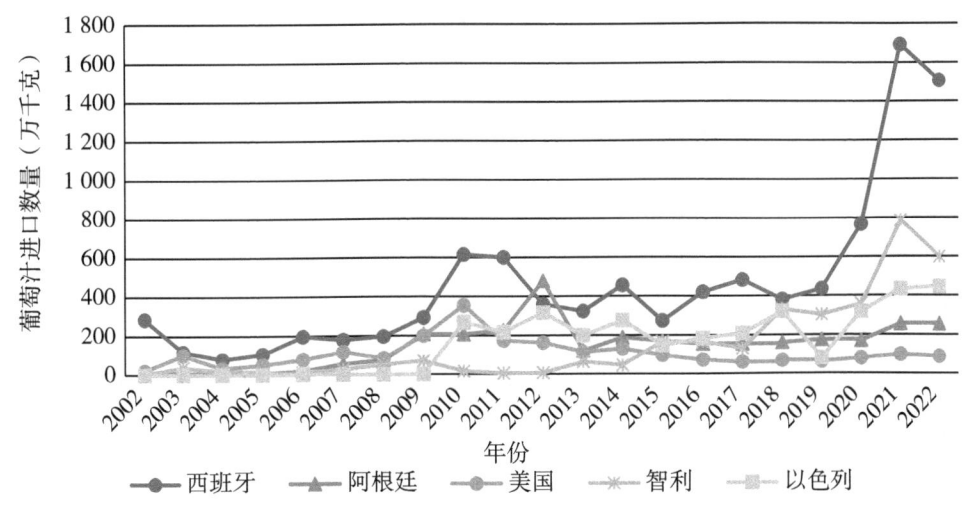

图 3-26 中国从主要市场葡萄汁进口量动态与趋势（数据来源：中国海关）

如图 3-27 所示，中国葡萄汁出口贸易规模很小，且年度间波动幅度大，中国葡萄汁的主要出口市场有中国香港、日本、中国台湾和泰国等国家和地区，对主要国家和地区的葡萄汁出口量均在 100 万千克以内。对中国香港的葡萄汁出口量显著高于其他国家和地区，从 2010 年开始出现逐年下降趋势，2018 年到达最低点 0.48 万千克，2022 年小幅上升至 10.89 万千克；对中国台湾的出口量在 2008 年出现大幅增长，2009 年开始又出现了持续大幅波动下降趋势，2022 年出口量为 23.80 万千克，居第一位；对日本的葡萄汁出口量相对稳定，2021 年略有下降，2022 年出现大幅下降；对泰国的出口量 2010 年达到一个小高峰，然后经历持续下降，2013 年降至最低，然后快速上升，2015 年开始超过中国台湾，居第一位，2016 年达到最高值（61.5 万千克），然后出现波动下降，2021—2022 年持续下降至 12.1 万千克，居第二位。

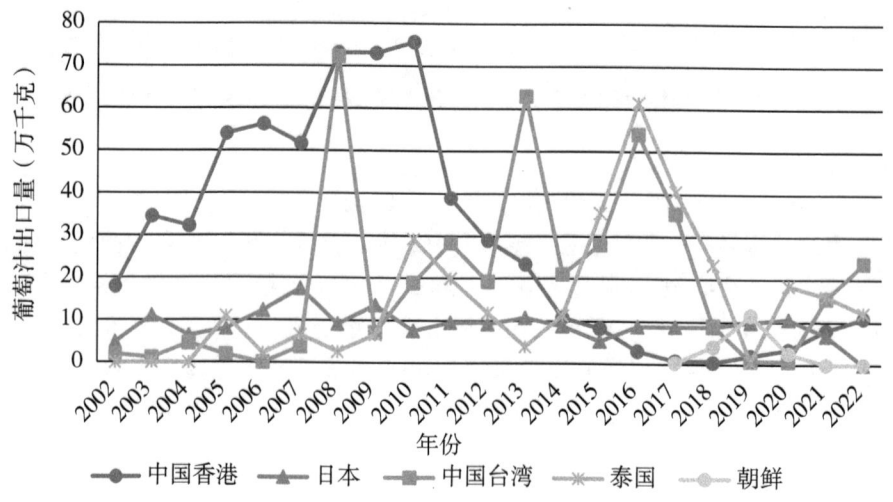

图 3-27 中国对主要市场葡萄汁出口量动态与趋势（数据来源：中国海关）

3.2.3 中国葡萄产业贸易价格动态与趋势

中国鲜食葡萄贸易单价总体表现出持续增长的变化特征（图 3-28）。2002—2007 年鲜食葡萄的进口单价增长较快，而出口鲜食葡萄的单价比较稳定，年度间变化不大，2007 年以后鲜食葡萄的进、出口单价都出现了持续大幅度增长，虽然出口单价一直远低于进口葡萄的单价，但两者差距明显减少。2014 年出口单价基本与进口单价相等，2015 年出口单价（3.66 美元/千克）首次超过进口单价（2.72 美元/千克），但随后出口单价出现下跌，进出口单价基本持平，2021—2022 年出口单价低于进口单价。

中国葡萄酒的进口单价相对比较稳定，呈现稳中有小幅上升的变化趋势，但我国葡萄酒出口单价波动幅度很大（图 3-29），且出口单价普遍高于进口单价。2012 年中国葡萄酒出口单价大幅增高，2013 年出口单价大幅下降，随后又持续上升 3 年后进入波动区间；2018 年出口单价为历年最高，达到 57.26 美元/升；2019 年以后出现大幅下降，2022 年出口单价下降至 13.94 美元/升，但仍高于进口单价的 4.28 美元/升。

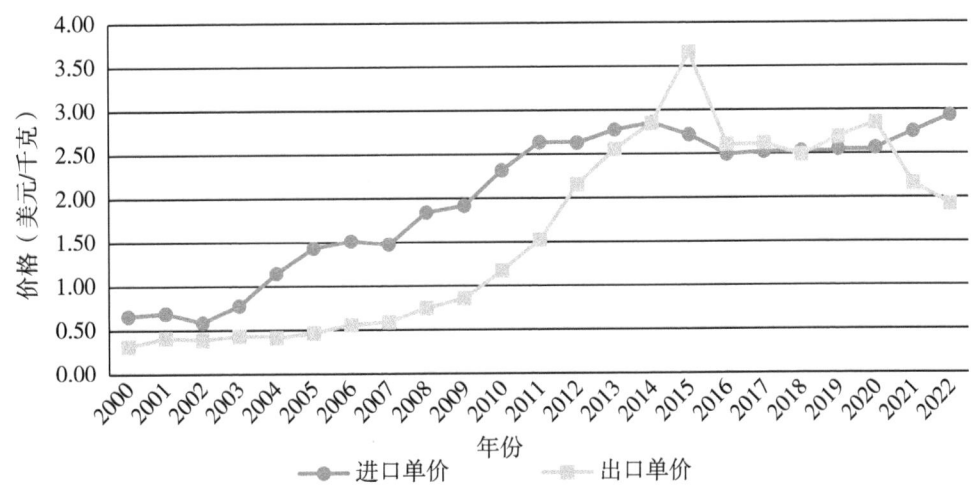

图 3-28 中国鲜食葡萄贸易单价动态与趋势（数据来源：中国海关）

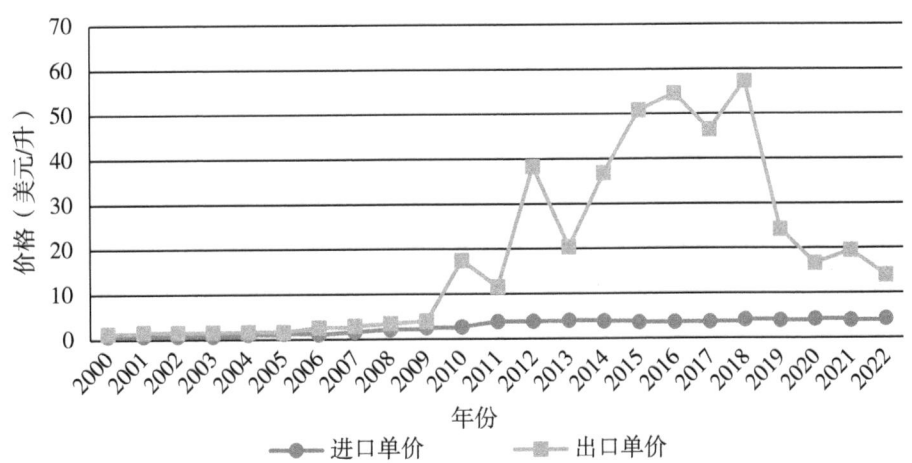

图 3-29 中国葡萄酒贸易单价动态与趋势（数据来源：中国海关，2017 年以前不包含葡萄汽酒）

中国葡萄干的进出口贸易价格多年间总体表现出波动上升的变化趋势（图 3-30）。2006 年以前，中国出口葡萄干的单价略高于进口单价；2006 年葡萄干出口单价出现了明显下降，2006—2009 年葡萄干进口价格与出口价格接近，从 2010 年开始葡萄干的出口单价增幅逐渐增大，而葡萄干的进口单价增幅较小，2011 年开始葡萄干的出口单价显著高于进口单价。此后，进口单价与出口单价在波动中下降，但出口单价一直高于进口单价。

如图 3-31 所示，中国葡萄汁的进口和出口贸易单价总体表现出波动上升的变化特征，2013 年以前进出口单价相差不大，之后两者差距拉大。2008 年开始，葡萄汁的进口单价一直高于出口单价，两者之间的差距逐渐减少，但从 2014 年开始出口单价显著高于进口单价，2021 年出口单价大幅度下降，与进口单价之间的差距减小，2022 年二者几乎持平。

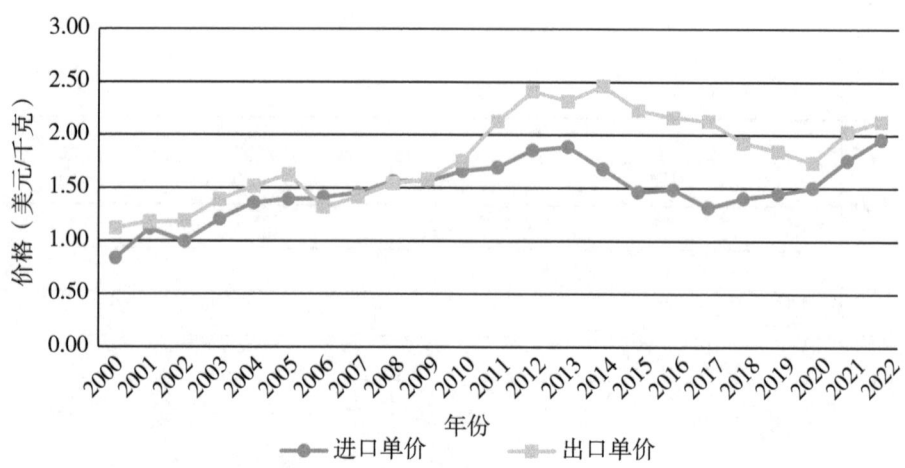

图 3-30　中国葡萄干贸易单价动态与趋势（数据来源：中国海关）

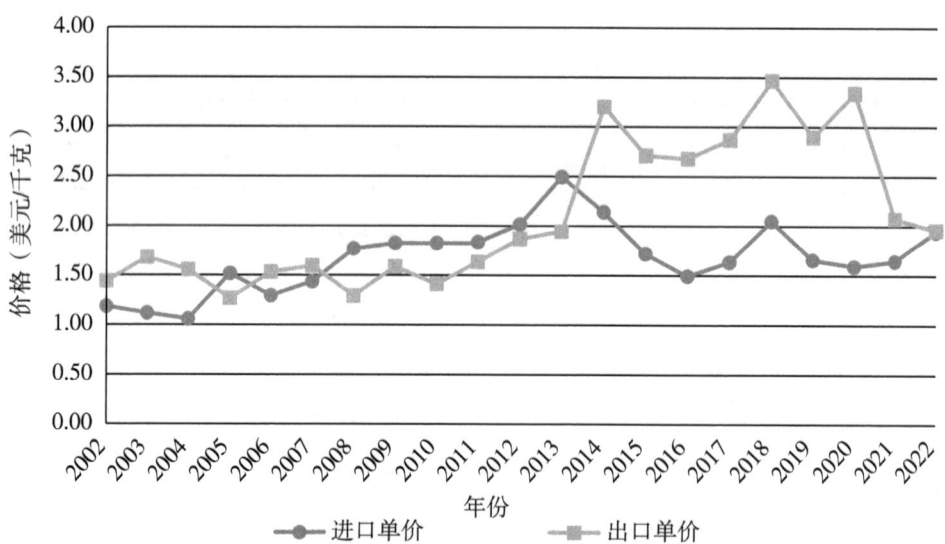

图 3-31　中国葡萄汁贸易单价动态与趋势（数据来源：中国海关）

第二篇

生产环节葡萄产业数据挖掘与分析

第4章 基于区位因素的葡萄生产技术效率智能预测模型

区位因素是影响产区生产适宜性和技术效率的重要参数。技术经济学一般基于以DEA和SFA模型为代表的前沿面方法来测评生产单元的技术效率,但该模型在实际应用中存在着模型运算速度慢、灵活性不高等问题,尤其对处理新增样本表现不佳。当出现少量新增样本时,DEA方法必须重新计算既有数据集的全部样本的技术效率(即使仅新增一个样本);在数据规模较大时,DEA模型难以实现快速的技术效率评价。此外,DEA评价技术效率只能基于投入—产出数据,而当考虑区位因素等多种影响因素来预测生产单元的技术效率时,该方法无法开展。因此,本章创新性地构建基于区位因素的葡萄生产技术效率智能预测模型,在投入产出状况未知的情况下,实现对葡萄园技术效率的预测,能够更加科学合理地指导葡萄种植园的选址,并为葡萄产业区域规划提供参考。

本章首先分析了区位视角的生产技术效率影响因素,筛选了技术效率预测变量;其次构建了基于区位因素的技术效率预测机器学习模型;最后对预测模型的效果进行了评价,并分析了预测结果。

4.1 变量与数据

4.1.1 影响技术效率的区位因素分析

基于文献分析,影响葡萄生产技术效率的区位因素主要包括气候与地理位置、土壤、社会经济因素三方面。

首先,气候与地理位置因素。包括温度、光照、湿度、地理位置等在内的一系列因素影响了葡萄栽培和生长的各个环节,从而影响葡萄生产的技术效率。一般来说,大陆性气候、地中海式气候和海洋气候最适合葡萄的生长。全球适合种植葡萄的地域主要集中在北纬30°~50°之间以及南纬20°~40°之间。葡萄种植海拔高度一般为400~600米,能适应坡地栽培。此外,温度、湿度、水分等因素对葡萄的发育和葡萄的果实质量有着很大的影响。我国葡萄的种植范围非常广,其中,华北及环渤海湾地区、西北及黄土高原地区等区域的气候、地理位置等自然环境条件适合发展葡萄种植,其种植历史也十分悠久。

此外,土壤对于葡萄的生长和发育也会产生重要的影响。虽然葡萄的根系发达,对土壤适应性强，可以在多种类型的土壤中栽培生长，但在葡萄种植区，为了保证葡萄果实的质量，需要采用土壤改良技术。研究表明，最适宜葡萄生长的土壤是孔隙度适中且土质相对疏松、容重不高的轻壤土以及砂壤土。这类土壤具有通气性较高、排水能力强和水肥保留能力良好的特点，为葡萄根系的生长提供了有利的条件。很多种植地区的土壤沙性较强，土壤的营养物质含量低，土壤的疏松结构导致了较差的水肥保持能力和较高的导热性，此类土壤的温差过大，导致冬、春两季的葡萄种植区冻害发生。此外，黏重的土壤因其透气性差，雨季易积水对葡萄的生长也会产生不利影响。

社会经济因素。当地社会经济的发展水平、人口与市场水平、科技发展水平以及政策因素等会影响葡萄生产资料的价格、栽培过程中的技术水平、葡萄产品的价格、销量等，进而影响到最终的投入产出效率。此外，农户对于各生产要素的投入意愿也受到当地的收入水平的影响。由于社会经济因素的影响，一些自然资源不适合种植葡萄的地区通过引进新技术、新品种、新模式也取得了不错的效益和效率。

4.1.2 预测模型变量的筛选

根据影响因素分析，确定了技术效率预测模型的输入变量。将气候与自然环境因素进一步细分，变量类别包括气候因素、土壤因素、其他自然环境因素和社会经济因素四类，每一类变量再分别选取代表性衡量指标，共14个指标，如表4-1所示。

表4-1 基于区位因素的技术效率预测变量

类别	测量指标
气候因素	年均气温、干燥度、年积温
土壤因素	土壤质地（砂土、粉砂土、黏土）、土壤pH值、土壤有机质含量
其他自然环境因素	海拔高度、归一化植被指数、经度、纬度
社会经济因素	GDP、人口密度

（1）气候因素

X_1——年均气温。不同种类植物的生长所需温度范围均存在较大差异，葡萄属暖温带植物，要求的热量较多。从萌芽至浆果成熟，需要月平均气温在10°以上。此外，不同的葡萄品种对温度的需求也存在差异。若葡萄生长环境温度过高，会导致蒸发量大、水分缺乏，从而使植株叶片凋落，最终呼吸作用和光合作用减缓；过高的温度还会导致一些组织器官生长过快，影响葡萄果实品质；过低的环境温度则使得葡萄生长周期大大延长，影响正常的发芽、开花授粉、坐果等生化反应，最终影响产量和品质。因此，选取年平均气温作为葡萄生产技术效率预测的变量是合理的。

X_2——干燥度。水分是植物细胞的基本组成成分，植物的生长代谢以及组织器官的发育离不开充足的水分补给，葡萄也是如此。水分缺失会造成叶片和根系的枯萎，果实不饱满，影响葡萄产量及品质。本研究采用干燥度来代表葡萄园所在地区的水分条件，特定地区某段时间范围内水面可能蒸发量与降水量的比值即为干燥度，它反映了时间和空间维度上水分的流入和流出情况。与仅仅使用降水量或是蒸发量相比，干燥度能够更完整地反映某区域的干湿状况。

X_3——年积温。年均气温这一指标仅仅只是气温的一般水平，不能完全反映葡萄园所在地区的热量条件，因此引入积温这一指标。年积温，指将一年内超过 10 ℃ 的日均气温相加后的总和，相比均温，它能够同时从强度和作用时间两个维度来反映作物生长的热量条件。因此，该项指标常用于研究温度与生物有机体发育速度之间的关系。

（2）土壤因素

$X_4 \sim X_6$——土壤质地。土壤按照质地分为砂土、粉砂土和黏土三类。土壤质地与土壤通气条件和对于水肥的保持能力有着密切的关系，从而影响到耕作。因此，在拟定土壤利用、水肥管理和耕作技术改良措施时，土壤质地是极其重要的依据。葡萄相比于大部分水果，对土壤的适应性较强，能够适应除了沼泽地和重盐碱土之外几乎全部质地特性的土壤，其中，最适合葡萄生长的是肥沃的砂壤土。不同土壤对葡萄的果实发育和品质的影响程度和影响机制也不相同。本研究中用砂粒、粉粒、黏粒的含量来表征土壤质地，变量 X_5、X_6、X_7 分别为当地砂土、粉砂土、黏土的百分比。

X_7——土壤 pH 值。土壤 pH 值也会影响葡萄的生长，对于大部分种类的葡萄，pH 值的范围是 5~7，其中适宜的 pH 值为 6~6.5，当 pH 值低于 5 或高于 8 时，会影响葡萄的生长发育，造成葡萄生长不良，从而导致减产和果实质量下降。

X_8——土壤有机质含量。随着土壤有机质含量的增加，土壤的理化性质、土壤结构以及土壤的营养条件等也会相应地得到改善，葡萄的果实质量和产量将会明显得到提高。因此，选择土壤有机质作为影响技术效率的重要变量。

（3）其他自然环境因素

X_9——海拔高度。海拔差异会造成水热、光照等条件的差异，我国海拔较高的葡萄种植区多为山区，其自然环境与平原地区有非常大的差异，因此，将海拔作为变量之一。海拔数据选自基于 SRTM V4.1 数据经重采样生成的 1 千米精度的全球数字高程模型（DEM）数据。

X_{10}——归一化植被指数（NDVI）。归一化植被指数是基于遥感卫星不同波段的传感器数据计算得到，它在很大程度上体现了植被的蒸腾作用、光合作用、太阳光的截取以及地表净初级生产力等因素，因此，NDVI 在学术界的应用集中在研究植被生长状态、植被动态变化检测预警和计算植被覆盖率等方面。葡萄园所在地的 NDVI 指数能够反映出周边的植被长势状况，从而从某种程度反映出该地区的植被覆盖率和水土流失、土地破坏情况等信息。本研究选取 NDVI 指数作为评价变量，采用最大值合成法生成的全国 NDVI 数据集作为数据源。

X_{11}——经度；X_{12}——纬度。相关研究显示，我国葡萄种植的投入产出量和技术效率、全要素生产率等指标呈现出空间聚集的特征。因此，需要考虑地理位置对于葡萄园技术效率的影响。其中，葡萄园所在地纬度的差异会造成热量、光照强度、光照角度等条件的差异，从而影响葡萄生产。综上所述，将葡萄园的经纬度作为机器学习模型的输入特征。

(4) 社会经济因素

X_{13}——GDP。葡萄园所在地的 GDP 水平可以直接体现出当地的经济发展水平。GDP 水平越高，当地经济发展条件越好，当地的农户就越有可能投入新的技术以改善葡萄种植的条件，从而影响技术效率。同时，经济发展程度不同的地区物价条件也往往不同，也会对技术效率产生影响。选择全国 GDP 空间分布公里网格数据，该数据以 2015 年全国县级 GDP 统计数据为基础，将 GDP 与自然要素的地理分异规律考虑在内，经过空间插值生成 1 千米×1 千米栅格，每个栅格的值代表该网格的 GDP 值。

X_{14}——人口密度。人口密度也是体现葡萄园所在地的发展水平的指标，同时与劳动力价格和销售价格、销量、地价、土地政策等变量有一定的关系。同时，过大的人口密度也有可能制约葡萄园的规模化发展，无法发挥规模化生产的优势，造成效率的下降。选择经插值生成的全国 2015 年人口密度分布 1 千米×1 千米栅格数据进行评价。

4.1.3 数据获取与检验

确定了葡萄生产技术效率机器学习智能预测模型的 14 个特征之后，对表征变量的数据进行收集。区位因素变量的提取需要借助 GIS 技术，首先需要用到葡萄园的地理坐标信息，通过高德地图 API 的地理编码工具，借助 Python 语言的 requests 库可以批量获得葡萄园坐标；变量 $X_1 \sim X_3$ 以及 X_9，X_{10}，X_{13}，X_{14} 涉及的数据，下载自中国科学院资源环境科学数据中心的公开数据；变量 $X_4 \sim X_8$ 涉及的数据选自寒区旱区科学数据中心。上述数据的形式为栅格空间数据，通过 ArcGIS 软件中的相关工具提取到每个葡萄园地址对应的坐标点。

为了更好地理解特征数据，采用方差齐性检验，即 F 检验探索特征变量与技术效率高低是否存在关系。在原假设（null hypothesis，H_0）之下，F 检验的统计值服从 F-分布。对于两个样本个数分别为 n 和 m 的连续值组成的序列，F 检验的统计量 $F(n-1, m-1)$ 可表示为：

$$F(n-1, m-1) = \frac{S_X^2}{S_Y^2} \qquad 公式（4-1）$$

其中，S_X^2 和 S_Y^2 分别为两个序列的方差。通过计算 F 统计量的值，结合 F 分布函数，可以计算出此时的 p 值，通过 p 值的大小判断是否拒绝 0 假设。在本研究中，H_0 对应的假设为某个特征按照技术效率的高/低划分后的两个序列方差相等。p 值表示当统计量 $F(n-1, m-1)$ 为比当前更加极端的值时，拒绝 H_0 而发生第一类错误的概率。只有当 p 值很小时，才可以认为该特征与分类的标签存在一定的关系。各个特征按照分类标签划分后的 p 值结果如表 4-2。

表 4-2 各影响因素 F 检验结果

特征名称	以产值为产出项			以产量为产出项		
	$n=1$	$n=2$	$n=3$	$n=1$	$n=2$	$n=3$
年均气温	0.004***	0.010**	0.010***	0.018**	0.019**	0.246

(续表)

特征名称	以产值为产出项			以产量为产出项		
	$n=1$	$n=2$	$n=3$	$n=1$	$n=2$	$n=3$
干燥度	0.103	0.888	0.391	0.175	0.744	0.231
年积温	0.000***	0.000***	0.000***	0.000***	0.000***	0.003***
砂土比例	0.040**	0.179	0.040**	0.164	0.111	0.267
粉砂土比例	0.150	0.482	0.378	0.371	0.357	0.495
黏土比例	0.042**	0.125	0.012**	0.148	0.081*	0.238
土壤酸碱度	0.008***	0.405	0.035**	0.019**	0.173	0.124
土壤有机质含量	0.212	0.281	0.143	0.236	0.151	0.178
海拔高度	0.000***	0.000***	0.000***	0.000***	0.000***	0.005***
归一化植被指数	0.000***	0.000***	0.003***	0.000***	0.000***	0.004***
经度	0.002***	0.009***	0.023**	0.029**	0.147	0.043**
纬度	0.008***	0.013**	0.002***	0.019**	0.014**	0.254
GDP	0.628	0.522	0.919	0.672	0.627	0.690
人口密度	0.212	0.213	0.884	0.237	0.754	0.818

注1：分别以前 n 等级为高效率样本。

注2：* 表示通过显著水平为 0.1 的假设检验；** 表示通过显著水平为 0.05 的假设检验；*** 表示通过显著水平为 0.01 的假设检验。

从表4-2中可以看出，在大部分情况下，年均气温、年积温、海拔高度、归一化植被指数、经度和纬度这六个变量与技术效率有更密切的关系，因而更有可能是葡萄种植技术效率的主要决定因素，在进行葡萄园选址是应当优先考虑上述因素。

4.2 预测模型的构建与验证

4.2.1 建模思想

考虑将机器学习方法与DEA模型结合，实现葡萄生产技术效率的智能预测。一方面，机器学习方法随着大数据技术的发展而日益成熟，可以很好地保证效率评价的速度和准确性。另一方面，随着机器学习理论的不断进步和机器学习在不同领域和场景下应用的不断成熟，机器学习理论在发现数据具有的非线性的规律方面有着非常强大的功能。农业生产的技术效率受到多方面因素的影响，且这些影响并不都是线性的，而机器学习方法能够很好地发现和挖掘各类影响因素和技术效率之间的线性或非线性关系，从而能够根据某地的环境条件判断该地区进行葡萄种植是否能够实现高效率，有利于葡萄种植户和产业区域规划人员进行产业布局和葡萄园选址工作。

选取主流的机器学习模型作为技术效率预测的备选模型,并进行预测效果的对比,最终确定的机器学习模型包括 Logistic 回归模型、支持向量机算法、决策树算法、随机森林模型和 XGBoost 模型以及 Stacking 融合模型。基于区位因素的葡萄生产技术效率机器学习智能预测建模思想如图 4-1 所示。

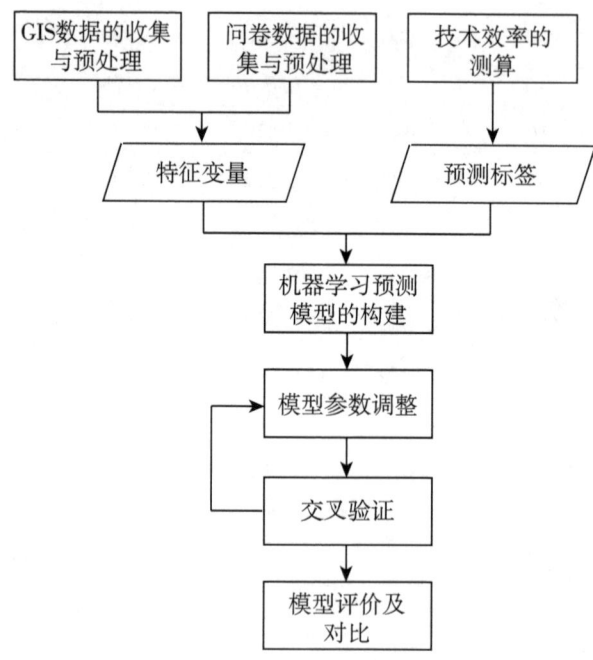

图 4-1 基于区位因素的技术效率预测建模思想

4.2.2 模型效果的评价

分别基于以产量为产出项的 DEA 模型和以产值为产出项的 DEA 模型构建机器学习预测模型。由于调参过程冗长烦琐,且在机器学习中,同样的算法针对不同的问题,调参的过程较为相似,受限于篇幅,在此不再赘述参数调节的过程,模型最终参数设置结果见表 4-3。

表 4-3 各机器学习模型的参数设置

机器学习模型参数设置		效率预测产出项					
		以产值为产出项			以产量为产出项		
模型名称	参数名	$n=1$	$n=2$	$n=3$	$n=1$	$n=2$	$n=3$
Logistic 回归	损失函数优化方法	L-BFGS 法	牛顿法	L-BFGS 法	牛顿法	牛顿法	牛顿法
	正则化系数	100	100	1 000	1	1	100
支持向量机	惩罚系数	1 000	1	0.1	100	100	1 000
	Gamma	0.20	0.25	0.20	0.25	0.01	0.10

（续表）

机器学习模型参数设置		效率预测产出项					
		以产值为产出项			以产量为产出项		
模型名称	参数名	$n=1$	$n=2$	$n=3$	$n=1$	$n=2$	$n=3$
决策树	max_depth	10	30	30	10	15	20
	min_samples_leaf	20	15	5	20	15	2
	min_samples_split	5	10	20	10	10	15
随机森林	n_estimators	1 200	100	500	100	1 000	100
	max_depth	7	13	7	11	17	17
	min_samples_leaf	5	15	5	5	5	5
	min_samples_split	10	25	10	10	10	15
	n_estimators	100	400	400	500	100	100
XGBoost	eta	0.10	0.05	0.05	0.10	0.01	0.10
	gamma	0	0.3	0.3	0	0.4	0.4
	max_depth	3	3	9	3	3	7
	min_child_weight	1	3	3	1	1	1
	subsample	0.7	0.9	0.8	0.8	0.6	0.7
	colsample_bytree	0.6	0.9	0.7	0.6	0.6	0.6
	alpha	0.001	0.1	0.001	0.1	0.001	0.01
	lambda	0.1	0.1	0.1	0.5	0.5	0.1

评价模型的最佳参数设定后，分别在不同机器学习模型上预测基于区位因素的葡萄生产技术效率。以产值为效率产出项的效率预测模型的性能表现如表4-4所示。

表4-4 基于以产值为产出项的DEA模型的机器学习模型表现

模型名称	前沿面上样本为正例		前2等级样本为正例		前3等级样本为正例	
	准确率	AUC	准确率	AUC	准确率	AUC
Logistic 回归	0.934	0.813	0.844	0.637	0.754	0.653
支持向量机	0.962	0.783	0.882	0.585	0.796	0.692
决策树	0.948	0.738	0.834	0.683	0.749	0.665
随机森林	0.972	0.841	0.863	0.684	0.796	0.740
XGBoost	0.967	0.814	0.872	0.755	0.768	0.731
Stacking	0.962	0.792	0.882	0.768	0.787	0.744

从表4-4的结果来看，若以前沿面上的样本为正例样本，剩余作为负例样本，从AUC的角度看随机森林模型的表现超过了其余所有的机器学习模型，达到0.841；若将前两个效率等级的样本作为正例，其余作为负例构建模型，则Stacking融合模型的AUC达到了最高值0.768；将属于前3个效率等级的样本作为正类，剩余作为负类，则Stacking融合模型的AUC性能表现最为优异，为0.744。从准确率上看，取前n（$n=1$，2，

3) 效率等级的样本作为正例,其余作为负例的机器学习模型中,表现最优的模型分别为随机森林模型、SVM 模型和 Stacking 融合模型以及 SVM 和随机森林模型。

以产量为产出项的效率预测模型的性能表现如表 4-5 所示。从 AUC 的角度看,以前沿面上的样本为正例样本,剩余作为负例样本,或是将前两个效率等级的样本作为正例,其余作为负例构建模型,XGBoost 模型最优,其值分别达到了 0.790 和 0.782;将属于前 3 个效率等级的样本作为正类,剩余作为负类,则 Stacking 融合模型的 AUC 的表现最好,为 0.730。从准确率上看,在三种情况下随机森林模型、XGBoost 模型和 Stacking 模型的表现均超过了其余机器学习模型。

表 4-5 基于以产量为产出项的 DEA 模型的机器学习模型表现

模型名称	前沿面上样本为正例		前 2 等级样本为正例		前 3 等级样本为正例	
	准确率	AUC	准确率	AUC	准确率	AUC
Logistic 回归	0.905	0.752	0.839	0.695	0.773	0.610
支持向量机	0.934	0.716	0.877	0.692	0.791	0.627
决策树	0.910	0.702	0.867	0.749	0.763	0.659
随机森林	0.938	0.694	0.891	0.720	0.815	0.693
XGBoost	0.938	0.790	0.886	0.782	0.834	0.694
Stacking	0.938	0.735	0.891	0.779	0.820	0.730

4.3 技术效率预测结果分析

考虑各种情况下机器学习模型的 AUC 和准确率,可以看出机器学习模型预测的葡萄种植技术效率具有较高精度,在实际应用中,可以作为葡萄园选址、葡萄生产条件评估、产区规划的依据。同时,基于区位因素的技术效率预测结果可以和基于投入产出分析的技术效率评价结果相结合,以更好地指导生产实践。例如,对于某些基于投入产出的技术效率评价结果为低效率而根据区位因素预测为高效率的葡萄园,可能存在管理和经营不善等问题、导致区位优势没有充分发挥,需要科技服务部门给予技术指导和帮扶。

将本研究建立的技术效率智能预测模型与传统 DEA 技术效率测算模型结果相比,DEA 模型评价结果中,北方传统产区范围内较多的葡萄园技术效率较高,这与基于区位因素的机器学习模型对技术效率的预测结果较为一致。但是,DEA 模型的输出结果中,南方沿海经济发达地区也存在着相当数量高技术效率的葡萄种植园,而在机器学习预测的技术效率中,南方较多区域实现葡萄生产高技术效率的概率都较低。造成这种结果的原因可能有两方面:第一,训练集中南方地区实现葡萄生产高技术效率的葡萄园数量较少。南方大部分地区呈现出高温多雨的气候特征,这对葡萄的生长不利,只有少量发达地区的葡萄园通过引进先进的水土改良措施和设施栽培实现了葡萄优质生产,较少的高效率样本可能导致模型没有被充分训练,造成结果的偏差。第二,预测模型中选取的社会经济因素相关的变量较少,可能使得模型预测结果较多受到自然环境相关因素的影响。而事实上,南方部分发达地区由于种植户经济水平较高,更愿意引进新的品种和栽培新技术,从而实现葡萄生产的高效率。

第 5 章 基于混合数据聚类的葡萄生产者细分研究

中国葡萄生产群体仍以小规模农户为主，不同区域、不同种植模式的葡萄种植农户在个人特征、生产条件、技术能力方面差异较大，这种差异可以用异质性来衡量。葡萄种植农户的异质性必然影响其在葡萄生产中的技术采纳和应用、经营管理手段和方法、信息获取和利用，最终影响到其技术效率和经济效益。因此，本章基于数据挖掘技术，更深入和精细地描述葡萄种植农户在个人条件、生产条件和产出效益方面的异质性特征，挖掘出葡萄种植农户的个人属性与其生产效果的关系，研究结果有助于为葡萄种植农户提供有针对性、个性化、精准化的技术服务和技能培训，既有利于提高农技推广的效果，也有益于提升葡萄产业的生产水平和产业效益。

本章首先在国家葡萄产业技术体系的支持下获取了基础数据、构建了葡萄种植农户数据集；通过分析数据集呈现的混合数据特性，选定了基础数据挖掘算法；针对基础算法的不足，提出了两方面的改进点；在公开数据集的验证表明本研究的改进算法聚类效果更优，进而基于改进的聚类算法进行了葡萄种植农户聚类细分，并描述了各细分群体农户的典型特征。

5.1 数据获取及数据集特点

5.1.1 数据获取及数据集构建

国家葡萄产业技术体系（CARS-29）持续在全国葡萄主产区开展葡萄生产成本收益调研工作，调查内容主要包括以下：①生产条件；②种植者信息（个人特征）；③葡萄生产的成本投入（含建园成本、物质成本、人工成本、土地成本）；④葡萄园的收益情况。本章研究的基础数据来源国家葡萄产业技术体系 2019 年成本收益调研数据中的鲜食葡萄样本，原始数据样本 596 个。经过识别和修正格式异常、识别数值异常、缺失值填充等数据预处理工作，最终获得有效样本 592 份，这些有效样本构成了葡萄种植农户数据集。

数据集的特征变量分为两部分：①农户个人特征及生产条件特征变量（表 5-1）共 10 个，含 7 个分类型变量（产区、栽培模式、观光园因素、示范园因素、种植者类型、年龄、学历）和 3 个数值型变量（葡萄园面积、建园时间、葡萄品种数）；②农户生产成本与收益特征变量（表 5-2）共 6 个，全部为数值型变量（建园成本、土地成本、物质成本、人工投入、产值、产量)。

可见,本研究的数据集是包含了无序分类型属性、有序分类型属性和数值型属性的混合型数据集,这对后续葡萄种植农户聚类分析算法提出了特殊要求。

表 5-1 农户个人特征及生产条件特征属性描述

序号	属性	指标取值或描述	类别
1	产区	华北及环渤海湾种植区、东北西北冷凉种植区、秦岭淮河以南亚热带种植区、西北及黄土高原种植区、云贵高原及川西高海拔种植区	无序分类型
2	栽培模式	露地栽培、设施栽培	无序分类型
3	观光园因素	观光园、非观光园	无序分类型
4	示范园因素	示范园、非示范园	无序分类型
5	种植者类型	企业种植基地、合作社成员、合作社领导、其他农户	无序分类型
6	年龄	20~30岁、31~40岁、41~50岁、51~60岁、61岁以上	有序分类型
7	学历	小学以下、小学、中学、大专及本科、本科以上	有序分类型
8	葡萄园面积	葡萄园的占地面积(单位:公顷)	数值型
9	建园时间	葡萄园的经营年限(单位:年)	数值型
10	葡萄品种数	葡萄园种植葡萄的种类数(单位:个)	数值型

表 5-2 投入与产出特征变量说明

序号	变量	定义	单位	类别
1	建园成本	葡萄园建园初期一次性投入的全部物质、人工成本分摊到每一年的均值,以及之后每年的修缮维护费用	元/公顷	数值型
2	土地成本	葡萄园占用的土地所产生的租金、流转费用	元/公顷	数值型
3	物质成本	葡萄周年管理全过程中的各项物质生产资料投入之和	元/公顷	数值型
4	人工投入	以资金流出形式产生的雇佣劳动力产生的费用,以及自家劳动者的劳动投入(按当地工价折算)	元/公顷	数值型
5	产值	单位面积葡萄园商品化果实产出的价值	元/公顷	数值型
6	产量	单位面积葡萄园商品化果实产出的数量	千克/公顷	数值型

5.1.2 葡萄种植农户及生产特征描述

(1) 农户个人及生产条件特征描述

表 5-3 展示了葡萄种植农户数据集分类型变量各取值的占比,表 5-4 展示了葡萄种植农户数据集数值型变量的平均值,通过以上两表描述了葡萄种植农户的个人特征及生产条件特征。

表 5-3　葡萄种植农户数据集分类型变量各取值占比

特征及取值	占比（%）
产区-1：华北及环渤海湾种植区	25.68
产区-2：东北西北冷凉种植区	9.63
产区-3：秦岭淮河以南亚热带种植区	37.16
产区-4：西北及黄土高原种植区	14.19
产区-5：云贵高原及川西高海拔种植区	13.34
学历-1：小学以下	1.01
学历-2：小学	9.29
学历-3：中学	70.44
学历-4：大专及本科	17.74
学历-5：本科以上	1.52
年龄-1：20~30 岁	0.17
年龄-2：31~40 岁	14.86
年龄-3：41~50 岁	42.06
年龄-4：51~60 岁	35.14
年龄-5：61 岁以上	7.77
模式-1：露地栽培	48.48
模式-2：设施栽培	51.52
示范园-1：是	21.62
示范园-2：否	78.38
种植者类型-1：企业种植基地	9.97
种植者类型-2：合作社成员	35.14
种植者类型-3：合作社领导	10.47
种植者类型-4：其他农户	44.43
观光-1：是	23.99
观光-2：否	76.01

表 5-4　葡萄种植农户数据集数值型变量平均值

特征	均值	单位
葡萄园面积	2.747	公顷
建园时间	11.58	年
葡萄品种数	2.22	个

由表可见，大多数葡萄种植农户的学历为中学，接受过高等教育的占比较小；生产者年纪偏大，以 41 岁以上的中老年生产者为主，40 岁以下的年轻生产者较少；观光园约占全部葡萄园的 1/4，未开展观光业务的葡萄园仍占主流；露地栽培和设施栽培的葡萄园各占 1/2 左右。样本葡萄园平均面积为 2.747 公顷，53.72% 葡萄园的面积不超过 0.6667 公顷（即 10 亩），69.09% 葡萄园的面积不超过 1.3333 公顷（即 20 亩），面积

超过 3.3333 公顷（即 50 亩）的葡萄园占比为 17.06%，大多数葡萄园的生产规模较小。平均建园时间约为 11.58 年，具有一定的生产经验；平均葡萄品种数为 2.22 个，品种较为单一。

（2）农户生产成本收益特征描述

表 5-5 展示了各产区鲜食葡萄的生产成本统计情况。从总成本来看，天津、河北、辽宁、安徽、湖北、山西、内蒙古、甘肃、新疆、广西、云南等地葡萄园投入的总成本较低；甘肃的总成本投入最低，每年仅 73 635 元/公顷，远低于全国平均水平。北京、山东、四川、上海、江苏、浙江等地葡萄园投入的总成本超过了全国平均水平；北京、四川和上海葡萄园投入的总成本位列前三，均超过了 17 万元/公顷。

表 5-5　全国各地区鲜食葡萄的生产成本对比　　（单位：元/公顷）

地区	建园成本	土地成本	物质成本	人工成本	总成本
北京	28 622	13 560	77 032	71 947	191 161
天津	12 489	7 591	37 182	74 959	132 221
河北	12 103	10 429	46 809	59 186	128 526
辽宁	22 221	8 516	50 451	62 208	143 395
山东	24 877	12 303	58 390	62 124	157 694
吉林	32 318	11 779	51 967	65 410	161 474
黑龙江	33 138	6 953	53 011	58 626	151 728
上海	48 001	19 754	56 607	78 554	202 917
江苏	39 978	14 278	40 937	52 629	147 822
浙江	35 087	15 438	46 137	67 664	164 326
安徽	15 260	11 777	58 344	46 248	131 629
福建	16 876	7 500	54 258	74 738	153 372
河南	17 131	13 977	50 250	63 271	144 630
湖北	17 994	10 888	56 589	46 442	131 913
山西	10 719	9 735	46 107	50 773	117 334
内蒙古	11 333	7 500	48 534	20 125	87 493
陕西	13 888	10 250	63 508	67 500	155 146
甘肃	5 923	7 333	37 833	22 545	73 635
新疆	7 436	16 143	33 731	34 162	91 472
广西	12 631	12 630	71 361	35 172	131 794
四川	33 062	24 632	59 530	61 362	178 586
云南	23 001	17 793	34 181	53 496	128 471

表 5-6 展示了全国各产区鲜食葡萄生产的收益情况，包括了产值、产量、净收益和单价。产值方面，北京的产值为全国最高，是全国最低的甘肃的 3 倍多。产量方面，辽宁的产量为全国最高，显著高于其他地区。北京地区葡萄园的平均净收益是全国最高的，甘肃葡萄园的净利润最低。

表 5-6　全国各地区鲜食葡萄种植收益情况比较

地区	产值 （元/公顷）	产量 （千克/公顷）	净收益 （元/公顷）	单价 （元/千克）
北京	550 465	16 398	359 304	30.26
天津	281 284	26 250	149 064	10.61
河北	298 999	28 090	170 473	7.87
辽宁	274 922	32 359	131 527	8.15
山东	478 610	29 632	320 916	12.76
吉林	351 512	26 835	190 038	8.83
黑龙江	284 158	14 994	132 430	15.29
上海	385 315	15 099	182 398	27.30
江苏	386 553	15 797	238 731	21.79
浙江	291 515	21 337	127 189	14.06
安徽	332 295	22 673	200 666	10.31
福建	472 503	20 690	319 130	14.80
河南	373 622	25 773	228 992	14.60
湖北	343 851	24 388	211 937	17.11
山西	370 179	25 792	252 845	5.35
内蒙古	291 250	18 125	203 757	31.44
陕西	329 500	23 667	174 354	14.11
甘肃	154 567	24 958	80 932	3.99
新疆	232 739	15 166	141 267	7.18
广西	298 540	20 478	166 746	15.08
四川	527 055	22 145	348 468	18.04
云南	478 332	28 457	349 861	19.77

5.2　葡萄种植农户聚类细分算法

5.2.1　基础算法的选择

葡萄种植农户群体在个人特征和生产条件方面的差异较大，而农户的这种异质性又会呈现一定的群体共性和群体差异，为更有效挖掘葡萄种植农户个人属性、生产条件与其生产结果之间的关联，需要首先基于农户的个人特征和生产条件特征变量、利用聚类算法对葡萄种植农户进行细分。

农户数据集涉及个人特征及生产条件特征变量共 10 个，含 5 个无序分类型变量（产区、栽培模式、观光园因素、示范园因素、种植者类型）、2 个有序分类型变量（年龄、学历）、3 个数值型变量（葡萄园面积、建园时间、葡萄品种数）。因此，基于个人特征和生产条件特征变量进行的聚类分析须选择面向混合型数据集的聚类算法。

传统的基于划分的聚类算法如 k-means 算法、k-modes 算法,均是针对数值型数据或分类型数据,不能处理同时具有分类型变量和数值型变量的混合型数据集。而 K-Prototypes 聚类算法结合了不同聚类算法的优点,更新了不同样本点的距离计算公式,适用于混合型数据集的聚类分析。因此,本研究选用 K-Prototypes 聚类算法作为农户聚类分析的基础算法。

基础 K-Prototypes 聚类算法基本原理如下:样本数为 n 的混合属性样本集 X,含有 m 个属性值的样本 $x_p = [x_{p1}, x_{p2}, \cdots, x_{pt}, x_{p(t+1)}, \cdots, x_{pm}]^T$,其中 $[x_{p1}, x_{p2}, \cdots, x_{pt}]^T$、$[x_{p(t+1)}, \cdots, x_{pm}]^T$ 分别为数值型属性、分类型属性。将数据集聚为 k 类,初始聚类原型(prototype,即聚类中心)集合为 $P = \{P_1, P_2, \cdots, P_k\}$。

算法步骤可以描述为:

(1) 在数据集中随机选取 k 个样本点作为初始聚类原型 P,每个原型形成一个簇。

(2) 依据公式(5-1),计算数据集所有样本到 P 中各个原型的距离。对于一个样本,找到与该样本聚类距离最小的一个原型,并将该样本分配给该原型对应的簇。样本距离按以下方式计算:使用欧氏距离测量数值型属性的距离,样本 x_p 与原型 P_q 的数值型属性的距离为

$$d_1(x_p, P_q) = \sum_{l=1}^{t} |x_{pl} - P_{ql}|_E^2 \qquad 公式(5-1)$$

其中,P_{ql} 为原型 P_q 的第 l 个数值属性。

使用海明威距离测量分类型属性的距离,样本 x_p 与原型 P_q 的分类属性的距离为

$$d_2(x_p, P_q) = \sum_{l=t+1}^{m} \delta(x_{pl}, P_{ql}) \qquad 公式(5-2)$$

其中

$$\delta(x_{pl}, P_{ql}) = \begin{cases} 0, & x_{pl} = P_{ql} \\ 1, & x_{pl} \neq P_{ql} \end{cases} \qquad 公式(5-3)$$

综上,样本 x_p 与原型 P_q 的距离为

$$d(x_p, P_q) = d_1(x_p, P_q) + \gamma d_2(x_p, P_q) = \sum_{l=1}^{t} |x_{pl} - P_{ql}|_E^2 + \gamma \sum_{l=t+1}^{m} \delta(x_{pl}, P_{ql})$$

公式(5-4)

其中,δ 为分类属性相异度;γ 为分类属性权重值。根据文献,可设 $\gamma = 1.1$。

(3) 更新聚类原型。对于一个簇,取聚类样本中各数值属性的平均值作为新聚类原型的数值型属性;取聚类样本中各分类型属性出现概率最高的取值(众数)作为新聚类原型的分类型属性。

(4) 重复步骤(2)(3),直到各个簇中样本不再变化,或达到最大迭代次数。

K-Prototypes 通过两种距离度量方式,成功解决了同时具有分类属性和连续属性的混合数据集的距离度量和聚类问题。但是从其算法流程也可以看出,基础 K-Prototypes 算法并不考虑聚类变量重要性的差异,且初始聚类中心的选择具有随机性。为了弥补基础 K-Prototypes 聚类算法不区分属性重要性和对初始选定聚类中心敏感的缺陷,本研究将基于熵权法和均方差法对变量赋以差异化的权重、基于元启发式算法智能选择初始聚类

中心，实现对基础 K-Prototypes 聚类算法的改进。

5.2.2 聚类算法的改进

针对以上提出的基础 K-Prototypes 算法的不足，本研究进行两点改进：

（1）为区分不同属性的重要程度，提出基于熵权法和均方差法的变量赋权法，对不同的数值型属性和分类型属性赋予不同的权重。

（2）为了弥补原始 K-Prototypes 算法对初始选定聚类中心敏感的缺陷，提出基于元启发式算法的初始聚类中心选择方法，解决 K-Prototypes 算法在选择初始聚类中心时的随机性。

基于改进 K-Prototypes 的农户群体聚类分析算法步骤如下：

Step 1：使用基于熵权法和均方差法的变量赋权法，计算出葡萄种植农户样本数据集各数值型属性、有序分类型属性和无序分类型属性的权重值，更新样本之间距离的计算方法。

Step 2：依次选用遗传算法、粒子群算法、差分进化和模拟退火算法，进行基于元启发式算法的初始聚类中心选择，每个算法获得一组初始聚类中心。

Step 3：设置加权 K-Prototypes 算法的最大迭代次数或其他迭代终止条件。

Step 4：在获得的 4 组初始聚类中心中选取适应度最优的一组，将其设置为加权聚类算法的聚类中心。

Step 5：计算数据集各样本与 k 个聚类中心的距离。根据数据集各样本与聚类中心的距离，将数据集划分为 k 个簇。

Step 6：更新各个簇的聚类中心。如果迭代次数已经达到了设置的最大迭代次数或满足了其他迭代终止条件，则转到 Step 7；否则转到 Step 5。

Step 7：计算聚类结果的外部指标和内部指标，评估聚类效果。

5.2.2.1 基于熵权法和均方差法的变量赋权法

令 X 表示样本数为 n 的混合属性样本集，含有 m 个属性值的样本 $x_p = [x_{p1}, x_{p2}, \cdots, x_{pt}, x_{p(t+1)}, \cdots, x_{ph}, x_{p(h+1)}, \cdots, x_{pm}]^T$，其中 $[x_{p1}, x_{p2}, \cdots, x_{pt}]^T$ 为数值型属性，$[x_{p(t+1)}, \cdots, x_{ph}]^T$ 为无序分类型属性，$[x_{p(h+1)}, \cdots, x_{pm}]^T$ 为有序分类型属性。每个样本都有 m 个属性，构成属性集合 $\{A_1, A_2, \cdots, A_m\}$。

对于分类型属性，样本的第 r 个属性 A_r 有 $num_r(r = t+1, \cdots, m)$ 种取值，分别为 $\{a_{r1}, a_{r2}, \cdots, a_{num_r}\}$。

（1）基于熵权法的分类型属性赋权方法

属性的重要性可以用数据集相对于这个属性的不均匀程度来衡量。对于一个数据集，其中一个属性包含的信息量越大，则该属性的重要性也越大。通常情况下，一个取离散值的分类型属性 A_r 的重要性可以由如下熵的计算公式得到：

$$H_{A_r} = -\sum_{l=1}^{num_r} p(a_{rl}) \log_2 p(a_{rl}) \qquad 公式（5-5）$$

属性 A_r 的概率分布为

$$p(a_{rl}) = P(A_r = a_{rl}) \qquad 公式（5-6）$$

其中，$l \in \{1, 2, \cdots, num_r\}$，$P(A_r = a_{rl})$ 表示整个数据集中分类型属性 A_r 的属性值为 a_{rl} 的样本数占比，其计算公式为

$$P(A_r = a_{rl}) = \frac{\sigma_{A_r = a_{rl}}(X)}{\sigma_{A_r \neq NULL}(X)} \qquad 公式（5-7）$$

其中，$\sigma_{A_r = a_{rl}}(X)$ 表示数据集 X 中分类型属性 A_r 的属性值为 a_{rl} 的样本数，$\sigma_{A_r \neq NULL}(X)$ 表示数据集 X 中分类型属性 A_r 的属性值非空的样本数。

针对葡萄种植农户数据集，式（5-5）不能直接用于分类型属性重要性的计算。因为按式（5-5），一个属性的取值数越大，则该属性重要性越大，而这不符合实际情况。故采用平均值进行调整，即每个属性的重要性由其平均熵计算而来，即

$$H_{A_r} = -\frac{1}{num_r} \sum_{l=1}^{num_r} p(a_{rl}) \log_2 p(a_{rl}) \qquad 公式（5-8）$$

在得到每个分类型属性的重要性后，分类型属性 A_r 的权重可以通过下式计算，其中 $r = t+1, t+2, \cdots, m$。

$$W_r = \frac{H_{A_r}}{\sum_{i=t+1}^{m} H_{A_i}} \qquad 公式（5-9）$$

（2）基于均方差法的数值型属性赋权方法

均方差（RMSE），即标准差是概率学中反映随机变量离散程度常用的指标。均方差定义为

$$RMSE(\hat{\theta}) = \sqrt{MSE(\hat{\theta})} = \sqrt{E(\hat{\theta} - \theta)} \qquad 公式（5-10）$$

均方差是衡量一个样本属性波动大小的量，均方差越大，则该样本属性数据的波动就越大。对于任意两个特征 A_i 和 A_j，如果 $RMSE(A_i) > RMSE(A_j)$，可以判定样本在属性 A_i 上的取值越离散，A_i 特征在聚类中应占有更重要的地位。

数值型属性 $A_r (r = 1, 2, \cdots, t)$ 的权重为

$$W_r = \frac{s_r}{\sum_{i=1}^{t} s_i} \qquad 公式（5-11）$$

其中，s_r 为 A_r 的均方差，即

$$s_r = \sqrt{\frac{\sum_{l=1}^{n}(x_{lr} - \bar{x}_r)^2}{n}} \qquad 公式（5-12）$$

$\bar{x}_r$ 为特征 A_r 的平均值，即

$$\bar{x}_r = \frac{\sum_{l=1}^{n} x_{lr}}{n} \qquad 公式（5-13）$$

（3）分类属性距离度量的改进

计算分类属性的距离时，基础算法并不区分有序分类属性和无序分类属性，忽视了

属性的属性值分布，也无视了有序分类属性蕴含的顺序信息。因此，本研究按以下方式改进分类属性距离度量方法。对于无序分类属性 $A_l(t+1 \leq l \leq h)$，若样本 x_{pl} 和原型 P_{ql} 的取值不同，则

$$\delta(x_{pl}, P_{ql}) = P(A_l = x_{pl}) + P(A_l = P_{ql}) \quad \text{公式（5-14）}$$

其中，$P(A_l = x_{pl})$ 表示数据集中属性 A_l 取值为 x_{pl} 的样本的占比。

对于有序分类属性 $A_l(h+1 \leq l \leq m)$，若样本 x_{pl} 和原型 P_{ql} 的取值不同，则

$$\delta(x_{pl}, P_{ql}) = \frac{|rank(x_{pl}) - rank(P_{ql})|}{num_l - 1} \quad \text{公式（5-15）}$$

其中，$rank(*)$ 是排序函数，对于有序分类型属性 A_r，$rank(a_{ri})$ 表示序列 $\{a_{r1}, a_{r2}, \cdots, a_{num_r}\}$ 按其实际意义进行排序后 a_{ri} 在其中的序号（$1 \leq i \leq num_r$）。

综上，分类属性距离计算方法更新为

$$\delta(x_{pl}, P_{ql}) = \begin{cases} 0, & x_{pl} = P_{ql} \\ P(A_l = x_{pl}) + P(A_l = P_{ql}), & x_{pl} \neq P_{ql} \text{ 且 } t+1 \leq l \leq h \\ \dfrac{|rank(x_{pl}) - rank(P_{ql})|}{num_l - 1}, & x_{pl} \neq P_{ql} \text{ 且 } h+1 \leq l \leq m \end{cases}$$

公式（5-16）

综上，样本 x_p 与原型 P_q 的距离计算公式更新为公式（5-17）：

$$\begin{aligned} d(x_p, P_q) &= d_1(x_p, P_q) + \gamma d_2(x_p, P_q) \\ &= \sum_{l=1}^{t} t W_l |x_{pl} - P_{ql}|_E^2 + \gamma \sum_{l=t+1}^{m} (m-t) W_l \delta(x_{pl}, P_{ql}) \quad \text{公式（5-17）} \\ &= t \sum_{l=1}^{t} W_l |x_{pl} - P_{ql}|_E^2 + \gamma (m-t) \sum_{l=t+1}^{m} W_l \delta(x_{pl}, P_{ql}) \end{aligned}$$

5.2.2.2 基于元启发式算法的初始聚类中心选择

元启发式算法对 K-Prototypes 算法进行优化的主要思路为：①使用元启发式算法找出较优（对应轮廓系数较高）的一组初始聚类中心；②将聚类中心代入 K-Prototypes 算法中进行聚类。本研究拟选用遗传算法、粒子群算法、差分进化、模拟退火算法四种元启发式算法对 K-Prototypes 算法的初始聚类中心选择问题进行改进。

以遗传算法为例，基于元启发式算法的初始聚类中心选择方法的基本步骤如下：

Step1：初始化，设置最大进化代数 T，随机生成 M 个个体（或称染色体）作为初始群体 P（0），并将其设置为当前群体。

Step2：计算当前群体 P（t）中各个体的适应度（轮廓系数）。

Step3：结合 Step2 的计算结果，进行选择、交叉、变异运算，产生新的一代群体 P（t+1）并将其设置为当前群体，若未达到结束条件则返回 Step2。

Step4：如果进化过程已经进行至最大进化代数，终止计算，返回适应度最优的个体。该个体将用作后续 K-Prototypes 算法进行聚类分析时的初始聚类中心。

粒子群算法、差分进化、模拟退火算法用于初始聚类中心选择时步骤与上述过程相似。

在各元启发式算法中，群体中的一个个体（粒子/染色体）就是由 k 个样本点组成

的一组聚类中心。将各元启发式算法的适应度函数设为个体（粒子/染色体）对应聚类中心的轮廓系数；对于一个个体，以其对应的一组聚类中心作为初始聚类中心，将样本数据集划分为 k 个簇，计算该聚类结果的轮廓系数。

基于遗传算法的加权 K-Prototypes 聚类算法描述如下，基于其他元启发式算法的加权 K-Prototypes 聚类算法与之相似。

算法：基于遗传算法的加权 K-Prototypes 聚类

输入：遗传算法最大迭代次数 T_1、种群规模 m，

聚类分析最大迭代次数 T_2、样本数据集 D、聚类数 k

输出：聚类结果

算法开始

1. $t = 0$
2. 随机生成包含 m 个个体的初始种群 P（0）
3. **repeat**
4. 计算 P（t）所有个体的适应度（即轮廓系数）
5. 进行选择、交叉、变异操作，产生下一代种群 P（$t+1$）
6. $t = t + 1$
7. **until** $t = T_1$
8. $t = 0$
9. 以 P（T_1）对应的 k 个样本点为基础，生成聚类原型 Prototypes（0）
10. **repeat**
11. 计算 D 中所有样本到 Prototypes（t）中 k 个原型的加权距离
12. 把 D 各个样本分配给对应的距离最小的类
13. 更新聚类原型，得到 Prototypes（$t+1$）
14. $t = t + 1$
15. **until** $t = T_2$ 或 Prototypes（t）= Prototypes（$t-1$）
16. 返回最后的聚类结果

算法结束

5.2.3 改进算法的效果验证

5.2.3.1 聚类算法性能评价指标

常见的聚类性能评价指标包括误差平方和 SSE、轮廓系数、准确率、调整兰德系数等。其中，准确率、调整兰德系数是外部指标，仅适用于有标签的数据集（如本章用于验证的公开数据集），不适用于无标签的数据集（如葡萄种植农户数据集）。而 SSE、轮廓系数是内部指标，既适用于没有标签的数据集，也适用于有标签的数据集。

轮廓系数（Silhouette Coefficient）计算方式如下：

对于一个样本点，其轮廓系数为

$$S = \frac{b - a}{\max(a, b)} \quad \text{公式 (5-18)}$$

其中，a 为该样本点与簇内其他样本点的平均距离；b 为该样本点到距离最近的另一个簇内样本的平均距离。整体轮廓系数 s_k 为全部样本的轮廓系数求平均值，即

$$s_k = \frac{1}{n} \sum_{i=1}^{n} s_i \quad \text{公式 (5-19)}$$

准确率 Acc 可用以下公式表示：

$$Acc = \sum_{i=1}^{n} \frac{\delta(y_i, map(c_i))}{n} \quad \text{公式 (5-20)}$$

对于样本 x_i，真实类别标签为 y_i，通过聚类算法得到的聚类结果标签为 c_i，$\delta(*)$ 表示真实类别标签与聚类结果标签的匹配程度，n 表示数据集中样本点个数，map 表示最佳类标的重现分配（通过匈牙利算法实现）。

调整兰德系数（Adjusted Rand index，ARI）为

$$I_{AR} = \frac{I_{RI} - E(I_{RI})}{\max(I_{RI}) - E(I_{RI})} \quad \text{公式 (5-21)}$$

其中，I_{RI} 为兰德系数（RI）

$$I_{RI} = \frac{N_{TP} - N_{TN}}{C_n^2} \quad \text{公式 (5-22)}$$

I_{RI} 为兰德指数，$E(I_{RI})$ 为 RI 的期望值，$\max(I_{RI})$ 为 RI 的最大值，N_{TP} 是实际类与划分簇中均属于同一类的样本对的数量，N_{TN} 是实际类与划分簇中不属于同一类的样本对的数量。

SSE 计算方式如下：

$$SSE = \sum_{i=1}^{k} \sum_{x \in S_i} (d(x, P_i))^2 \quad \text{公式 (5-23)}$$

其中，k 是簇个数，S_i 是第 i 个簇的样本点的集合，P_i 第 i 个簇的原型，d 是样本点与原型的距离。

5.2.3.2 改进算法在公开数据集上的验证

本研究的机器学习模型均在 Python 语言环境下借助 Jupyter Notebook 实现。其中，数据导入由 pandas 库实现，数据的标准化处理、模型评价由 sklearn 库实现，各元启发式算法由 scikit-opt 库实现。实验中，各元启发式算法的部分参数设置如表 5-7 所示。

表 5-7 各元启发式算法参数设置表

模型	参数	意义	取值
遗传算法	$prob\_mut$	变异概率	0.001
	w	惯性权重	0.8
粒子群算法	$c1$	个体记忆	0.5
	$c2$	集体记忆	0.5

(续表)

模型	参数	意义	取值
差分进化	prob_mut	变异概率	0.001
	F	变异系数	0.5
模拟退火	T_max	最大温度	1
	T_min	最小温度	0.000 1
	L	链长	10
	max_stay_counter	冷却耗时	5

将本研究提出的改进模型分别在 UCI 数据库（http://archive.ics.uci.edu/ml/index.php）的 Zoo、Soybean-small、Iris、Wine 四个数据集上进行验证。结果显示：改进算法在公开数据集 Zoo、Soybean-small、Iris、wine 上的准确率达到了 90.38%、97.87%、90.00%、95.84%；相对于基础算法，基于不同元启发式算法的改进算法的准确率和调整兰德系数都有了显著的提升；基于差分进化的加权 K-Prototypes 聚类算法在 Zoo、Soybean-small、Iris 数据集上的聚类准确率最高，优于基础算法和基于其他元启发式算法的加权 K-Prototypes 聚类算法；在 wine 数据集上，基于模拟退火算法的改进算法效果最好。因此，本研究提出的面向混合数据集的改进聚类算法具有更优的性能。

5.3 葡萄种植农户细分结果分析

5.3.1 改进算法在葡萄种植农户数据集上的性能分析

首先使用手肘法确定最佳聚类数 k。图 5-1 是葡萄种植农户数据集的聚类数与聚类结果 SSE 的关系图。可以看出，当聚类数小于 3 时，SSE 随 k 增大而减小的速度较快；

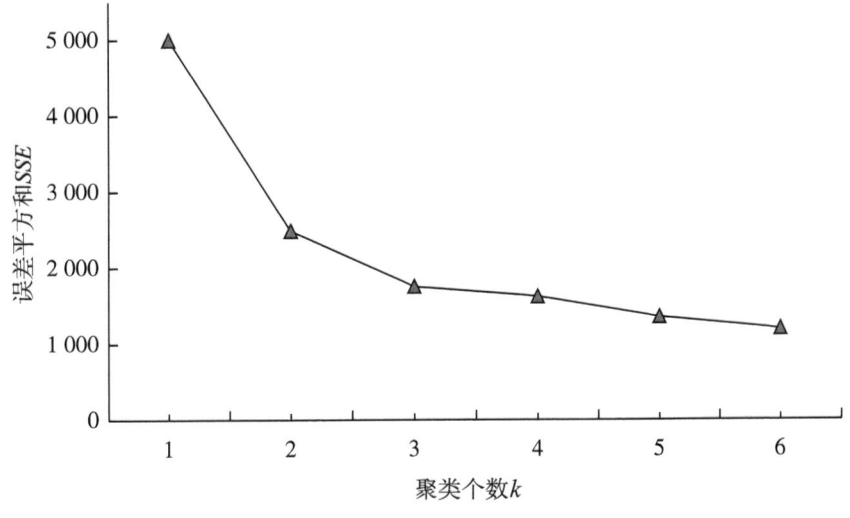

图 5-1 葡萄农户数据集的聚类个数与 SSE 关系

当聚类数大于等于 3 时，SSE 随 k 增大而减小的速度较慢。故将聚类数设置为 3。

对于智能算法优化的聚类算法，设置对应智能算法的种群规模为 20、最大迭代次数为 100。为排除偶然性须进行重复试验，表 5-8 的数据是 50 次重复实验的平均值。

表 5-8 各模型在葡萄种植农户数据集上的性能对比

算法	SSE	轮廓系数
原始算法	5 128	0.194 6
基于差分进化的加权 K-Prototypes 聚类	1 712	0.400 2
基于模拟退火的加权 K-Prototypes 聚类	1 720	0.396 9
基于粒子群算法的加权 K-Prototypes 聚类	1 712	0.400 2
基于遗传算法的加权 K-Prototypes 聚类	1 721	0.399 8

从表 5-8 可以看出，基于差分进化的加权 K-Prototypes 聚类和基于粒子群算法的加权 K-Prototypes 聚类的效果较好；两个模型的 SSE 均为 1 712、轮廓系数均为 0.400 2，为 4 种改进算法中表现更优的方法。

5.3.2 基于改进算法的葡萄种植农户细分结果及分析

利用改进算法，将葡萄种植农户数据集聚为 3 类：簇 0，共 121 个样本；簇 1，共 190 个样本；簇 2，共 281 个样本。

表 5-9 展示了细分后的葡萄种植农户数据集在分类型变量各水平上的占比，表 5-10 展示了细分后的葡萄种植农户数据集在数值型变量上的平均值，可以看出，三个簇的差异较为明显。

表 5-9 葡萄种植农户数据集上的各簇分类型变量各选项占比　　　（单位:%）

特征及取值	簇 0	簇 1	簇 2
产区-1：华北及环渤海湾种植区	6.61	15.79	40.57
产区-2：东北西北冷凉种植区	17.36	10.00	6.05
产区-3：秦岭淮河以南亚热带种植区	54.55	56.84	16.37
产区-4：西北及黄土高原种植区	4.96	2.11	26.33
产区-5：云贵高原及川西高海拔种植区	16.53	15.26	10.68
学历-1：小学以下	0.83	1.05	1.07
学历-2：小学	4.13	6.84	13.17
学历-3：中学	53.72	72.11	76.51
学历-4：大专及本科	38.02	17.89	8.90
学历-5：本科以上	3.31	2.11	0.36
年龄-1：20~30 岁	0.83	0.00	0.00
年龄-2：31~40 岁	14.05	16.84	13.88
年龄-3：41~50 岁	44.63	50.53	35.23
年龄-4：51~60 岁	30.58	26.32	43.06

（续表）

特征及取值	簇0	簇1	簇2
年龄-5：>61岁	9.92	6.32	7.83
模式-1：露地栽培	9.09	1.58	97.15
模式-2：设施栽培	90.91	98.42	2.85
示范园-1：是	34.71	21.58	16.01
示范园-2：否	65.29	78.42	83.99
种植者类型-1：企业种植基地	24.79	10.53	3.20
种植者类型-2：合作社成员	24.79	44.21	33.45
种植者类型-3：合作社领导	21.49	12.63	4.27
种植者类型-4：其他农户	28.93	32.63	59.07
观光-1：是	100.00	0.00	7.47
观光-2：否	0.00	100.00	92.53

表 5-10 葡萄种植农户数据集上的各簇数值型变量平均值

特征	簇0	簇1	簇2
葡萄园面积（公顷）	4.21	2.49	2.29
建园时间（年）	9.93	10.60	12.95
葡萄品种数（个）	3.67	2.39	1.48

进一步分析表 5-9 和表 5-10，可以发现三个细分后的葡萄种植农户群体在个人特征和生产条件属性上呈现如下典型特点。

簇 0：生产者学历偏高，中年劳动者占比较高，90%以上是设施栽培，示范园占比高，企业种植基地比例偏高；100%是观光园，比例高于其他类别；生产规模和葡萄种类数高于其他类别；生产年限低于其他簇。结合该簇的突出特征，将其命名为"高学历的设施和观光园生产者"。

簇 1：生产者学历中等，中年和青年劳动者占比较高，98%以上是设施栽培，比例均高于其他类别；普通农户居多；100%非观光园；总面积、建园时间和葡萄种类数均处于中等水平。结合该簇的突出特征，将其命名为"偏年轻的设施葡萄生产者"。

簇 2：生产者平均受教育程度较低，老龄化突出，97%以上是露地栽培，普通农户居多；非观光园为主；生产规模最小，建园时间较长，葡萄品种数最少。结合该簇的突出特征，将其命名为"老龄化小规模的露地葡萄生产者"。

细分后的农户群体之间呈现明显差异性，而群体内部则呈现较强的相似性，因此可以针对不同的细分群体，有针对性地开展技术培训、信息服务和政策支持。

第6章 基于关联分析的葡萄种植农户生产特征挖掘方法

关联规则挖掘（Association Rule Mining）是一种数据挖掘方法，用于寻找特定数据集中频繁项或属性集之间的因果关联或相关性。在对葡萄种植农户数据集进行聚类分析并得到样本的技术效率后，需要对聚类后的各个农户样本群体进行关联规则挖掘，描述各个簇与其他簇相同或不同的生产特征。关联规则挖掘算法可以挖掘出隐含在高维数据集中的不同特征属性之间的联系，之前研究结果表明葡萄种植农户群体聚类细分后，同一类内的农户在个人特征和生产条件方面呈现一定的共性。基于前文的研究结果，针对各类农户群体，利用关联规则算法，探索簇内农户的个人特征、生产条件与其生产结果（可用产量、产值等产出性指标衡量）之间的关系，挖掘重要且对农户精准服务有价值的规则，为葡萄园的经营和生产服务。

本章首先明确基于关联分析的葡萄种植农户生产特征挖掘任务，然后基于任务需求和数据特点，构建葡萄种植农户加权关联规则挖掘算法，并应用于聚类后各葡萄种植农户群体的生产特征挖掘中，以期发现葡萄种植农户各群体内部有意义的属性关联。

6.1 基于关联分析的农户生产特征挖掘总体思路

6.1.1 关联规则挖掘的概念

项（item，或称项目）是关联规则理论中最基本的组成元素。项集，即项的集合，描述了一组项同时出现的情况，关联规则是由项集到项集的蕴含式。

设 $I = \{i_1, i_2, \cdots, i_M\}$ 是项集，事务数据库 $D = \{t_1, t_2, \cdots, t_N\}$ 由一系列事务组成，每个事务 t_i 对应 I 的一个子集。

关联规则 R 可以表示为形如 $X \rightarrow Y$ 的蕴含式。其中，

$$X = (x_1, x_2, \cdots, x_n) \quad \text{公式 (6-1)}$$

$$Y = (y_1, y_2, \cdots, y_m) \quad \text{公式 (6-2)}$$

其中，x_i 和 y_i 均表示项，X、Y 表示事集，X 称为 R 的前项（或前件），Y 称为 R 的后项（或后件）。

一个项集的支持度（support）为该包含该项集的事务在事务数据集中出现的概率，项集 I_1 的支持度为

$$support(I_1) = |\{t \in D \mid I_1 \subseteq t\}| / |D| \quad \text{公式 (6-3)}$$

其中，$|D|$ 表示事务数据库的总事务数，$\{t \in D \mid I_1 \subseteq t\}$ 表示事务数据库 D 中包含 I_1 的事务的集合。

规则 $X \rightarrow Y$ 的支持度为 $X \cup Y$ 的支持度，即

$$support(X \rightarrow Y) = support(X \cup Y) \qquad 公式（6-4）$$

规则 $X \rightarrow Y$ 的置信度（confidence）是

$$confidence(X \rightarrow Y) = support(X \cup Y) / support(X) \qquad 公式（6-5）$$

规则 $X \rightarrow Y$ 的提升度为

$$lift(X \rightarrow Y) = confidence(X \rightarrow Y) / support(Y) \qquad 公式（6-6）$$

Apriori 算法是最经典的关联规则挖掘算法。在使用 Apriori 算法进行关联规则挖掘之前，须预先设定最小支持度和最小置信度，支持度小于最小支持度或置信度小于最小置信度的规则将被抛弃。Apriori 算法核心思想为通过多次扫描数据集得到符合指定条件的候选项，然后通过循环选取频繁项集。频繁项集是指在事务数据集中多次出现、满足支持度阈值条件的项集。若一个项集包含了 k 个项，则称该项集为 k 项集；若一个 k 项集的支持度不小于指定的最小支持度，则称该项集为频繁 k 项集。

基于频繁项集的关联规则挖掘，时间复杂度和空间复杂度较高，当数据规模增大时计算成本显著增大。项目数为 M、项集长度为 N 时，Apriori 算法的时间复杂度为 $O(2^N) + O(2^M)$。当事务数据集数据量较小时，Apriori 能使用较短的时间和较小的空间资源挖掘得到所有的关联规则；但当数据量较大时，大量频繁项集的计算将使算法运行时间明显增加，而频繁项集的存储也会占用较多的空间资源。

针对精确算法的不足，许多学者对基于智能算法的关联分析进行了研究。智能算法因其易于实现、运行效率较高、可扩展性良好等优点，已被逐步应用于数据量较大的关联规则挖掘之中。基于智能算法的关联规则分析算法不一定能挖掘出所有潜在的规则，在迭代次数、种群规模等条件不变的情况下，其最终挖掘得到的规则由其适应度函数决定。

基于智能算法的关联规则分析算法往往不考虑规则中项的权重，不同的项具有同等的重要性，而使用者不能对其进行调整。但实际上，关联规则的使用者很可能并不是对所有项目都具有相同的兴趣，而是仅对一小部分的项感兴趣。在某些具体场景下，使用者会希望某些项仅出现在前项、某些项仅出现在后项，而基础的基于智能算法的关联规则挖掘算法无法实现。

为弥补智能算法不区分项重要性的不足，提出基于差分进化的加权关联规则挖掘算法，旨在较少时间内挖掘出数据集中使用者感兴趣的一部分关联规则。

6.1.2 葡萄种植农户生产特征挖掘任务

针对葡萄种植农户数据集，一个葡萄园样本的所有特征构成关联规则挖掘中的一个事务，包括个人特征、生产条件、成本收益和技术效率，一个样本中一个变量的取值对应关联规则挖掘中的一个项。例如，一个葡萄园是观光园而不是示范园，则其对应的事务将包含"观光-是""示范园-否"的项。

6.2 基于差分进化的加权关联规则挖掘算法

6.2.1 关联规则的加权重要度

项 x 的前项权重值和后项权重值依次表示为 $W_{ant}(x)$，$W_{con}(x)$，满足

$$0 \leq W_{ant}(x) \leq 1 \quad \text{公式（6-7）}$$

$$0 \leq W_{con}(x) \leq 1 \quad \text{公式（6-8）}$$

$W_{ant}(x)$ 表示项 x 出现在前项时的权重，由加权关联规则挖掘模型的使用者自行确定。$W_{ant}(x)$ 越大，说明用户越希望 x 出现在规则的前项。相似的，$W_{con}(x)$ 表示项 x 出现在后项时的权重，也由加权关联规则挖掘模型的使用者自行确定。$W_{con}(x)$ 越大，说明用户越希望 x 出现在规则的后项。

规则 R 的平均前项权重值和平均后项权重值分别表示为

$$A_{ant}(R) = \sum_{i=1}^{n} W_{ant}(x_i) / n \quad \text{公式（6-9）}$$

$$A_{con}(R) = \sum_{i=1}^{m} W_{con}(y_i) / m \quad \text{公式（6-10）}$$

其中，n 为规则 R 的前项项的个数，m 为规则 R 的后项项的个数。

定义关联规则 R 的加权重要度（Weighted Importance）WI 为

$$WI(R) = 1 - 1/[1 + (A_{ant}(R) + A_{con}(R)) * support(R) * confidence(R) * lift(R)]$$

公式（6-11）

其中，$support(R)$ 是规则 R 的支持度，$confidence(R)$ 是规则 R 的置信度，$lift(R)$ 是规则 R 的提升度。$WI(R)$ 最大是 1，最小是 0。$WI(R)$ 越大，则规则 R 越重要。在其他指标不变的情况下，一个关联规则的 $A_{ant}(X)$、$A_{con}(Y)$、$support(R)$、$confidence(R)$ 或 $lift(R)$ 越大，则该规则的 $WI(R)$ 越大。

以购物篮分析为例，如果模型的使用者希望了解购买商品 P 的顾客还会购买哪些商品，则可以设置 $W_{ant}(P) = 1$、$W_{con}(P) = 0.1$、其他商品前项权重值和后项权重值均为 0.2（或其他小于 $W_{ant}(P)$ 且大于 $W_{con}(P)$ 的数值）。如果有两条关联规则 R_1 和 R_2，满足 $support(R_1) = support(R_2)$、$confidence(R_1) = confidence(R_2)$ 和 $lift(R_1) = lift(R_2)$，且前项项目数相等、后项项目数相等，则满足以下条件时，有 $WI(R_1) > WI(R_2)$（即 R_1 优于 R_2）：R_1 前项包含商品 P，R_2 前项不包含商品 P。

本研究将差分进化中的适应度函数设置为加权重要度，一个个体（同时也是一条规则）的适应度（即 WI）越大，则该个体（规则）越优良。将挖掘得到的规则按 WI 从大到小排序，使用者在阅读 WI 较高的规则时，更有可能发现自己感兴趣的规则。

6.2.2 基于差分进化的加权关联规则挖掘算法设计

6.2.2.1 规则编码方法

使用智能算法进行关联规则挖掘时，主要采用密西根方法或匹兹堡方法对规则进行

编码：①在匹兹堡方法中，每个个体（染色体、粒子）都表示为一组规则，需要对数据集中的所有规则进行编码。②密歇根方法侧重于单一规则的质量。每个个体都表示为一条规则，只需要在事务集中编码一部分规则即可。相对于计算量大、可移植性较差的匹兹堡方法，密歇根方法具有计算效率较高、灵活性较强的优点。

使用密歇根方法对规则进行编码。另外，为便于计算项集的支持度，须扫描一次数据库；扫描一次数据库即可得到频繁1项集，由于出现频率低于最小支持度的项目不可能出现在最终的规则里，因此可以仅对出现在频繁1项集中的项目进行编码，以降低差分进化计算的复杂度。

6.2.2.2 规则支持度计算方法

使用密歇根方法编码时，差分进化迭代过程中的每个个体会被翻译成一条关联规则，再计算其适应度（即加权重要度）。加权重要度的计算需要先得到规则的支持度、置信度、提升度和项权重值。参考文献，在基于差分进化的加权关联规则挖掘算法中，项集的支持度按以下方法计算得到：

事务数据库 $D = \{t_1, t_2, \cdots, t_N\}$ 的每个事务 t_i 对应项目集合 $I = \{i_1, i_2, \cdots, i_M\}$ 的一个子集。定义一个 N 位的二进制数 $bin(i)$，用以表示项目 i 的事务归属状况，$bin(i)$ 满足

$$bin(i) \ \& \ (1 \ll (j-1)) > 0 \quad if \ i \in t_j \ 且 \ 1 \leq j \leq N$$
$$bin(i) \ \& \ (1 \ll (j-1)) = 0 \quad if \ i \notin t_j \ 且 \ 1 \leq j \leq N$$

公式（6-12）

其中，$1 \ll j$ 表示在二进制下将1向左移动 j 位，如 $1 \ll 3$ 为二进制下的1000B。项集 $\{x_1, x_2, \cdots, x_m\}$ 的支持度

$$support(\{x_1, x_2, \cdots, x_m\}) = \frac{numbin(bin(x_1) \ \& \ bin(x_2) \cdots \& \ bin(x_m))}{N}$$

公式（6-13）

其中，$numbin(num)$ 表示一个二进制数各位上1的个数，& 表示与运算。

在使用差分进化算法进行迭代之前，须扫描一次数据库，以获得各项目的事务归属状况。以一个包含6个事务、5个项目（ABCDE）的事务集为例进行说明：$t_1 = \{ABDE\}$，$t_2 = \{BCE\}$，$t_3 = \{CDE\}$，$t_4 = \{CE\}$，$t_5 = \{ACDE\}$，$t_6 = \{CD\}$。对事务数据库进行一次扫描，可得到 $bin(A) = 010001B$，$bin(B) = 000011B$，$bin(C) = 111110B$，$bin(D) = 110101B$，$bin(E) = 011111B$。从右往左数，$bin(A)$ 的第1位和第5位为1而其他位为0，对应事务数据库中 A 包含于 t_1 和 t_5 之中，而不含于其他事务。以项集 CD 为例，其支持度

$$support(CD) = \frac{numbin(bin(C) \ \& \ bin(D))}{N} = \frac{numbin(110100)}{6} = 50\%$$

6.2.2.3 算法步骤

基于差分进化的加权关联规则挖掘算法的实验步骤如下：

Step 1：设置最小支持度、最小置信度和最小提升度。

Step 2：设置适应度函数为 $y = WI(x)$；设置差分进化的种群规模 n 和迭代次数 m。

Step 3：生成第一代种群并设置为当前种群。

Step 4：将当前种群各个体转换为关联规则并计算其 WI，记录符合指定条件的关联规则。

Step 5：如果当前种群已经是第 m 代，转到 Step 6；否则，按既定规则生成新一代的种群并设置为当前种群，转到 Step 4。

Step 6：按 WI 值的大小对迭代过程中发现的所有规则进行排序，并输出。

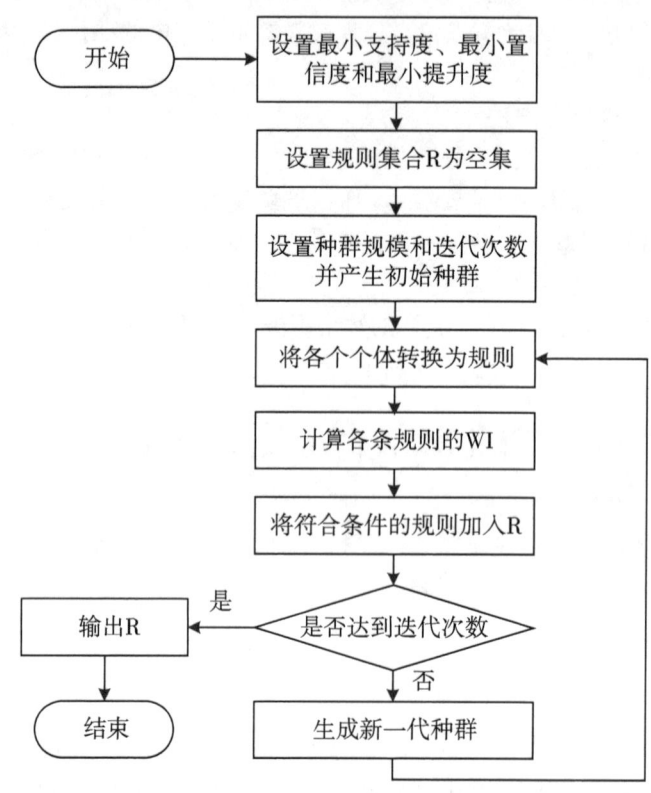

图 6-1 基于差分进化的加权关联规则挖掘算法流程图

应用本研究提出的改进算法，可以根据需要设置不同前项权重值和后项权重值。对感兴趣的项目赋予较高的权重，使其更多地出现在挖掘结果中；或对不感兴趣的项目赋予较低的权重，使其更少地出现在挖掘结果中。

6.3 基于改进算法的葡萄种植农户生产特征规则挖掘结果

6.3.1 参数设置

根据第 5 章中对葡萄种植农户数据集的聚类结果，本节对三个簇分别进行关联规则挖掘。三个簇简称为葡萄簇 0、葡萄簇 1、葡萄簇 2。实验中，除了用于聚类的属性（即农户个人特征及生产条件属性），数据集还增加了与生产收益有关的一部分属性：建园成本、土地成本、物质成本、人工投入、产值、产量、以产值为产出项的 DEA 技术效率（简写为 DEA-产值）、以产量为产出项的 DEA 技术效率（简写为 DEA-产量），指标计算方式参见文献苏允汇（2022），据此构成新的葡萄种植农户生产收益数据集。

本研究提出的基于差分进化的加权关联分析算法和精确算法均要求各样本由项目组成，葡萄种植农户生产收益数据集中的数值型属性并不适宜直接进行关联规则挖掘。因此，依据以下方法将数值型属性转化为分类型属性：将一个数值型属性的所有值从大到小排列，若其中一个值大于50%样本的值，则将其转化为"高"，否则转化为"低"。转化后，该属性只有两种取值："高"和"低"。特别的，学历相关项按实际意义转化为"学历-中学及以上"或"学历-小学及以下"；葡萄种类数大于等于2的样本增加项"葡萄种类数-多样"，其余样本增加项"葡萄种类数-单一"。经过计算后，各样本已转换为可以进行关联规则挖掘的事务。

为探究农户个人特征、生产条件属性、成本收益、技术效率之间的关系，葡萄种植农户生产收益数据集的前项权重值和后项权重值设置如下：

$$W_{ant}('DEA-产值-高') = W_{ant}('DEA-产量-高') = 0$$
$$W_{ant}('DEA-产值-低') = W_{ant}('DEA-产量-低') = 0$$
$$W_{ant}('产值-高') = W_{ant}('产量-高') = 0$$
$$W_{ant}('产值-低') = W_{ant}('产量-低') = 0$$
$$W_{con}('DEA-产值-高') = W_{con}('DEA-产量-高') = 1$$
$$W_{con}('DEA-产值-低') = W_{con}('DEA-产量-低') = 0.5$$
$$W_{con}('产值-高') = W_{con}('产量-高') = 1$$
$$W_{con}('产值-低') = W_{con}('产量-低') = 0.5$$

其余所有项目的前项权重值和后项权重值均设置为0.1。

葡萄种植农户数据集三个簇的事务数和参数设置如表6-1所示。对于三个簇，均设置差分进化的种群规模为50，迭代次数为500。

表6-1 葡萄种植农户生产收益数据集各簇的事务数和参数设置

数据集	数据集事务数	最小支持度	最小置信度	最小提升度
葡萄簇0	121	0.45	0.50	1.00
葡萄簇1	190	0.45	0.50	1.00
葡萄簇2	281	0.40	0.50	1.00

6.3.2 规则挖掘结果及分析

根据以上参数设置，本研究基于差分进化的加权关联分析算法在葡萄种植农户生产收益数据集三个簇上进行了实验，实验结果如表6-2所示。表6-3、表6-4、表6-5依次为本研究算法在葡萄簇0、葡萄簇1、葡萄簇2挖掘得到的部分关联规则。

表 6-2　基于差分进化的加权关联规则挖掘算法在葡萄种植农户数据集三个簇上的结果对比

数据集	运行总时间（s）	规则数/条	平均 WI
葡萄簇 0	7.86	319	0.15
葡萄簇 1	9.90	249	0.09
葡萄簇 2	11.39	248	0.17

表 6-3　葡萄种植农户数据集簇 0 的部分关联规则

前项	后项	支持度	置信度	提升度	WI
学历-中学及以上，模式-设施栽培	产值-高	0.570	0.663	1.085	0.311
学历-中学及以上，观光-是，模式-设施栽培	产值-高	0.570	0.663	1.085	0.311
观光-是，模式-设施栽培	产值-高	0.587	0.645	1.055	0.305
学历-中学及以上，观光-是	产值-高	0.595	0.626	1.024	0.296
葡萄种类数-多样，观光-是，模式-设施栽培	产值-高	0.504	0.642	1.050	0.272
学历-中学及以上，葡萄种类数-多样，模式-设施栽培	产值-高	0.488	0.648	1.060	0.269
学历-中学及以上，观光-是，模式-设施栽培	DEA-产值-高	0.512	0.596	1.093	0.269
观光-是，模式-设施栽培，总面积-高	产值-高	0.455	0.655	1.071	0.260
学历-中学及以上，观光-是	DEA-产值-高	0.537	0.565	1.036	0.257
观光-是，模式-设施栽培	DEA-产值-高	0.521	0.573	1.050	0.256

表 6-4　葡萄种植农户数据集簇 1 的部分关联规则

前项	后项	支持度	置信度	提升度	WI
观光-否	产量-低	0.553	0.553	1.000	0.155
模式-设施栽培，观光-否	DEA-产值-低	0.542	0.551	1.006	0.153
观光-否	DEA-产值-低	0.547	0.547	1.000	0.152
示范园-否，观光-否	DEA-产值-低	0.463	0.591	1.079	0.150
示范园-否，模式-设施栽培，观光-否	DEA-产值-低	0.458	0.592	1.081	0.150
模式-设施栽培	土地成本-低	0.542	0.551	1.016	0.057
观光-否	土地成本-低	0.542	0.542	1.000	0.056

表 6-5　葡萄种植农户数据集簇 2 的部分关联规则

前项	后项	支持度	置信度	置信度	WI
学历-中学及以上，模式-露地栽培	DEA-产量-高	0.548	0.655	1.001	0.283
模式-露地栽培，葡萄种类数-单一	产值-低	0.441	0.629	1.141	0.160
葡萄种类数-单一，观光-否	产值-低	0.423	0.620	1.124	0.150
模式-露地栽培，葡萄种类数-单一，观光-否	产值-低	0.413	0.627	1.137	0.150
观光-否	产值-低	0.512	0.554	1.004	0.146
模式-露地栽培，观光-否	产值-低	0.498	0.556	1.007	0.143
示范园-否，观光-否	DEA-产值-低	0.406	0.507	1.039	0.114

针对簇 0，由规则可知，种植者学历为中学及以上和模式为设施栽培的葡萄园、开展观光业务和模式为设施栽培的葡萄园的产值较高，而建园时间较短的葡萄园 DEA 技术效率（产量）较低。对簇 0 的葡萄种植农户，建议进一步发展观光业务、提高生产者受教育程度、增加葡萄种植种类。

针对簇 1，未开展观光业务或本身不是示范园的葡萄园 DEA 技术效率（产值）较低。簇 0 和簇 1 从正反两方面显示了观光业务对葡萄园产值的重要影响，随着农业旅游的兴起和发展，未开展观光业务的葡萄园可以考虑逐步开展观光业务，吸引游客、增加收入。对簇 0 的葡萄种植农户，建议其考虑采用设施栽培的模式、发展观光业务。对未开展观光业务的葡萄园，地方部门应更多地提供帮助和指导，增加葡萄园收入的多样性。

针对簇 2，未开展观光业务或者模式为露地栽培、葡萄种类单一的葡萄园的产值较低。对簇 2 的葡萄种植农户，若未开展观光业务或者模式为露地栽培，可以考虑开展观光业务、采用设施栽培模式、增加葡萄种类，以提高产值。

第三篇

流通环节葡萄产业数据建模

第7章 基于神经网络的鲜食葡萄可持续供应链风险评价

鲜食葡萄是典型的生鲜农产品，其自身具备的易腐易损性、生产的季节性和区域性等特征，以及我国生鲜农产品供应链的模式特征，导致鲜食葡萄供应链呈现出地域性强、季节性强、品质控制要求高、供应链主体多、供应链稳定性弱、可持续发展能力不强等问题，迫切需要提高供应链的风险管理水平，提升供应链的稳定性。基于神经网络技术从可持续视角开展鲜食葡萄供应链风险评价研究，能提高风险预测结果的准确性，为生鲜农产品供应链风险的识别、评价和控制提供方法借鉴和管理决策支持。

本章首先构建了鲜食葡萄可持续供应链风险特征指标体系，其次建立了可持续供应链风险评价的数据集，并对供应链的风险特征进行了初步描述；然后提出了基于机器学习的供应链风险评价模型，并基于模型结果提出了风险控制措施和建议。

7.1 鲜食葡萄可持续供应链风险特征指标体系构建

7.1.1 鲜食葡萄可持续供应链风险因素识别

鲜食葡萄供应链参与的主体众多，主要包括葡萄的种植、采收包装、贮藏、收购、运输、零售、消费等关键环节，每一个环节都存在潜在的风险因素。当加入可持续发展理念时，不仅要考虑传统供应链的风险特征因素，还要充分考虑社会、经济和环境因素对供应链风险的影响。因此，在进行风险识别时不但要从供应链各环节的角度分析可能存在的风险因素，还要考虑可持续供应链整体的风险。

（1）鲜食葡萄可持续供应链各环节的风险识别

种植环节：种植环节是供应链的开端，涉及生产资料的选择和使用，生产资料的质量将直接影响到鲜食葡萄的质量水平，如苗木质量、化肥和农药的使用均会影响生产产出。种植环节还涉及生态要素的影响，如果产地工业污染严重，可能影响种植地与水资源的质量。此外，鲜食葡萄的生长对自然环境有很强的依赖性，高温、低温、洪涝、风暴等灾害性天气会带来严重的生产损失。在种植过程中，大多数种植户受教育程度并不高，一般都是依靠经验种植，缺少专业与科学的技术指导、对宏观的市场需求把握不足，容易出现对新技术难以掌握、对市场行情缺乏判断、产品滞销等风险问题。

采收包装环节：采摘是鲜食葡萄种植的结束和商品流通的开始，为了获得优质的葡萄，应掌握好采摘时间，提高采摘人员的操作规范性，以免对葡萄造成损伤。采摘后的葡萄质量有一定差异，需要进行分级包装，选择的材料最好是绿色无污染，以免造成葡萄和周围环境的污染风险。采摘、分级、包装也会带来额外的人工成本支出。

贮藏环节：葡萄采摘后对环境温湿度比较敏感，鲜食葡萄在采摘后要迅速进行预冷，如果要较长时间贮藏一定要进行保鲜处理，尽可能减少损失。在保鲜过程中除了控制好温湿度，还需要注意保鲜剂与包装材料的安全使用，以免引发环境污染与质量安全问题。

收购环节：在收购环节，收购商首先要关注的就是收购葡萄的质量以及收购价格，此外还有可能面临合同契约风险，供应商违约可能造成供应链断裂。

运输环节：搬运过程可能造成果品磕碰、质量受损；长途运输要选择冷藏车，且车上要有一定的保鲜和温控设备，控制好车内的温湿度以最大限度维持果品质量；运输人员要有一定的技术经验，可以操作相应的设备，还要避免各种意外导致的运输延时。

零售环节：零售环节主要面向的是消费者，消费者群体数量巨大，购买挑拣过程中难免对葡萄质量造成损伤；零售商对市场把握失误容易造成葡萄积压、销售困难，容易出现滞销、积压等风险。

消费环节：鲜食葡萄的可替代性很高，当鲜食葡萄价格大幅度上涨时，普通消费者可能放弃购买鲜食葡萄而选择购买更加物美价廉的水果。此外，消费者的偏好会发生改变，导致零售环节销售不畅。对包装材料处置不当还会带来环境污染的风险。

（2）鲜食葡萄可持续供应链的整体风险识别

鲜食葡萄供应链还存在整体性风险，主要体现在以下几个方面。

①违反约定：对于鲜食葡萄供应链的参与成员来说，他们之间的合作并不稳定，往往会存在违约的风险，缺乏诚信而违约会使供应链无法良好运转，如出现库存积压或断货现象。

②利益分配不均：因为鲜食葡萄供应链参与主体众多，且缺乏统一的管理，单个主体只从自身的利益角度出发做决策，而忽略了其他成员甚至整条供应链的利益。为使自身利益最大化，往往会隐瞒或者传递虚假信息，这些都加剧供应链上的利益分配不平衡。

③信息风险：供应链上存在各种各样的信息，引发信息风险的原因主要可能是：获取与发布信息的渠道少、工具利用率低；链条过长，信息传播速度慢，时效性低；因自身利益隐瞒、虚报重要信息或者传播错误信息。

④以批发市场为核心的供应链参与主体较多，环节较多，供应链较长，运行效率较低，任何一个环节出现问题都有可能会影响整条供应链。

⑤相关法律法规和政策的出台和变化对供应链的运作产生一定影响。

7.1.2 鲜食葡萄可持续供应链风险评价指标体系的建立

通过以上分析，识别出了供应链内部运作环节与供应链整体两方面的风险因素，可持续发展主要追求实现经济、环境、社会的协调统一。

经济因素主要涉及成本收益等问题。如雇工人力成本、生产资料成本、采摘包装成本、贮藏保鲜成本、运输成本等。

环境因素主要包括不可抗力的自然灾害（如灾害性天气）、废弃物处理（如包装材料随意处理）以及其他类型的环境污染（如种植环境污染、保鲜剂使用不当对环境的污染）等。

社会因素主要包括市场竞争、法律法规与政策制定等。

因此在构建鲜食葡萄可持续供应链风险评价指标体系时，在供应链各环节风险与整体风险因子识别时充分考虑以上经济、环境、社会三方面因素，构建可持续供应链风险特征指标体系，如图 7-1 所示。指标体系共 8 个一级评价指标，其中 R0 为供应链整体风险，R1-R7 为供应链各环节风险，每个一级指标下有对应的二级指标，共计 38 个二级指标。

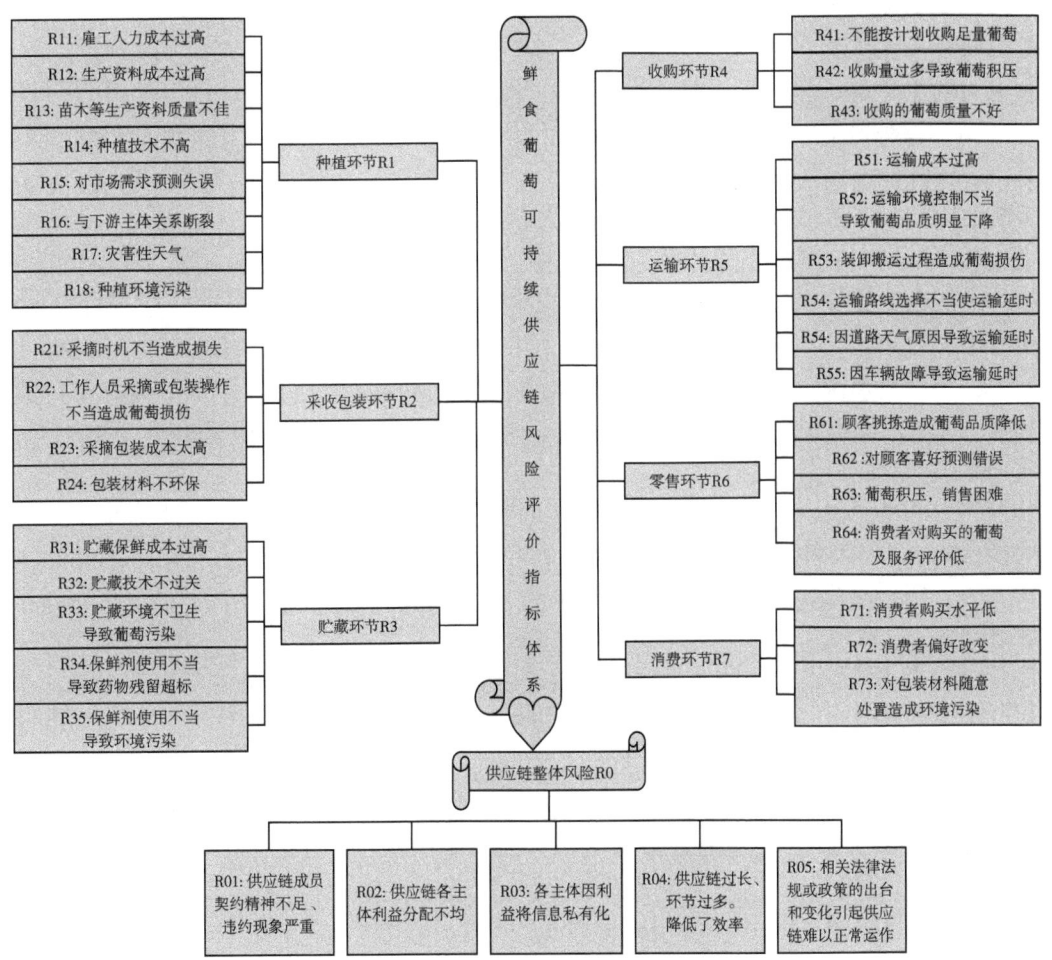

图 7-1 鲜食葡萄可持续供应链风险评价指标体系

7.1.3 鲜食葡萄可持续供应链风险维度的划分

结合鲜食葡萄供应链的运作模式、可持续供应链的内涵，对以上识别出的鲜食葡萄可持续供应链风险因素和特征可以划分为以下几个维度，有助于更深入理解和分析风险因素。

（1）经济风险。主要涉及成本与收益等经济问题，种植成本、物流成本、存储成本等任何环节成本过高都会给供应链带来风险。还包括市场经济大环境的动荡，市场价格发生较大波动，这种不稳定不规律的变化会给供应链带来风险。

（2）质量风险。如今人们的消费观念已经发生了改变，相对于价格，人们更加关注产品质量本身，然而鲜食葡萄在供应链整个运行环节中时时刻刻都会面临质量安全受损的风险。

（3）技术风险。从鲜食葡萄的种植、采摘、包装，再到运输、贮藏，任何一个环节都需要依靠技术手段，往往一种新技术的出现需要考虑其适用性、先进性与替代性，技术采纳或使用不当会增加供应链的不稳定性。

（4）意外风险。意外风险多为不可抗力导致，可预见性低。主要包括两方面：一是由于灾害性天气，如高温、低温、大风、雨雪等自然因素影响鲜食葡萄在种植、运输等环节而产生变质、损毁的现象，这种情况下，尤其是鲜食葡萄的生长季节，损失更大，不仅仅是质量风险，更多的是经济风险；二是运输环节中的交通拥堵、意外交通事故、冷链设备故障等意外事件对鲜食葡萄质量、重量产生影响，进而影响供应链的稳定运行。

（5）社会风险。供应链的稳定、持续运转在很大程度上还会受到宏观层面的因素影响，相关的政策变动、法律法规的变更、管理体制机制的调整等因素都会对供应链造成一定程度的冲击。

（6）环境风险。指供应链与生态环境的相互影响带来的风险，供应链各环节产生的废弃物能否被高效地回收利用，会对生态环境会产生一定影响。

（7）管理决策风险。因管理者知识储备或管理经验不足致使决策失误，从而给供应链带来一定风险。

（8）合作风险。供应链各主体成员由于合作意识淡薄、契约精神不强，为了自身利益隐瞒重要信息，导致整个供应链难以高效、透明运作，利益分配不合理，供应链难以可持续发展。

其中，经济风险、社会风险、环境风险、管理决策风险、合作风险分别从不同角度体现了满足可持续供应链三重底线要求潜在的风险因素，可以用图7-2所示的维度进行划分。

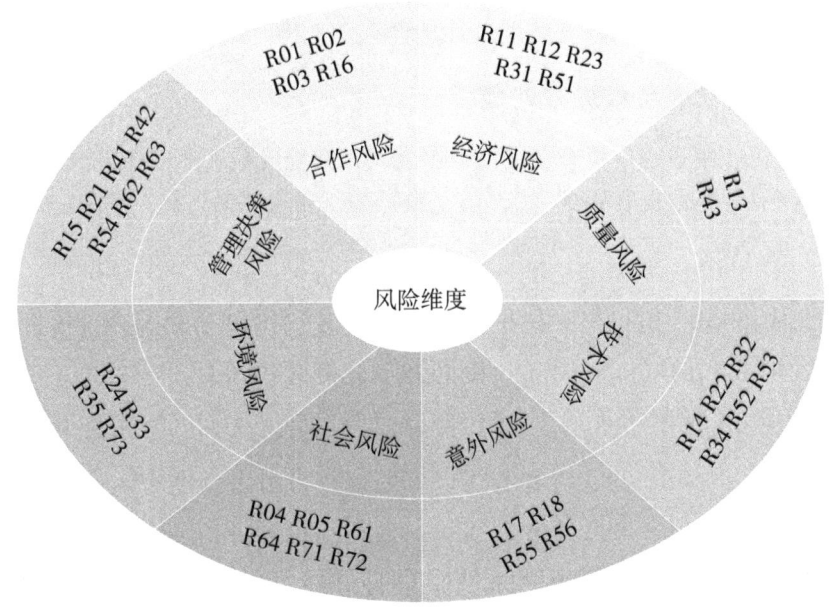

图 7-2 风险维度划分结果

7.2 风险评价数据集的建立与特征描述

7.2.1 数据获取

为了获取供应链风险评估的基础数据,本研究根据风险评价指标体系设计了调研问卷,根据供应链业务流程和可持续供应链的三重底线识别出了 38 个鲜食葡萄可持续供应链风险因素,在请教鲜食葡萄供应链专家和前期实地调研后,确定了最终问卷的形式和内容。从两个方面衡量每个风险因素:①每个风险指标发生的概率,记录为 p;②风险发生后对供应链的影响程度,记为 q。为了便于被调查者准确表达他们的判断和区分不同调查者意见的差异,在问卷中将 p 值设定在 $0\sim1$,q 值设置在 $0\sim100$。p 值越大,风险因素发生的可能性就越大;q 值越大,即风险发生后对供应链的损害就越大。

供应链风险调研于 2019 年 6—10 月在北京、天津和山西的主要批发市场进行。批发市场是目前我国鲜食葡萄流通的主要渠道,一大批一级批发商、二级批发商、零售商以及一些种植者和消费者聚集在这里,特别适合开展供应链调查。北京新发地批发市场、天津红旗农产品批发市场、山西太原河西农产品批发市场是主要调查地点。问卷调查以电子形式和纸质形式进行。大部分调研是通过面对面访谈进行,受访者是葡萄供应链领域的从业人员且有过种植、批发、零售鲜食葡萄的经验,对鲜食葡萄可持续供应链每个环节都十分了解。

调查共获取了 150 条数据,随后进行了数据质量检查,包括空缺值和异常值的识别与处理,最终获得 140 条有效的供应链样本数据。因为数据多是面对面问答形式获取,数据质量比较高，问卷有效性较高。针对140条有效供应链样本，由供应链专家根据经验评估每条供应链的总体风险值，作为后续建模的输出变量。

7.2.2 数据预处理与数据集的建立

考虑到数据收集过程中每个特征值数据之间存在幅度差，所以在模型运行之前，通过归一化将所有样本数据转换到[0，1]，数据归一化可以通过以下两种方式实现：

$$v = (x - x_{\min})/(x_{\max} - x_{\min}) \quad \text{公式（7-1）}$$
$$v = (x_{\max} - x)/(x_{\max} - x_{\min}) \quad \text{公式（7-2）}$$

经过数据预处理，得到了后续建模所需的140×39规范数据集。数据集中的一行为一条调研的供应链样本，一共有140行数据，每行数据有39个维度的特征属性，其中前38个特征为风险因子，第39个特征为总体风险值。各特征变量均为连续型数据。

7.2.3 风险特征初步描述分析

140个样本供应链的总体数据轮廓见表7-1。风险发生的平均概率为0.284 2，处于较低水平。风险发生后对供应链的影响程度平均值为44.831 8，处于中等影响程度。在已识别的38个风险因素中，风险得分最高为75.690 0分，最低为0.200 0分，可见风险因子得分分布比较离散。专家评估的总体风险平均值为27.314 3。可以初步判断，目前我国鲜食葡萄供应链的风险处于较低水平，供应链的稳定性比较好。

表7-1 风险数据总体轮廓

	风险发生的概率 p（0~1）	风险发生后对供应链的影响程度 q（0~100）	风险因素值	总体风险值
最小值	0.030 0	3.000 0	0.200 0	5.000 0
最大值	0.970 0	98.000 0	75.690 0	75.000 0
均值	0.284 2	44.831 8	12.824 3	27.314 3
标准差	0.169 4	17.839 1	9.554 5	13.833 6

（1）基于环节划分的供应链风险水平

葡萄供应链各环节的风险值如图7-3所示。可以看出，各环节的风险值都比较低，但仍存在差异，最大的风险因素是供应链各环节间的整体风险（R0）。其次，种植环节的风险（R1）也较高，而运输环节和（R5）和贮藏环节（R3）的风险水平较低。可以推断，供应链中的大多数参与者都能较好地控制所在节点上的风险，但要降低整个供应链各环节之间的风险并使其有效运行，还需要供应链各参与方强烈的责任感和合作能力，这对单个环节的供应链主体而言是难以控制的。在葡萄种植环节，风险相对较高，主要是因为生产成本上升、灾害性天气和市场环境难以有效预测和控制，给葡萄生产带来很大压力和不确定性。

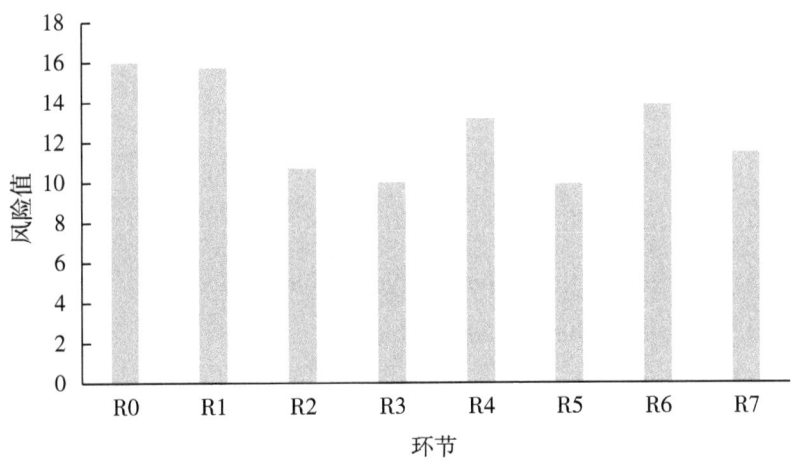

图 7-3 不同环节供应链风险评价结果

(2) 基于维度划分的供应链风险水平

将 38 个风险因素分为 8 个风险维度，计算各风险维度的风险得分，结果如图 7-4 所示。研究发现，各维度的风险水平有一定的差异性，其中经济风险、社会风险和合作风险是高风险维度，而环境风险、管理决策风险和技术风险则处于较低水平。

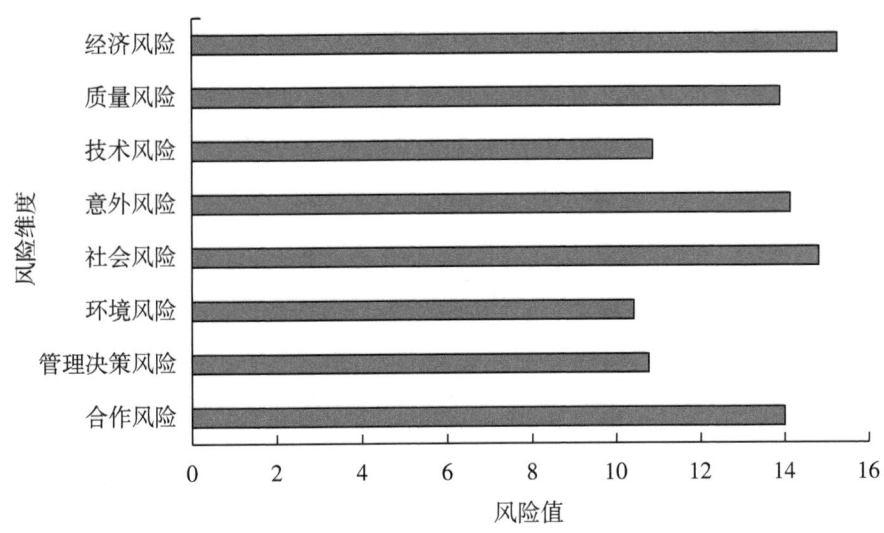

图 7-4 不同风险维度风险评价结果

经济风险主要涉及成本效益问题，其中生产成本和运输成本是风险相对较高的两个风险因素。随着价格水平的提高，葡萄的生产成本逐年增加，给生产者带来了经济压力，葡萄生产容易受到自然灾害的影响，且具有不稳定性，会增加潜在的经济风险。鲜食葡萄不耐贮藏，长途运输需要冷藏设备、运输成本较高。

社会风险比较高可能是因为批发市场是大多数供应链的核心，而北京、天津等大城市中心区域的批发市场面临着转型、搬迁的普遍问题，而农超对接、电子商务等新型供应链模式的出现，使批发商感受到更大的社会压力和风险。

不同供应链环节的风险评价结果表明供应链各环节之间的整体风险（R0）最高，风险维度的结果表明合作风险较高，两个研究结果一致。这一发现再次证明，供应链各参与主体之间高效合作对供应链的可持续运行至关重要，因此有必要培养和提高供应链各参与方的契约精神、合作意识和双赢理念。

环境风险维度较低可能是由于环境问题的外部性更大，因此供应链从业者尚未强烈感受到环境风险因素的损害。较低的决策风险和技术风险表明，葡萄供应链中的从业者对自己的商业经验、决策能力和技术掌握有积极的判断。

（3）基于发生概率和危害程度的风险象限图

以风险发生的概率 p 为横坐标、风险发生后对供应链的影响程度 q 为纵坐标，两个变量的平均值为坐标原点，绘制风险分类象限图，将 38 个风险指标分为 4 类，表 7-2 给出了分类标准，风险指数分类的象限图如图 7-5 所示。

表 7-2 风险分类标准

风险分类	分类标准
小概率 & 低损害风险	$p \leq 0.2842$ & $q \leq 44.8318$
小概率 & 高损害风险	$p \leq 0.2842$ & $q > 44.8318$
大概率 & 低损害风险	$p > 0.2842$ & $q \leq 44.8318$
大概率 & 高损害风险	$p > 0.2842$ & $q > 44.8318$

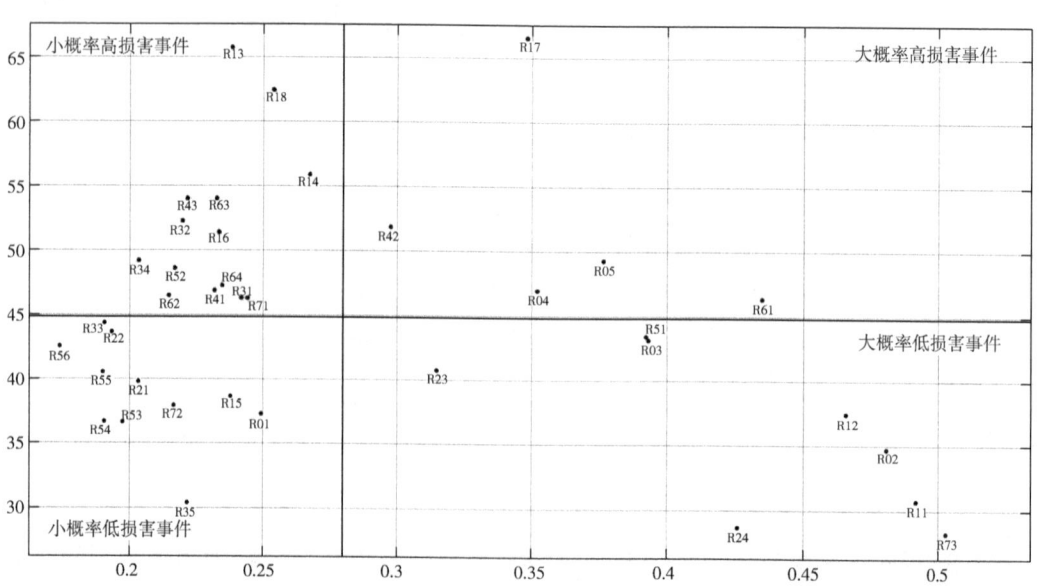

图 7-5 基于 p 和 q 的风险分类结果

从图 7-5 可以看出，大多数事件都位于第二象限（小概率和高损害风险事件），这类风险事件发生的概率低，但一旦发生对供应链的影响极大。对于此类事件，必须尽可能采取预防措施，避免潜在的巨大损失。环境类风险大多属于高概率、低损害事件，很可能是由于供应链参与者的环境意识和可持续发展意识不强,认为环境风险不会给自己造成太大损失。因此,应该更加关注环境污染或环境保护的外部性,引导参与者构建可持续的供应链,实现经济、社会和环境的协调统一发展。

7.3 基于机器学习的供应链风险评价模型构建

7.3.1 基础模型的筛选

根据经验和已有研究,用于风险评价的机器学习备选模型包括 SVM、RBF 和 BP 神经网络。三种模型各自都有独特的优势与不足,支持向量机最大的优势是适合处理小样本数据,这与本研究收集到的数据量较小匹配;径向基神经网络不会存在局部极小值问题;BP 神经网络容错能力强且在风险评价中有一定给的应用经验。本研究认为这三种机器学习模型能够很好地适用于供应链风险评估建模,因此分别建立风险评价模型,并基于以下验证和评估方法进行模型筛选。

(1) 模型验证方法

当因为数据获取难度较大导致数据量较小时,可以考虑利用交叉验证提高模型训练效果。本研究选择十折交叉验证,即将数据集均匀地划分为 10 等份,每次用其中的 9 份样本训练模型,1 份作为测试数据,用于验证;重复训练 10 次,将 10 次结果的均值作为最终建模结果。

(2) 模型性能评估指标

模型训练结束后需要评判该模型性能的好坏,一般从预测准确度与运行效率两方面考虑。在时间成本允许的情况下,主要看模型的准确度。模型精度评估的指标有很多可供选择,为了使我们的预测结果更有信服力,选择常用的平均绝对误差 MAE、均方误差 MSE、均方根误差 $RMSE$、决定系数 R^2、平均绝对百分误差 $MAPE$ 进行评价。

(3) 基础模型的性能评价结果

将 p 和 q 相乘得到各风险因子的风险得分,然后将 38 个风险因子的风险得分作为神经网络的输入,由供应链专家评估的供应链总体风险得分作为神经网络的输出,利用 MATLAB2016b 训练神经网络。将预处理好的数据导入 MATLAB 中开始训练,通过不断的测试,最终确定三个模型的参数。最终预测结果的评价指标值如表 7-3 所示。

表 7-3 单一模型风险预测误差

模型	MAE	MSE	$RMSE$	$MAPE$	R^2
SVM	4.987 6	35.928 5	5.994 0	13.99	0.811
RBF	3.131 0	18.352 8	4.284 0	10.06	0.838
BP	3.006 1	15.844 7	3.980 5	8.06	0.845

通过对三个基础模型的预测结果进行对比,发现 BP 神经网络模型性能最好,R^2 为 0.845,MAE 为 3.006 1,$RMSE$ 为 3.980 3,相较于 SVM 与 RBF 误差结果均比较小,拟

合效果更好。通过分析,确定将 BP 神经网络作为鲜食葡萄可持续供应链风险评价建模的基础模型。

虽然 BP 神经网络在三个模型中预测效果较好,但自身也存在一些缺点,如 BP 神经网络初始权重和阈值通常是随机产生的,这会导致评估结果的不可靠性;并且 BP 神经网络容易陷入局部最优,下面将对神经网络基础模型进行改进和优化。

7.3.2 BP 神经网络模型的优化

在模型训练中,BP 神经网络权值阈值对训练结果的影响很大,为了确定最优的权值阈值,增强预测模型的泛化性能和稳健性、克服局部最优等问题,选择粒子群算法和遗传算法对 BP 神经网络进行优化。基于遗传算法改进神经网络的 GA-BP 模型和基于粒子群优化神经网络的 PSO-BP 模型基本原理如图 7-6 和图 7-7 所示。

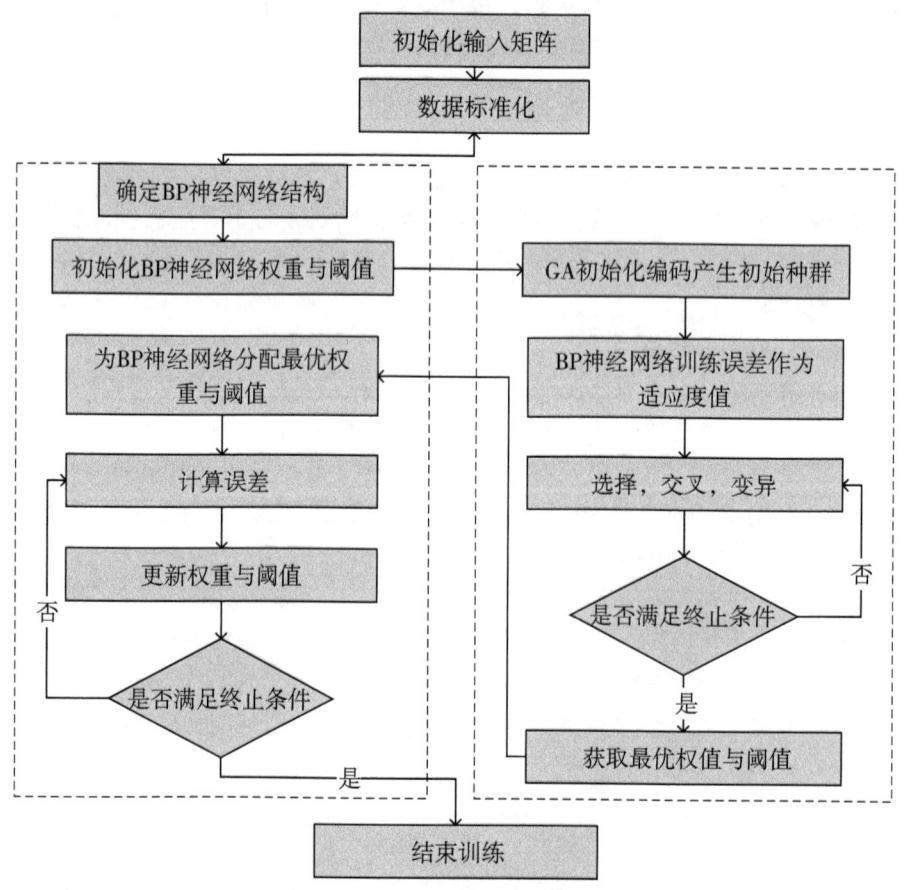

图 7-6 GA-BP 神经网络算法流程

经典 BP 模型与优化 GA-BP、PSO-BP 模型参数设置如表 7-4、表 7-5、表 7-6 所示。其中 BP 神经网络隐含层的数量由以下经验公式计算得出:

$$l = \sqrt{m+n} + a \qquad \text{公式 (7-3)}$$

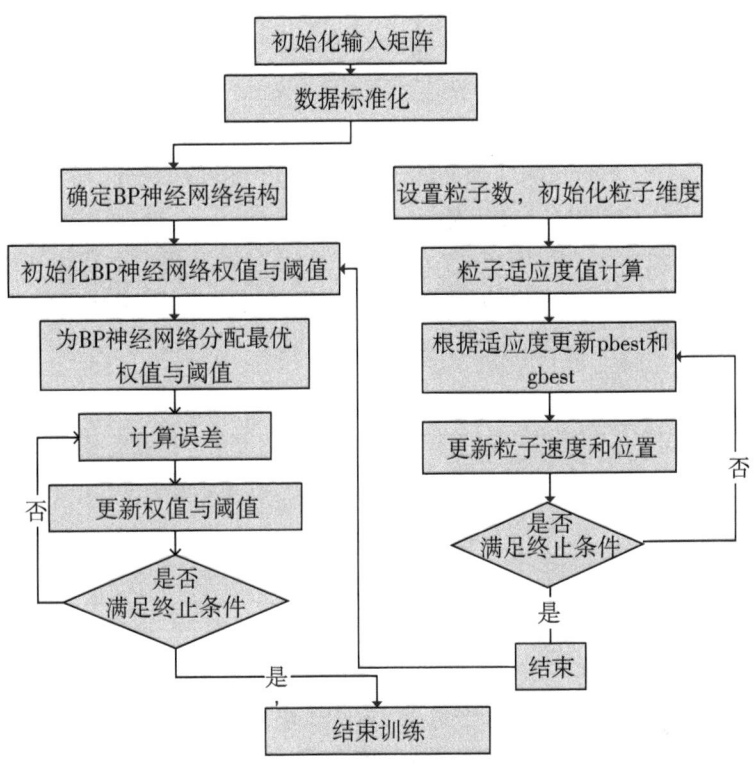

图 7-7　PSO-BP 神经网络算法流程

式中，l 为隐含层节点数，m、n 分别代表输入与输出神经元个数；a 是常数，取值范围 [1，10]。计算得出隐含层神经元的个数 l 取值范围为 3-13，试验证明 10 个神经元数量最适合风险评价预测。

表 7-4　BP 神经网络参数设置

隐含层	学习率	最大步长	允许误差
10	0.1	100	0.000 1

表 7-5　GA-BP 神经网络参数设置

最大步长	变异率	交叉率	种群大小	允许误差
100	0.1	0.2	30	0.000 1

表 7-6　PSO-BP 神经网络参数设置

学习率 c_1 和 c_2	权重 ω	最大步长	种群大小	允许误差
2	0.4-0.9	100	30	0.000 1

模型评估结果如表 7-7 所示，预测结果表明优化后的 PSO-BP 和 GA-BP 模型的预

测结果明显优于基础 BP 网络模型。其中，GA-BP 模型在测试集中基本上有一半的样本预测值与真实值非常接近，同时拟合值较差的几个样本均是真实值大于预测值，在风险预测当中，为了尽量不错过潜在的风险而造成损失，预测值略大于真实值的情况优于预测值小于真实值的情况，以便引起风险管理人员的重视，对损害程度较高的风险因子更是如此。PSO-BP 模型的预测结果又优于 GA-BP，只有极个别的样本拟合程度较差。总之，优化后的 PSO-BP 和 GA-BP 神经网络模型在各个评估指标上都表现出更好的性能，尤其是 PSO 优化后的 BP 神经网络模型，R^2 由原来的 0.845 提升到 0.932，MAE 为 2.102 2，MSE 为 7.666 3，$RMSE$ 为 2.768 8，与未经优化的 BP 神经网络模型相比误差分别降低了 43.00%、106.68%、43.76% 和 24.96%。

表 7-7　优化 BP 神经网络性能评估结果

项目	MAE	MSE	RMSE	MAPE	R^2
BP	3.006 1	15.844 7	3.980 5	8.06	0.845
GA-BP	2.973 9	13.474 0	3.670 7	8.25	0.913
PSO-BP	2.102 2	7.666 3	2.768 8	6.45	0.932

有研究显示，在解决实际的优化问题以及精度要求特别高的某些领域中，粒子群算法通常优于遗传算法，本研究的研究结果与这一结论相吻合。PSO-BP 算法的更好性能可能来自以下方面：首先，PSO 具有内存，所有粒子都保留了良好的求解知识，而 GA 没有内存，并且随着种群的变化破坏了先前的知识；其次，遗传算法中的染色体全程始终保持信息共享，而粒子群中的粒子只有搜索到最优值时才会将信息分享出去，属于单一的信息共享机制，因此在大多数情况下，粒子群算法收敛到最优解的速度更快；第三，粒子群算法原理简单、参数少、操作容易。因此，PSO-BP 的优化性能优于 GA-BP 具有合理性。

PSO 收敛速度快，优化的 PSO-BP 神经网络性能更优，但该优化算法自身也存在一些问题，如：①缺乏速度的动态调节；②粒子在更新自身信息时，易陷入局部最优值。因为粒子每次在共享信息后都会缩小搜索区域，这就有可能导致没有搜索到全部的区域，最优解就有可能被排除在外，收敛得到的最优值也只可能是局部最优值。针对以上问题，本研究继续探索了其改进方法。

7.3.3　PSO-BP 模型的进一步改进

改进点 1：加入惯性权重动态调节粒子群速度

粒子之所以能够快速精准的搜索到最优值，是因为其在搜索的方式和过程上采取了一定的过滤方式，它首先在全局范围内进行搜索，定位到最优值以后，再进一步的缩小范围，进行局部精细化搜索，在这个过程中，既大而泛的进行了全局定位，又精而细的进行了局部定位，由此可见，平衡全局搜索和局部搜索比例对于算法的成功尤为重要。针对此处，提出以下改进方法：利用一个特殊的比例因子 ω（与前一次速度有关）作为惯性权重，将其作为平衡全局搜索和局部搜索的重要角色，通过判断它的值的大小，来决定它的搜索方式。如果值越大，全局搜索能力强；值越小，则局部搜索能力强。加入 ω 后速度更新公式为：

$$v_{id}^{k+1} = \omega v_{id}^k + c_1 \times rand_1^k \times (Pbest_{id}^k - x_{id}^k) + c_2 \times rand_2^k \times (Gbest_d^k - x_{id}^k)$$

公式（7-4）

惯性权重的计算公式如下：

$$\omega = \omega_{max} - \frac{\omega_{max} - \omega_{min}}{k_{max}} \times k_n$$

公式（7-5）

其中，ω_{max} 和 ω_{min} 分别表示权重的最大和最小值，k_n 为当前迭代次数，k 表示最大迭代次数。

通过不断地调试，最终结果证明当 ω 的取值设置为从 0.9 到 0.4 的线性下降时，能够使粒子在全局范围内开始搜索，较快地定位到最优解的大致位置，随着 ω 值不断下降，粒子开始在局部范围内精细的搜索，最终快速准确地获得最优解。

改进点 2：加入随机变异因子使粒子群收敛到全局最值

粒子在搜索的过程中，会将粒子的位置与个体极值和群体极值进行比较，得到最优值的位置和坐标，通过信息共享机制，粒子便会朝着最优值的位置移动，从而缩小搜索空间。针对该现象提出以下改进方法：在粒子群缩小搜索范围后加入随机变异因子，使得粒子在更新了位置之后依然保持全局搜索的能力，避免把全局最优值排除在外。改进算法描述如下。

（1）微粒的变异因子是关于迭代次数和时间的二元随机函数。粒子开始运动时设时间 t 为 0，为 t 设置一个数值 a 作为粒子变异的时机，当 t 小于 a 时，粒子维持先全局搜索后局部搜索的平衡能力，当 t 大于 a 时，开启变异，粒子又恢复到全局搜索；同时为粒子设置一定的迭代次数，如果达到迭代次数粒子群依旧没有收敛则开启变异，继续全局搜索。

（2）以下两种情况也可能是收敛到了局部最优：适应度收敛到一定值，且收敛次数达到一定次数；粒子长时间处于一个区域。这种情况下都要开启变异，跳出局部搜索进入全局搜索。

这一改进措施的主要操作是修改粒子位置更新公式，即在位置更新公式中加入一个变异因子，改进后的位置公式如下：

$$x_{id}^{k+1} = x_{id}^k \times Pk \times Rand(\ )$$

公式（7-6）

其中，$Rand(\ )$ 是一个关于时间和迭代次数的二元函数，Pk 是核心概率因子，决定了微粒下一次迭代的变异强度，其表达式为：

$$P_k = (P_{max} - P_{min})(\sigma_k^2/N) + (P_{min} - P_{max})(2\sigma^2/N) + P_{max}$$

公式（7-7）

其中，σ^2 代表微粒的稳定性，k 表示进化次数。

7.3.4 改进的 PSO-BP 模型验证与评估

表 7-8 为 PSO-BP 神经网络与改进的 PSO-BP 神经网络模型的评价结果。PSO-BP 的预测准确度为 0.932，改进后 PSO-BP 神经网络的准确度为 0.950，准确度提升了 0.018，其他评估指标的值也有一定程度的提升。改进的 PSO-BP 神经网络模型虽然预

测精度有所提升,但是运行时间却延长了 8 秒。这是因为改进后的粒子群优化算法始终保持着全局搜索的能力,会花费更多的时间来换取搜索精度,但改进后收敛速度的下降在可接受范围之内,因此认为改进的 PSO-BP 模型性能更优。

表 7-8 改进的 PSO-BP 神经网络评估结果

项目	MAE	MSE	RMSE	MAPE	R^2	时间（秒）
PSO-BP	2.102 2	7.666 3	2.768 8	6.45	0.932	30
改进的 PSO-BP	2.101 7	6.799 6	2.607 6	6.42	0.950	38

7.4 基于改进的 PSO-BP 模型的供应链风险评价结果

7.4.1 风险因素的贡献和重要性分析

根据改进的 PSO-BP 神经网络的连接权值,将这些路径的权值相乘,得到各风险因子对供应链总体风险的贡献度,并根据其贡献程度对风险因子进行排序和分类。为了更显著地反映各风险因子贡献度的差异,将影响程度归一化到 [0,1] 之间,结果见表 7-9 和表 7-10。

从表 7-9 可以看出,高风险指标主要体现在葡萄种植环节（R1）和供应链整体风险（R0）,而采收包装环节的风险（R2）对供应链总体风险影响不大。葡萄种植是供应链的起点,葡萄种植者面临高概率（如生产成本上升）或/和损失程度严重（如灾害性天气）的风险因子威胁,如果葡萄生产环节发生高风险事件,不仅会影响种植者的利益,而且会对整个供应链的运作构成极大威胁。大多数鲜食葡萄供应链的参与者多、环节长,包括生产商、采购商、运输商、批发商、零售商和消费者等。因此,参与方各环节的有效协作成为影响供应链整体稳定型的重要因素。如果参与方缺乏契约精神和合作意识,出现影响利益合理分配和信息准确传递的行为,整个供应链将处于高风险、不稳定的状态。

表 7-9 一级指标风险重要性排序表

一级风险因子指标	影响程度	一级风险因子指标	影响程度
R1 种植环节风险	1	R3 贮藏环节风险	0.594 3
R0 供应链整体风险	0.876 0	R5 运输环节风险	0.498 6
R4 收购环节风险	0.735 8	R6 零售环节风险	0.215 3
R7 消费环节风险	0.607 2	R2 采收包装环节风险	0

38 个二级风险因子也按其对总体风险的贡献进行了分类,并列于表 7-10。其中 22 个风险因素的影响程度大于 0.500 0,可以认为是贡献度和重要性较高的风险因子。影响最大的两个二级风险因子均在葡萄运输环节,包括运输成本高和运输环境控制失误。

葡萄浆果是一种易腐烂的新鲜水果，对运输条件要求较高，特别是在长途运输中，需要采用冷链运输，运输车辆安装温控设备，运输人员需要一定的温度控制技能，这不仅导致运输成本升高，还可能因温度控制不当而造成葡萄的损坏和变质，最终增加供应链的整体风险。R11 和 R04 也是葡萄供应链中的重要风险因素，涉及到葡萄种植过程中劳动力成本的增加和供应链参与者的合作效率。

表 7-10 二级指标风险重要性排序

二级指标	影响程度	二级指标	影响程度	二级指标	影响程度
R51	1	R56	0.730 2	R64	0.346 8
R52	0.953 4	R72	0.728 3	R24	0.324 4
R11	0.853 7	R41	0.684 2	R32	0.306 6
R04	0.836 3	R03	0.680 3	R71	0.300 2
R23	0.808 1	R18	0.654 2	R34	0.285 7
R16	0.805 1	R42	0.602 1	R35	0.269 7
R43	0.794 4	R01	0.594 3	R14	0.238 8
R05	0.792 6	R73	0.586 4	R33	0.770 7
R02	0.773 6	R12	0.500 9	R21	0.203 7
R17	0.763 7	R62	0.487 8	R15	0.107 8
R22	0.756 3	R54	0.400 6	R63	0.047 3
R13	0.752 6	R31	0.358 3	R54	0
R61	0.746 2	R53	0.350 2		

其他对供应链整体风险影响较大的风险因素主要分布在葡萄种植环节、采后环节和不同环节的合作，很少出现在零售和消费环节；从风险维度来看，主要涉及经济风险、合作风险和质量风险，这一发现可以启发发现风险管理与控制的关键节点。

7.4.2 风险控制措施和建议

根据表 7-10 所列出的二级风险因素影响程度数值进行级别划分，针对每一级别中的典型风险因素进行风险管理和控制措施分析。

（1）高风险因素（0.80 及以上）

针对高风险因素一定要引起足够的重视，采取各种措施提前进行控制和改善，以免造成不可挽回的措施。考虑到鲜食葡萄作为典型的鲜食水果，保鲜期短、不耐储存，因此要延长货架期，葡萄从离开田间地头到最终到达消费者手中需要严格控制所在环境的温湿度，以免腐烂变质。储存和运输中需要使用一定的温控设备，这会增加相应的成本，一般根据距离的远近选择适合的运输方式。同时，建议优化供应链模式，提高供应链效率，农超对接就是非常好的一种流通形式。劳动力成本的升高是供应链各环节面临的较大人工成本压力，因此降低人力成本就成为值得思考的问题。通过探索轻简化栽培模式、引入机械化和信息化手段，提高工作效率、降低人工依赖，可以提高鲜食葡萄供应链的整体绩效，降低风险。

(2) 中高风险因素（0.7~0.8）

相关法律法规和国家政策的出台，比如禁止沿街摆摊、京外车辆入京管控等措施，以及线上销售与农超对接等多种流通形式的出现，对以批发市场为核心的流通模式有一定的影响，针对该现象，从业人员应该适当调整自己的经营策略，比如探索线上线下多种模式并存的渠道模式，以适应新形势的要求。因为葡萄果梗拉力较小，顾客在挑拣过程中葡萄很容易落粒和损伤，针对该现象，可以对葡萄进行单穗独立包装。灾害性天气虽然发生的概率较小，但一旦发生对葡萄供应链的影响程度极大，因此建议有一定规模的种植户可以建立温室大棚，参与农业保险，降低自然灾害带来的影响。

(3) 中风险与低风险因素（0.7以下）

这些因素对供应链总体风险的影响虽然较小，但其中不乏存在低概率高损害的事件，因此不容忽视。此外，环境类风险均未出现在中高风险区，这并不意味着其风险较低，可能因为被调研人员可持续性意识与观念淡薄，缺少从可持续发展的视角考虑问题，因而没有意识到环境风险。

中国葡萄种植者主要是小规模的农民，他们抵抗风险的能力较弱，研究结果还表明高风险指标主要体现在生产环节。建议采取措施提高小农户的抗风险能力，特别建议补贴葡萄种植者，以降低生产成本上升的经济风险，并为葡萄生产制定保险，帮助农民抵抗意外风险。

第8章 鲜食葡萄运输过程中感官品质评价与预测

由于生产端和消费端的分离，包括鲜食葡萄在内的生鲜水果采摘后需要经过运输、贮藏等物流过程才能到达消费者手中，但在贮藏、运输、销售等过程中易产生果粒硬度下降、果粒开裂甚至腐烂变质等问题。由于缺乏物流过程中实时的质量感知与监测，导致不能及时发现果品品质下降并采取挽救措施，最终将带来产品的品质和价值损失。研究表明，物流过程中的环境因子如温度、相对湿度等会对生鲜农产品的感官品质变化产生显著影响。通过监测物流环境因子，利用模型对物流环境因子和生鲜水果品质进行建模，量化环境因素变化对水果品质的影响，可以达到低成本、实时、动态感知物流过程中水果品质变化的目标。

本章首先通过模拟实验获取鲜食葡萄运输过程中的环境和品质基础数据，构建基于多输出支持向量回归 MSVR 的鲜食葡萄感官品质预测模型，并对模型效果进行验证。基于环境因子和品质变化关系的解析，可以在运输过程中控制环境因素，人为干预水果品质变化，对于减少运输过程中的产品消耗和经济损失具有重要价值。

8.1 鲜食葡萄运输过程环境及品质数据获取

8.1.1 鲜食葡萄运输模式跟踪调研

当前鲜食葡萄运输模式主要有常温运输、保冷运输和冷链运输。常温运输是指不采取任何制冷措施，在常温下运输鲜食葡萄。保冷运输是指鲜食葡萄在田间采后经过预冷，在运输过程中利用棉被等保温材料以维持果实的低温。冷链运输是指通过人工制冷手段使得运输过程中的鲜食葡萄维持在适宜的低温环境中。常温运输和保冷运输一般用于短距离运输，冷链运输则可以实现较长距离和较长周期运输。试验之前，先跟踪调研了 3 条典型的鲜食葡萄供应链，获取了运输过程环境因子数据。常温运输和保冷运输的葡萄均是 2019 年 9 月 24 日 16：00 在辽宁盘锦某葡萄园采摘并分别用货车运输，于第二天凌晨到达天津某批发市场，历经 12 小时。冷链运输葡萄为同一生产季在新疆某葡萄园采摘，10 月 11 日 18：00 开始通过冷藏车运输，于 10 月 17 日 6：00 到达天津，共历时约 132 小时。

在鲜食葡萄运输筐内两层葡萄中间放置温湿度传感器，获取了不同运输条件下温湿度的变化情况，如图 8-1 所示。传感器选取的是精创 Elitech RC-4HC，温度测量精度为 ± 0.5 ℃，相对湿度测量精度为 $\pm 3\%$，采样频率设置为 30 秒。从图 8-1（a）可以看

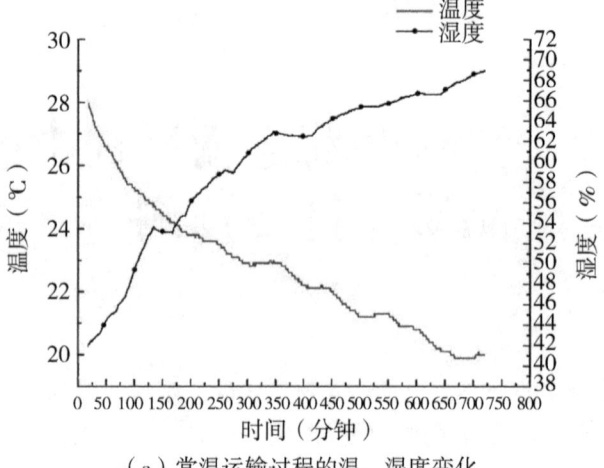

（a）常温运输过程的温、湿度变化

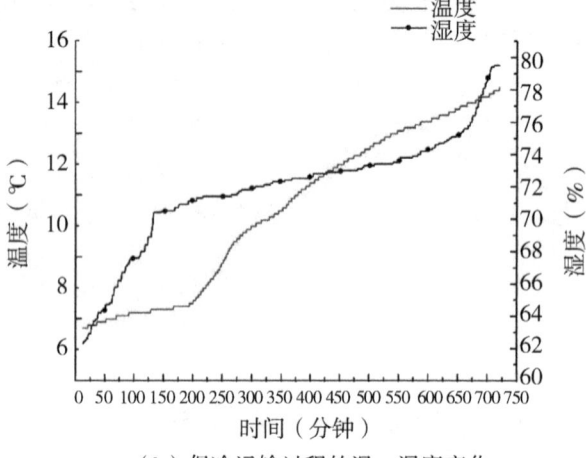

（b）保冷运输过程的温、湿度变化

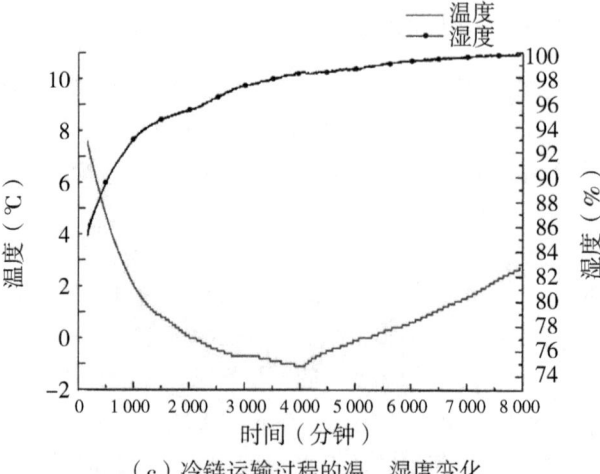

（c）冷链运输过程的温、湿度变化

图 8-1　不同运输条件下温湿度的变化情况

出，温度从29 ℃一直缓慢下降至20 ℃左右，这是由于运输时间是从第一天的下午到第二天的凌晨，室外温度在这个过程中一直下降。由于果实水分的散失，会使相对湿度上升；从图8-1（b）可以看出，温度从7 ℃上升至14 ℃左右，运输中前3小时温度基本保持恒定，随后2小时进入相对快速上升期，后期温度又进入缓慢上升期。由于果实水分的散失，使得相对湿度上升；从图8-1（c）可以看出，在运输第一天，温度从10 ℃迅速下降至1 ℃左右，再缓慢下降到-1 ℃，之后缓慢回升到2 ℃左右。由于果实水分的散失，相对湿度同样上升。

8.1.2 鲜食葡萄运输模拟试验

基于获取的不同运输方式下环境因子数据，根据鲜食葡萄实际运输的环境因子监测结果，在实验室条件下通过调控温湿度，模拟了以上3种运输过程，试验地点为国家农产品保鲜工程技术研究中心（天津）。为了突出运输模式差异对鲜食葡萄品质的影响，3种运输模拟试验选择同一品种、同一批次的鲜食葡萄，试验葡萄品种为巨峰，购于天津红旗农贸综合批发市场，试验葡萄总量为315千克，满足后期取样测定。试验中当温湿度有显著变化（温度变化1 ℃，或相对湿度变化1%）时，随机取出25串样本，对鲜食葡萄品质指标进行测定和评价。常温运输、保冷运输、冷链运输模拟试验分别进行了12次、13次、17次测定和评价。

8.1.3 鲜食葡萄感官品质评价

鲜食葡萄感官品质数据通过在模拟试验中开展感官评价试验获得。参照 NY/T 1986—2011 标准设计了鲜食葡萄感官评价评分标准，如表 8-1 所示。试验地点在国家农产品保鲜工程技术中心的感官分析实验室，邀请的 10 名感官评价员均具有生鲜农产品工程专业背景，并且接受过专业的鲜食葡萄感官评价培训。评价员根据评价指标和评分标准，对每次取出的葡萄样本进行感官评价，对 10 份感官评价结果取均值，得到葡萄样本在不同时间点的感官属性评分。

表 8-1 鲜食葡萄感官评价评分标准

感官属性	评价标准	得分范围（分）
外观 （满分20分）	果穗松散、落粒、果梗干枯、果形差、果粒萎蔫、流汁、无果粉	1~5
	果穗较紧实、果梗稍褐变、果形较好、果色暗淡、果粉部分脱落	6~15
	果穗紧密适度、果梗鲜嫩、果形端正、果色均匀、布满果粉	16~20
香气 （满分20分）	无品种特定香气或香气不明显	1~5
	有品种特定香气，但是香气较淡	6~15
	具有浓郁的葡萄品种特定香气	16~20
果皮和果肉质地 （满分30分）	果皮粗糙，果肉黏滑，果皮、果肉呈袋状分离	1~10
	果皮韧性大于脆性，果肉变软	11~20
	果皮膨压大，食用时易碎裂，果肉紧厚而不粗糙，多汁	21~30

（续表）

感官属性	评价标准	得分范围（分）
果粒风味（满分30分）	风味不协调，酸度过大，涩味重，有不良气味	1~10
	风味较好，酸甜味较淡，无不良气味	11~20
	风味极佳，糖酸比例协调，具有葡萄特有的芳香	21~30

8.1.4 数据预处理与数据集建立

对获取到的运输时长、环境数据、葡萄感官品质数据进行预处理，包括去重、修正异常值、去除错误数据、数据标准化等，最终得到葡萄感官品质数据集。常温运输数据集包含300条记录，保冷运输数据集包含325条记录，冷链运输数据集包含425条记录。3种数据集中，每条记录具有三方面的特征属性变量，即运输时长、环境因子（温度、相对湿度）、感官品质指标（外观、香气、果皮和果肉质地、果粒风味）。

8.2 运输环境因子与葡萄感官品质预测模型构建

8.2.1 基于MSVR的感官品质预测模型构建

设 $\{y_i^1, y_i^2, \cdots, y_i^n\}$ 为4个维度的感官属性的分数数值向量，$n = 4$；将 $\{x_j^1, x_j^2, \cdots, x_j^m\}$ 代表运输过程的温度、相对湿度、运输时长，$m = 3$；建立 $X_j = \{x_j^1, x_j^2, \cdots, x_j^m\}$ 与输出之间的 $Y_i = \{y_i^1, y_i^2, \cdots, y_i^n\}$ 之间的映射关系：$R^m \to R^n$。对4维度的感官品质变量，如果采用单输出SVR模型则需要对每个输出变量建模，过程繁琐且建模效率偏低，且未考虑多输出变量之间的相关性，引起误差增大。基于此，本研究提出基于多输出SVR（MSVR）模型进行建模，可以在提高建模效率的同时考虑多维输出之间的相关关系，提高建模的精度。鲜食葡萄感官品质评价数据集 $D = \{(x_1, y_1), (x_2, y_2), \cdots, (x_l, y_l) \mid x_i \in R^m, y_i \in R^n\}$，建立输入变量与输出数据之间的回归函数：

$$y_i = f(x_i) = W\varphi(x_i) + b \qquad 公式（8-1）$$

式中，$x_i = (x_{i,1}, x_{i,2}, \cdots, x_{i,m})^T \in R^m$ 为输入变量即运输过程的温度、相对湿度、运输时长，$y_i = (y_{i,1}, y_{i,2}, \cdots, y_{i,m})^T \in R^n$ 为输出变量即4个维度的感官属性得分，W 为权重向量的行列式，$\varphi(x)$ 为映射函数，b 为偏差项。

SVR的精确性和推广能力很大程度上依赖于核函数及超参数，应谨慎选择核函数的类型及其参数。由于线性核函数解决非线性问题的能力较差，多项式核函数在进行大规模数据采样时容易出现不收敛，Sigmoid核函数在高维输出时的差错控制能力较弱，已有研究表明RBF函数作为SVR核函数有很好的效果，因此选用径向基函数（Radial Basis Function，RBF），表达式为：

$$K(x_i, x_j) = \exp(-g \Vert x_i - x_j \Vert^2) \qquad 公式（8-2）$$

式中，g 是 RBF 核函数宽度系数。

8.2.2 利用 PSOGA 优化 MSVR 模型

（1）PSO 优化 GA 变异算子

SVR 模型的关键在于核函数的选取及其参数的确定，不合适的核函数或超参数设置可能会导致性能显著下降，因此核函数中的参数 g 和惩罚因子 C 对 SVR 性能有关键影响。

遗传算法是一种模仿生物进化过程的搜索最优解的算法，本研究首先利用遗传算法对 SVR 模型的参数进行寻优，基本思路为：估计 SVR 模型的惩罚因子 C 和核参数 g 的取值范围，其中个体为每一个（C, g），种群由多个（C, g）构成，编码组成部分相当于个体基因，通过对利用适应度函数即均方误差函数 MSE（Mean Square Error, MSE）的评价，选出最优的参数 C 和 g。但遗传算法具有局部搜索能力较差的弊端。遗传算法中包括选择、交叉、变异 3 种操作，变异算子有助于维持种群的多样性，但变异算子的大小会对变异方向产生影响。变异算子过大，使得搜索具有盲目性并且使得变异方向呈现随机性；变异算子太小，则不能在没有方向引导的情况下生成新的单一结构。为了合理确定变异算子的大小，在遗传算法中引入粒子群算法（Particle Swarm Optimization, PSO），将粒子群算法中的进化公式作为确定变异算子的依据，粒子个体与群体的最优解和粒子个体的进化速度决定了变异方向和变异程度，因此变异方向不再随机，可以实现局部搜索，提升算法的局部搜索能力。具体操作如下：

①以 PSO 中的个体最佳位置（pbest）替换个体历史的最大适应值 F_{max} 中的第 i 个粒子的对应代码 $x_{max, i}$，并且将全局最优位置（gbest）替换对应群体历史最大适应值 F_{max} 的粒子代码 $x_{max, j}$。

②PSO 中的粒子速度 v_d^t 用 $\Delta x_{max, i}$ 的累计差值的算术平均值代替，$\Delta x_{max, i}$ 可用以下公式计算：

$$\Delta x_{max, i} = \Delta x_{max, i}^{k-1} + (\Delta x_{max, i}^k - \Delta x_{max, i}^{k-1})/k \quad 公式（8-3）$$

式中，k 为迭代次数。则基于粒子群的变异算子确定可表示如下：

$$\begin{cases} \Delta x_{max, i}^{k+1} = \omega \cdot \Delta x_{max, i}^k + c_1 r_1 (x_{max, i} - x_i^k) + \\ c_2 r_2 (x_{max, j} - x_i^k) \\ x_i^{k+1} = x_i^k + \Delta x_{max, i}^k \end{cases} \quad 公式（8-4）$$

式中，ω 是惯性权重因子，c_1 和 c_2 是学习因子，r_1 和 r_2 是随机数。

（2）PSOGA 联合优化 MSVR 模型

综上，利用 PSOGA 对多输出 SVR 模型进行优化的核心思想和流程可以用图 8-2 表示，核心步骤包括：首先采集、预处理数据集，设置优化算法的种群数量、参数 C 和 g 的取值范围，找到种群中每个个体的适应度；接着，通过基于最优参数执行模型训练过程，当模型达到预测精度，确定出最佳参数 C 和 g，构建 PSOGA-MSVR 鲜食葡萄感官评价模型。

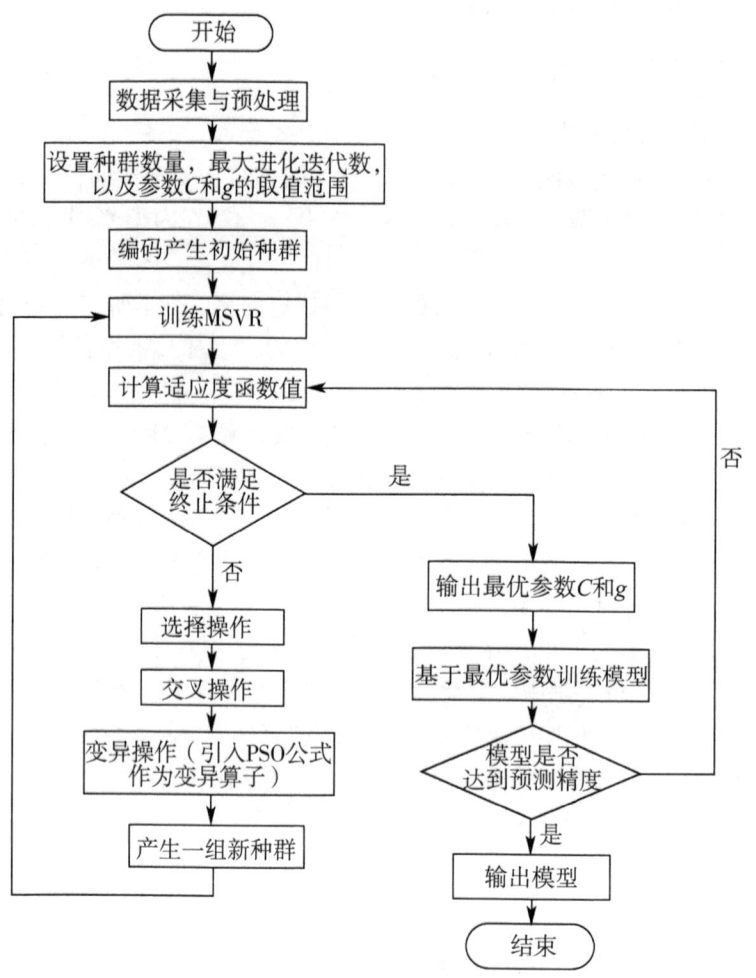

图 8-2 PSOGA-SVR 模型流程图

8.3 建模结果

采用平均绝对误差（*MAE*）、均方误差（*MSE*）、均方根误差（*RMSE*）、决定系数（R^2）作为评价模型的指标。

8.3.1 模型参数寻优结果

为了更深入全面地解析鲜食葡萄感官品质与环境因子的关系，将感官品质细化为外观、香气、质地、风味 4 个维度，分别进行分析和建模。

对 3 种运输模式的数据集分别建模，分别基于 GA、PSO、PSOGA 优化 MSVR 模型的参数，3 种算法的参数设定见表 8-2，为确定合适的算法参数，对在一定合理范围内的参数进行了多次测试，最终取 *RMSE* 和 *MAE* 值较小的参数。基于遍历法得到 3 种算法在 3 种运输模式下的参数寻优结果，如表 8-3 所示。

表 8-2 三种算法的参数设定

GA 算法		PSO 算法		PSOGA 算法	
种群规模	30	种群规模	30	种群规模	30
交叉概率	0.7	学习因子	$c_1=c_2=2$	学习因子	$c_1=c_2=2$
变异概率	0.05	惯性权重范围	$[0.4, 1]$	惯性权重	$\omega_{max}=0.9$ $\omega_{min}=0.4$
迭代次数	100	迭代次数	100	迭代次数	100

注：c_1、c_2 为 PSO 算法的学习因子，ω_{max} 为 PSOGA 算法的最大惯性权重，ω_{min} 为 PSOGA 算法的最小惯性权重。

表 8-3 三种算法的参数寻优结果

参数寻优算法	运输模式	惩罚因子	核参数	迭代次数	适应度函数值
GA	常温	7.208 8	0.396 4	59	0.115
	保冷	6.132 6	0.497 1	60	0.106
	冷链	5.591 2	0.413 6	37	0.092
PSO	常温	6.933 8	0.466 2	55	0.081
	保冷	6.400 9	0.473 8	44	0.089
	冷链	7.801 7	0.443 5	30	0.089
PSOGA	常温	5.581 2	0.921 4	38	0.029
	保冷	7.429 9	1.037 9	27	0.023
	冷链	8.145 0	1.016 5	23	0.019

试验表明，3 种优化算法中，PSOGA 收敛时迭代次数最少。3 种运输模式中，冷链运输收敛时迭代次数最少。

8.3.2 模型优化效果评估

分别基于 MSVR、GA-MSVR、PSO-MSVR 和 PSOGA-MSVR 模型在 3 个葡萄运输感官品质数据集上，进行预测建模，按照 4:1 划分训练集和测试集，通过 MAE、MSE、$RMSE$、R^2 指标衡量模型效果。预测具体结果如表 8-4 所示。

表 8-4 三种运输模型评价指标

建模算法	运输模式	MAE	MSE	$RMSE$	R^2
MSVR	常温	0.336	0.248	0.498	0.784
	保冷	0.316	0.237	0.487	0.835
	冷链	0.355	0.195	0.442	0.804
GA-MSVR	常温	0.182	0.115	0.339	0.892
	保冷	0.159	0.103	0.321	0.905
	冷链	0.215	0.083	0.287	0.907
PSO-MSVR	常温	0.202	0.078	0.279	0.883
	保冷	0.143	0.087	0.295	0.912
	冷链	0.202	0.098	0.314	0.883
PSOGA-MSVR	常温	0.083	0.029	0.172	0.982
	保冷	0.077	0.022	0.148	0.981
	冷链	0.063	0.018	0.138	0.985

由表 8-4 可知，在 3 种运输过程中 PSOGA-MSVR 的 MAE、MSE、$RMSE$ 均显著低于其他模型，而 R^2 高于比较模型，表明 PSOGA 组合算法在 MSVR 参数优化方面效果最好。PSOGA-MSVR 模型在冷链运输状态下，MAE、MSE、$RMSE$ 均最小，且 R^2 达到了 0.985，说明 3 种模式中冷链运输对鲜食葡萄的感官品质的预测精度最高，这是由于冷链数据集的时间序列最长，数据量最丰富，因而模型拟合更优。

进一步以冷链葡萄数据集为例，分析模型在葡萄的外观品质、香气品质、果皮和果肉质地、果粒风味四种感官品质属性的拟合效果，PSOGA-MSVR 在四个属性上的拟合效果都更接近于真实数据，证明本研究提出的粒子群遗传算法联合优化 MSVR 组合模型能够更好地拟合感官属性与运输过程中的温湿度之间复杂的非线性关系。其中香气品质的预测精度最高，其原因应该是由于冷链运输中温度控制严格，几乎全程温度低于 8 ℃，这样较低的温度下葡萄香气可能会进入封闭状态，因此香气品质的变化比较稳定，预测也会更准确。而果粒风味的预测精度相对来说偏低，可能的原因是运输过程中随着运输时长和环境因子的变化，鲜食葡萄不断氧化，单宁和多酚类物质含量发生变化，葡萄的口感风味得分会发生较大变化，因此预测偏差会大一些。考虑到冷链运输一般要经历更长的运输时间（本研究为 132 小时），可通过其他技术手段保持果蔬的风味品质。

对运输环境因子的合理调控可以有效减缓生鲜水果感官品质的下降。在长距离运输中，尤其要关注风味品质的保持。本研究只关注了温度和相对湿度因素，而环境中的微生物环境、机械振动等因素均会影响到运输中鲜食葡萄的感官品质（失重率、腐烂率等），未来研究可以探索其他环境因子与感官品质的建模。

第9章 我国鲜食葡萄批发价格区域特征挖掘

鲜食葡萄作为季节性水果，其价格易受自然气候、物价水平等多种因素的影响，这导致适度的产销平衡和价格调控一直是我国鲜食葡萄产业管理的难题。利用数据挖掘手段，寻找我国鲜食葡萄价格序列的性质、模式和变化规律，对产业管理部门和产业从业者均具有重要意义。然而，我国幅员辽阔，不同区域葡萄价格序列的变化规律及影响因素差异较大，因而，采用聚类技术首先划分出性质、模式相似的区域价格序列，再针对不同类簇的特点开展后续的价格预测、价格调控，比聚焦于单一地区价格或全国平均价格更具有实践意义。

本章首先介绍我国各地区葡萄批发价格的数据获取和数据预处理工作，在此基础上建立了葡萄价格数据集，然后构建了基于时间序列数据聚类算法的鲜食葡萄价格聚类模型，并验证了模型的效果，最后基于聚类模型实现了我国鲜食葡萄批发价格区域特征的挖掘。

9.1 鲜食葡萄批发价格数据集

9.1.1 原始数据

原始数据来源于全国农产品批发市场价格信息系统，该系统由农业农村部信息中心主办，在全国各地有固定的批发价格上报市场，数据量丰富，权威性较强。原始数据是批发市场层面的日度价格和交易量数据，囊括了巨峰葡萄、龙眼葡萄、玫瑰香葡萄、马奶葡萄、青提和红提这些常见的鲜食葡萄品种，涉及除了青海省以外的28个省份的92家农产品批发市场，时间跨度为2016年1月1日至2020年12月31日，价格单位为元/千克，交易量单位为吨。原始数据主要呈现以下特点：

（1）原始数据仅停留在批发市场层级，缺少省市级的数据。

（2）不少批发市场的日度价格序列存在着较为严重的数据缺失现象，以及少量的异常值；具体到不同的品种，每个品种的价格序列也存在着同样的问题。

（3）原始数据中存在着一个特殊的"品种"条目，其名称记作"葡萄"，存储的是某个批发市场中销售的所有葡萄品种的综合价格信息；然而这一条目只在部分批发市场中出现，绝大多数批发市场只提供了其销售的具体品种的日度价格。

由于以上问题的存在，原始数据不适于进行建模和挖掘分析，需要构建规范的鲜食葡萄批发价格时间序列数据集。

9.1.2 数据预处理方法

针对原始数据的特点,结合分析需要,主要从异常值检测、缺失值填充和综合价格计算三个方面开展数据预处理工作。

(1) 异常值处理

原始数据中存在着少量的异常值。在机器学习领域,异常值的存在往往会造成误差方差的增大、统计检验的失真等负面影响,因此应该予以剔除。具体地,对每一家批发市场中所销售的鲜食葡萄品种的价格序列,都使用四分位数检验法对序列中的异常值进行识别,以图9-1中的箱线图为例,其中游离在箱外的白色圆点即为四分位数检验法检验出的异常值。

对于识别出的异常值,直接将其删除(置为空值)。为保证数据集的稳健性,删除异常值所产生的缺失值将会在后续缺失值填充时一并处理。在各品种价格序列中发现了58个异常值。

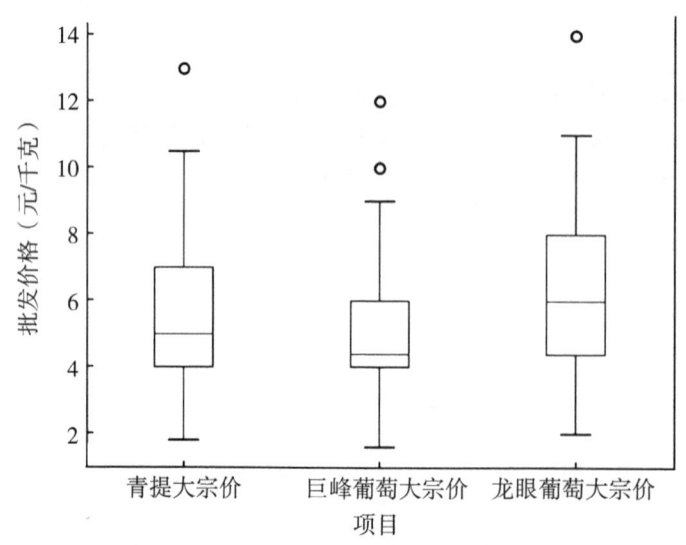

图9-1 河北邯郸某农贸批发交易市场部分鲜食葡萄品种价格数据箱线

(2) 缺失值填充

因市场暂停营业、信息员录入数据时的误操作或者在某些时期内缺乏鲜食葡萄交易活动等原因,造成一些批发市场存在着比较严重的数据缺失现象。过多的缺失数据会对机器学习的数据建模产生偏差,影响结果的精度。因此,应该利用现有的数据对缺失值进行插补。

在插补缺失值时,有两种情况需要考虑:一种是在一段较长时间内(7天及以上)的连续缺失,如表9-1所示的例子,四川达州某农产品批发市场在2018年2月11日至2018年2月21日连续10天的缺失数据(以NaN表示);另一种则是在短期缺失,即两个具有观测值的数据点的间隔在7天以内,如表9-2展示安徽亳州某批发市场，仅 2016 年 4 月 10 日缺失数据。

表 9-1 原始数据中的长期连续数据缺失举例

日期 (年-月-日)	市场	…	葡萄大宗价 (元/千克)	葡萄交易量 (吨)	…
…	…	…	…	…	…
2018-02-10	达州××市场	…	12.6	3	…
…	达州××市场	…	NaN	NaN	…
2018-02-22	达州××市场	…	12.2	2.3	…
2018-02-23	达州××市场	…	11.8	2	…
…	…	…	…	…	…

表 9-2 原始数据中的短期数据缺失举例

日期 (年-月-日)	市场	…	葡萄大宗价 (元/千克)	葡萄交易量 (吨)	…
…	…	…	…	…	…
2016-04-08	亳州××市场	…	4.5	2	…
2016-04-09	亳州××市场	…	5	3	…
2016-04-10	亳州××市场	…	NaN	NaN	…
2016-04-11	亳州××市场	…	5	3	…
…	…	…	…	…	…

对于第一种情况，面对连续的、数量较多的缺失数据，直接使用一些常规的插补方法（例如均值填充法、特殊值填充法、热卡填充法等等）进行填充，会在数据集中引入大量的有偏样本。因此，本研究仅对连续缺失序列的起始、结束的观测点用线性趋势插值法进行填充，而对连续缺失序列的中间部分不进行处理；虽然这种处理方式会导致插补后的序列中仍存在缺失值，但可以保证数据集的鲁棒性。对于第二种情况，则直接使用线性趋势插值法进行相应的缺失数据填充。

9.1.3 计算综合价格

由于原始数据涉及的批发市场众多，各市场上报数据的质量和格式参差不齐，绝大部分市场是将其销售的多种鲜食葡萄品种的价格、销量数据单列，仅有少数市场把各类品种的价格数据作为基础数据，通过加权计算出综合价格，并归类到"葡萄"这一大类条目之下。

为了后续研究中得到具有可比性的葡萄批发价格序列，需要计算综合价格，按照图 9-2 中的流程，有以下两个方案：一是把市场作为研究的基本对象，以每日市场中各个品种的销量为权重，加权计算各个市场的综合价格；二是把省份作为研究的基本对象，使用类似的方法在省级层面计算综合价格。

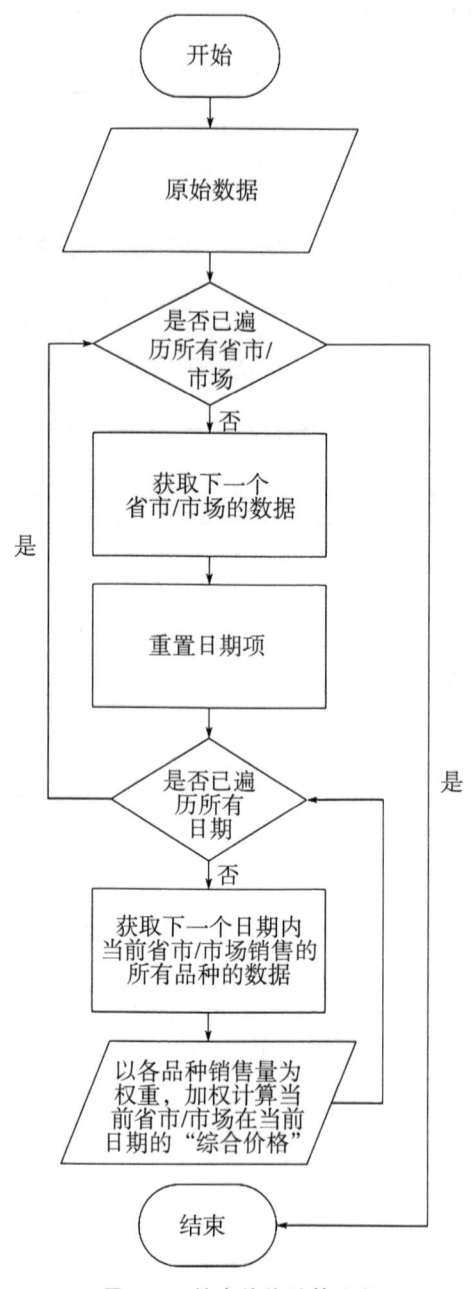

图 9-2 综合价格计算流程

已知原始数据的连续缺失较多,导致经过缺失插补后的数据中还存在着部分缺失。因此在方案一中,即便使用插补后的数据,所得到的市场层级的综合价格时间序列中仍然会含有相当多的缺失数据,在 92 家市场的综合价格时间序列中,数据缺失率在 40% 以上的市场多达 62 家;由于篇幅所限,仅展示缺失问题较为严重的 10 个市场的基本信息,如表 9-3 所示。显然,以批发市场作为基本单位开展后续研究不具有可行性。

表 9-3 部分缺失率较高的批发市场日度价格序列的基本统计信息

市场	数据量（条）	缺失率（%）	价格（元/千克）				
			均值	标准差	最小值	中位数	最大值
南宁××市场	1 094	40.12	7.69	1.55	4.50	7.50	12.50
濉溪××市场	1 088	40.45	9.17	4.60	4.00	8.00	30.80
焉耆××市场	1 062	41.87	11.92	3.99	3.90	10.90	21.80
天津××市场	1 057	42.15	7.08	3.92	2.81	5.70	24.00
包头××市场	1 048	42.64	9.42	2.00	5.00	10.00	20.00
北京××市场	1 033	43.46	7.78	2.93	5.60	6.75	18.00
赣州××市场	1 002	45.16	19.63	2.12	12.00	20.00	24.00
伊犁××市场	969	46.96	10.22	1.63	7.00	10.00	12.00
乐亭××市场	966	47.13	5.66	3.49	1.10	4.66	23.00
金华××市场	962	47.35	11.65	5.53	3.75	11.24	30.00
柳州××市场	923	49.48	7.62	1.69	5.00	7.20	17.50

而对于方案二，一个省、直辖市、自治区往往覆盖了若干数量的市场，相比于单一市场，其计算综合价格的基础数据来源更加丰富，使得省级的综合价格序列的数据缺失率大大降低。在28个省、直辖市、自治区的综合价格时间序列中，仅有7个序列的缺失率超过40%，仅有10个序列的缺失率超过20%，如表9-4所示。

表 9-4 28个省市日度价格序列的基本统计信息

省份	数据量（条）	缺失率（%）	价格（元/千克）				
			均值	标准差	最小值	中位数	最大值
新疆	1 827	0	9.92	2.96	5.22	9.03	20.00
四川	1 827	0	10.06	2.64	4.90	9.87	24.00
山东	1 827	0	9.60	4.23	3.33	8.75	26.59
辽宁	1 827	0	8.28	3.10	3.50	7.00	20.00
湖南	1 827	0	8.87	0.97	5.09	8.81	12.01
河南	1 827	0	9.97	3.98	3.92	9.23	24.63
河北	1 827	0	8.37	4.48	1.47	7.57	29.59
北京	1 827	0	10.26	3.53	5.72	8.99	22.53
安徽	1 827	0	9.82	4.50	4.50	8.20	29.00
山西	1 826	0.05	10.72	4.65	4.80	9.00	28.00
贵州	1 825	0.11	8.60	3.51	2.75	8.04	32.92

(续表)

省份	数据量（条）	缺失率（%）	价格（元/千克）				
			均值	标准差	最小值	中位数	最大值
宁夏	1 810	0.93	12.72	6.80	4.00	10.00	32.00
黑龙江	1 793	1.86	9.54	2.51	4.00	9.00	15.00
广东	1 773	2.96	15.93	5.78	7.54	14.26	50.00
浙江	1 741	4.71	14.54	6.18	6.40	12.67	40.00
广西	1 734	5.09	10.43	6.46	4.50	7.86	28.00
上海	1 707	6.57	11.09	3.06	4.10	10.50	24.00
江苏	1 690	7.50	21.17	9.03	6.40	19.00	35.00
内蒙古	1 426	21.95	10.35	2.63	3.01	10.00	20.00
天津	1 260	31.03	9.14	3.24	4.14	8.39	24.00
甘肃	1 103	39.63	9.87	4.08	4.00	8.51	22.00
江西	1 002	45.16	19.63	2.12	12.00	20.00	24.00
重庆	944	48.33	9.10	2.77	3.36	8.50	19.00
吉林	503	72.47	5.33	1.48	3.00	5.00	12.00
西藏	305	83.31	15.15	0.79	14.76	14.76	17.62
湖北	181	90.09	15.58	9.04	7.37	9.62	30.00
云南	119	93.49	10.08	1.00	9.00	11.00	11.00
海南	25	98.63	11.28	0.38	10.20	11.55	11.65

综上所述，决定采用方案二。

从 28 个省份中剔除掉缺失值过多的 10 个省份，在剩下的 18 个省份中，依旧存在着数据缺失的现象，但基本集中在 2016 年、2019 年和 2020 年，因此决定选用 2017 年和 2018 年这两年的数据，再使用线性趋势插值法将其中的少量缺失值进行填充，来构建每个省份的鲜食葡萄日度综合价格时间序列，供后续研究使用。

9.1.4 数据集的建立与基本特征描述

经过前述的预处理过程，构建出我国鲜食葡萄日度综合价格数据集，包含全国 18 个省份的鲜食葡萄日度综合价格时间序列，每个省份的序列根据区域内销售的各品种的鲜食葡萄的日度价格、以销量为权重加权计算得到，时间跨度为 2017 年 1 月 1 日至 2018 年 12 月 31 日。为后续描述方便，将该数据集记为 CTGDP1718（China Table Grape Daily Price 2017-2018）。

表 9-5 展示了 CTGDP1718 的基本统计信息，包括缺失率、均值、标准差、最小值、中位数、最大值等。图 9-3 则展示了 CTGDP1718 中各个省市日度价格序列的波动走势。

表 9-5 CTGDP1718 的基本统计信息

省市	数据量（条）	缺失率（%）	价格（元/千克）				
			均值	标准差	最小值	中位数	最大值
安徽	730	0	10.06	3.23	5.77	9.20	27.00
北京	730	0	9.96	3.19	5.76	9.05	19.46
广东	730	0	17.26	6.50	7.70	15.48	50.00
广西	730	0	8.22	1.54	5.65	7.80	12.50
贵州	730	0	8.45	3.15	2.75	8.00	18.00
河北	730	0	7.12	3.24	2.16	6.31	20.80
河南	730	0	10.19	4.56	3.92	8.69	24.63
湖南	730	0	19.15	1.09	17.67	19.21	22.01
江苏	730	0	22.12	9.37	7.27	20.44	35.00
辽宁	730	0	8.26	3.16	4.50	7.00	20.00
内蒙古	730	0	9.79	1.65	3.01	10.00	13.63
宁夏	730	0	14.06	7.75	4.00	11.00	32.00
山东	730	0	9.32	4.79	3.33	7.78	24.00
山西	730	0	10.06	3.87	4.80	9.00	21.5
上海	730	0	11.58	3.63	7.00	10.90	19.50
四川	730	0	10.70	2.87	5.80	10.43	24.00
新疆	730	0	8.56	1.60	5.22	8.33	14.45
浙江	730	0	14.82	5.06	7.41	14.61	29.8

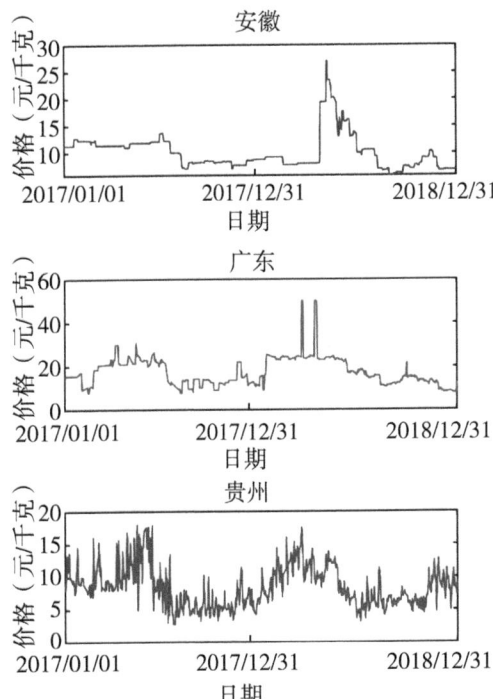

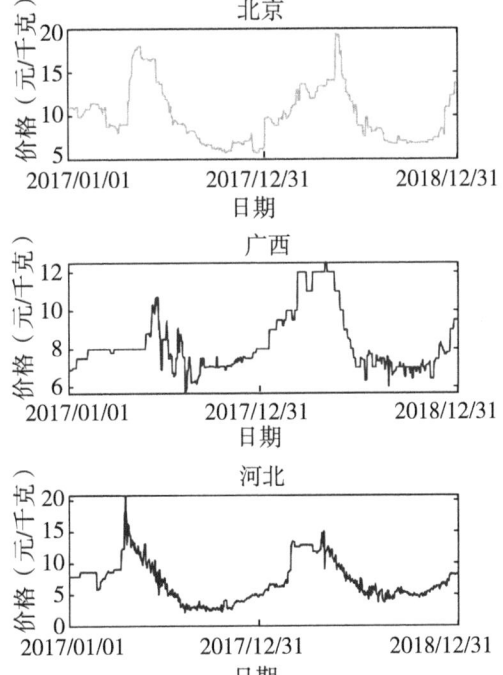

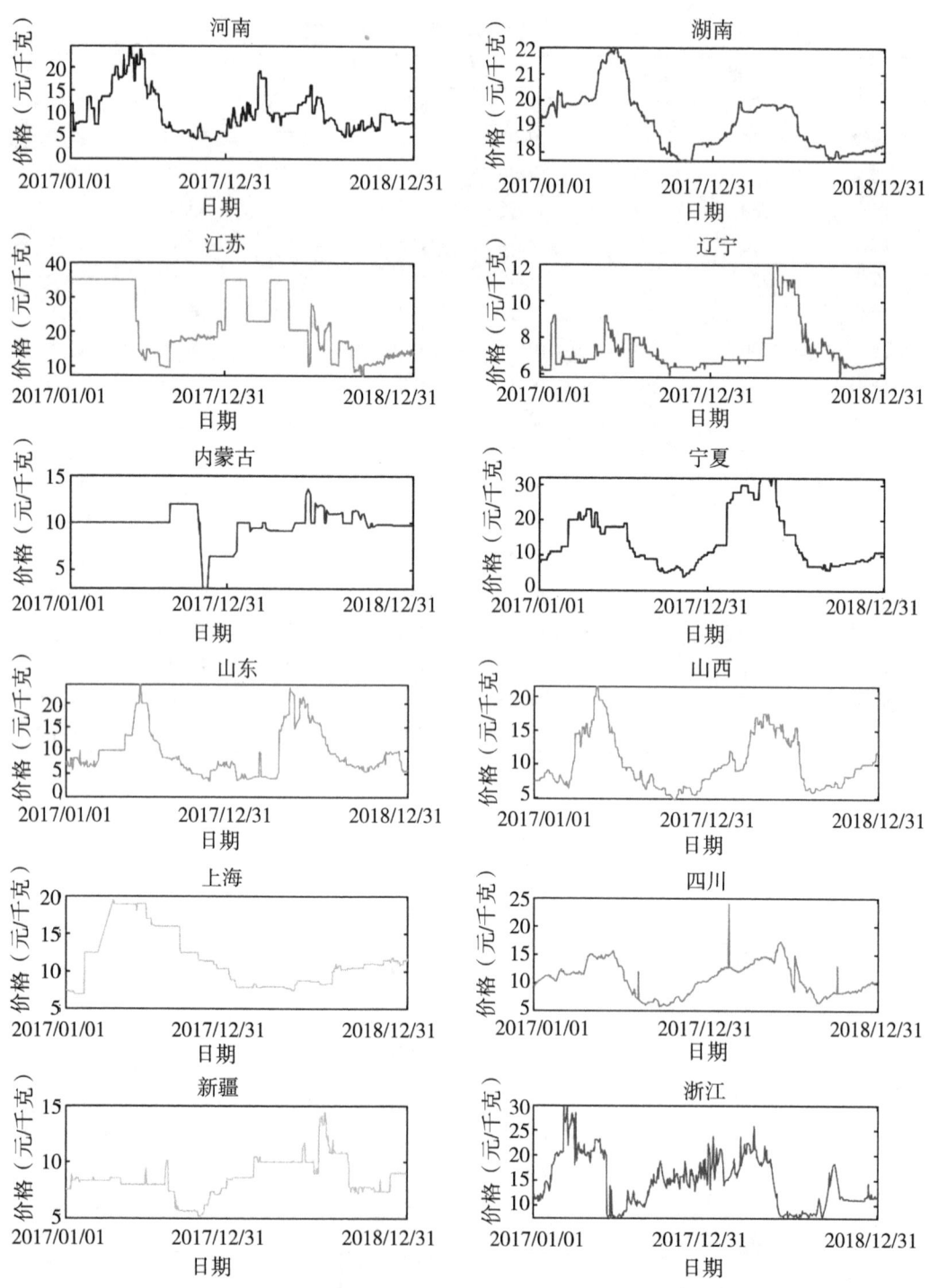

图 9-3 CTGDP1718 中各省份序列

可以看出，各省的葡萄批发价格不管是从描述统计量、还是序列波动趋势，都有较大的差异，不适宜用相同的预测模型进行统一价格预测，需要针对区域价格特征、分区域建立特定模型进行预测。

在我国鲜食葡萄区划相关研究中，区域划分方案一般是以葡萄种植条件为依据进行划分。依照全国各地的葡萄种植区在降水、温度、地理位置、栽培方式等条件的不同，将全国划分为五大葡萄主产区，分别是华北及环渤海湾产区、秦岭—淮河以南亚热带产区、东北冷凉气候产区、西北及黄土高原产区、云贵高原及川西高海拔产区。然而，对于一个地区的鲜食葡萄价格，除了地理位置、种植条件外，还需考虑诸如当地的交通条件、经济发展水平、消费市场容量、居民可支配收入等因素的影响，因此直接依据地理和自然属性对CTGDP1718进行划分并不合理。在下一节将探索基于各省份葡萄价格时间序列本身特征提取的划分方法及应用，以期得到更合理的价格区域划分结果，为价格的精准调控和管理提供参考。

9.2 鲜食葡萄价格区域聚类方法

9.2.1 CDR-SUSh算法

CDR-SUSh算法的核心在于把CDR index整合到SUSh算法的框架内。CDR index与orderline这种数据结构非常适配，而且其计算自带剪枝的特性，能避免大量无意义的计算。

使用CDR index评判聚类划分效果的一般性计算过程，具体步骤如下：

（1）给定数据集D，令$R = \{P^1, \cdots, P^m\}$表示对D的m种划分方式，其中的P^k表示一种把D划分成k个簇的划分方式；将R中的划分方式按照簇的数量做非降序排序，然后计算每种划分方式的CDR index，得到$CDR(R)$：

$$CDR(R) = \{CDR(P^1), CDR(P^2), \cdots, CDR(R^m)\} \quad 公式（9-1）$$

图9-4展示$CDR(R)$的简单例子，其中横轴表示每个划分方式的簇数，纵轴表示CDR index的值，沿着红色箭头的方向来搜索CDR index的局部最小值，这个过程从$CDR(P^2)$开始往后遍历，直到不再满足$CDR(P^i) \leq CDR(P^{i+1})$的条件时结束，如图9-4中的红色垂线所示，其中$i$是某个划分方式的簇数，即有$1<i \leq m$；此时$P^i$的相关信息会被记录下来，用于后续的分析。

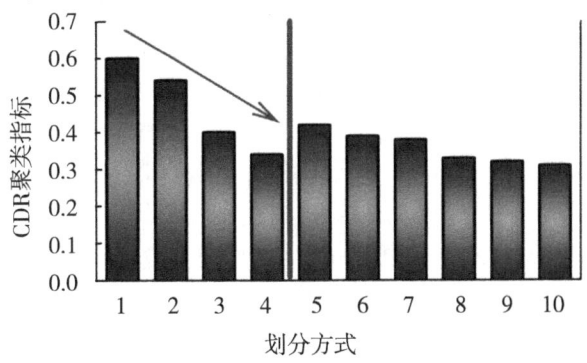

图9-4 一个例子展示在10种划分方式中搜索CDR index的最小值

（2）计算 CDR（R）中每两个相邻的划分方式 P^k 与 P^{k-1} 之间的相对改进程度（relative improvement），用 CDR_f^k 表示：

$$CDR_f^k = \frac{CDR(P^k)}{CDR(P^{k-1})}, \quad k = 2, \cdots, m \qquad 公式（9-2）$$

得到相对改进程度的集合 $CDR_f = \{CDR_f^2, CDR_f^3, \cdots, CDR_f^m\}$

（3）找出 CDR_f 中值最小的一个元素，记作 CDR_f^j，其表示在 R 中，第 j 个划分方式 P^j 的相对改进程度是最大的：

$$j: CDR_f^j = \min_m\{CDR_f^2, \cdots, CDR_f^m\} \qquad 公式（9-3）$$

需要注意的是，使用 CDR index 判断聚类划分的质量，考量的是相对改进程度，而不是 CDR index 的值。尽管 P^4 具有最小的 CDR index 值，但由于在 CDR_f 中 CDR_f^3 是最小的，表示 P^3 的相对改进程度是最优的，因此 P^3 的划分效果比 P^4 更好。

依据上述计算 CDR index 的特点，用 CDR index 替换 gap，将 CDR index 整合进 SUSh 算法的框架内，得到 CDR-SUSh 算法，如图 9-5 所示。

算法 5 computeCDRImpr 使用 CDR index 的"最大改进程度"来判断一个候选 u-shapelet 对数据集 D 的划分效果，其核心思路如下：

（1）给定时间序列数据集 $D = \{T_1, T_2, \cdots, T_N\}$，$S$ 是一个候选 u-shapelet，S 的 orderline 记为 odl，则 odl 上的每一个值就表示了 D 中的一个时间序列，在 odl 上的每一个分割点 dt_k 就对应了一种划分方式 P^{dt_k}，$k=1, \cdots, N-1$；这 $N-1$ 种划分方式的所得的簇数都固定为 2（即 D_A 和 D_B）；通过遍历 odl 上的分割点，来构建不同的划分方式，这一过程与 CDR index 的计算流程非常契合。

（2）对 odl 上的每一种划分方式 P^{dt_k}，都计算 P^{dt_k} 的 CDR index $CDR(P^{dt_k})$，以及相对改进程度 $CDR_f^{dt_k}$，并记录相对改进程度最大的那个划分方式，这一过程的最坏时间复杂度为 $O(N^2)$，具体的计算过程如下：

①如算法 5 的第 6 行所示，调用 getCache 事先计算 odl 上每个元素的局部密度、局部密度的前缀和，分别缓存在 $localDen$ 和 $preSum$ 中。getCache 的调用非常高效，只需在 $O(N)$ 的时间复杂度下即可得到 $localDen$ 和 $preSum$；

以 $localDen$ 为例，$localDen[i]$ 存放的是 $odl[i]$ 的局部密度（$odl[i]$ 表示 odl 上的第 i 个子序列距离）。根据 orderline 这种数据结构的特点，可以很容易地计算 $localDen[i]$，仅需考虑 $OL[i]$ 左侧和右侧的两个元素 $odl[i-1]$ 和 $odl[i+1]$：

$localDen[i] = \min\{d(odl[i]), odl[i-1], d(odl[i], odl[i+1])\}$

$$\qquad 公式（9-4）$$

其中距离度量 $d(\ )$ 选用 l-1 范数，因此计算的时间复杂度为 $O(N)$。同理可得 $preSum$；

②利用 $localDen$ 和 $preSum$，即可在 $O(N)$ 的时间复杂度下计算 $CDR(P^{dt_k})$，其过程如算法 5 第 13~24 行所示：记分割点 dt_k 所划分出的簇 D_A 中的元素个数为 D_ALen，D_B 中的元素个数为 D_BLen，D_A 的密度、均匀性分别为 $denD_A$ 和 $uniD_A$，D_B 的密度、均匀性分别为为 $denD_B$ 和 $uniD_B$，那么就有：

```
算法 5: computeCDRImpr(s, D)
输入: 候选u-shapelet s, 数据集 D
输出: 最大的CDR提升值 maxImpr, 最大的CDR提升值所对应的分
      割点 d̂t
1  odl ← computeOrderline(s, D);
2  odl ← sort(odl);  // 初始化s的orderline odl
   /* 各个重要变量的初始化, 其中: */
   /* maxImpr记录CDR index值的最大改进程度 */
   /* d̂t记录maxImpr对应的分割点 */
   /* lastCDR记录上一个分割点对应的CDR index值 */
3  maxImpr ← 1;
4  d̂t ← 0;
5  DLen ← |D|;
6  lastCDR ← −INF;
   /* 得到odl上每个元素的局部密度localDen、局部密度的前缀和preSum */
   /* 在循环中利用localDen和preSum计算每一个分割点下的CDR index currCDR */
7  {localDen, preSum} ← getCache(odl);
8  for l ← 1 to |odl| − 1 do
9  |    dt ← (odl[l] + odl[l + 1])/2;
10 |    D_A ← find(odl < dt);
11 |    D_B ← find(odl > dt);
12 |    D_ALen = |D_A|  D_BLen = |D_B|  r ← D_ALen/D_BLen;
13 |    if 1/k < r < (1 − 1/k) then
14 |    |    denD_A ← preSum[D_ALen]/D_ALen
         denD_B ← (preSum[DLen] − (preSum[D_ALen + 1] −
         |odl[D_ALen + 1] − odl[D_ALen]|) − localDen[D_ALen + 1] +
         |odl[D_ALen + 1] − odl[D_ALen + 2]|)/D_BLen
15 |    |    uniD_A ← 0;
16 |    |    for i ← D_ALen + 1 to DLen do
17 |    |    |    uniD_A ← uniD_A + |localDen[i] − denD_A|;
18 |    |    end
19 |    |    uniD_A ← denD_A;
20 |    |    uniD_B ← 0;
21 |    |    for i ← D_BLen + 1 to DLen do
22 |    |    |    uniD_B ← uniD_B + |localDen[i] − denD_B|;
23 |    |    end
24 |    |    uniD_B ← denD_B;
25 |    |    currCDR ← (D_ALen × uniD_A + D_BLen × uniD_B)/DLen;
26 |    |    currImpr ← currCDR/lastCDR;
27 |    |    if lastCDR > 0 && currCDR > lastCDR then
28 |    |    |    break;  // 剪枝条件: 当currCDR>lastCDR时即可中止迭代
29 |    |    end
         /* 更新maxImpr */
30 |    |    if currCDR > 0 then
31 |    |    |    currImpr ← lastCDR/currCDR;
32 |    |    |    if currImpr > maxImpr then
33 |    |    |    |    maxImpr ← currImpr;
34 |    |    |    |    d̂t ← dt;
35 |    |    |    end
36 |    |    end
37 |    |    lastCDR ← currCDR;
38 |    end
39 end
```

图 9-5　CDR-SUSh 算法流程

$$denD_A = \frac{preSum[D_A Len]}{D_A Len} \quad \text{公式(9-5)}$$

$$temp_1 = preSum[D_A Len+1] - d(odl[D_A Len+1], odl[D_A Len]) \quad \text{公式(9-6)}$$

$$temp_2 = localDen[D_A Len+1] - d(odl[D_A Len+1], odl[D_A Len+2]) \quad \text{公式(9-7)}$$

$$denD_B = \frac{preSum[N] - temp_1 - temp_2}{D_B Len} \quad \text{公式(9-8)}$$

$$uniD_A = \frac{\sum_{i=1}^{D_A Len} |local\_den[i] - denD_A|}{denD_A} \quad \text{公式(9-9)}$$

$$uniD_B = \frac{\sum_{i=1}^{D_B Len} |local\_den[i] - denD_B|}{denD_B} \quad \text{公式(9-10)}$$

$$CDR(P^{dt_k}) = \frac{D_A len \cdot uniD_A + D_B len \cdot uniD_B}{N} \quad \text{公式(9-11)}$$

式中的 $temp_1$ 和 $temp_2$，是为了保证 $denD_B$ 的计算公式更清晰简洁的临时变量。从以上式子可知，$denD_A$ 和 $denD_B$ 的可直接由 $localDen$ 和 $preSum$ 计算得到，时间复杂度为 $O(1)$；$D_A Len$ 和 $D_B Len$ 的上限为 N，则计算 $uniD_A$ 和 $uniD_B$ 的时间复杂度为 $O(N)$；综合来看，计算 $CDR(P^{dt_k})$ 的时间复杂度为 $O(N)$。已知分割点 dt_k 共有 $N-1$ 种取法，结合计算 $CDR(P^{dt_k})$ 的时间复杂度，我们可以得到以 CDR index 作为评判候选 u-shapelet 的质量的指标，即算法 5 computeCDRImpr 的时间复杂度为 $O(N^2)$。

在遍历分割点的过程中，只要发现当前的分割点 dt_j 所对应的划分方式 P^{dt_j} 的 $CDR(P^{dt_j})$，比 dt_j 的前一个分割点 dt_{j-1} 的 $CDR(P^{dt_{j-1}})$ 要小，就可直接中止遍历输出评判结果；反观 gap 的计算，必须遍历所有的分割点后才可得出结果；因此尽管两者的渐进时间复杂度都为 $O(N^2)$，但 computeCDRImpr 的效率会更高。

另外，CDR index 充分考虑了簇内、簇间的性质，作为一种比 gap 更加全面、复杂的指标，其计算效率却能与 gap 保持在一个数量级，甚至还略有提升；对比使用了 I Index 的 DivUshapCluster 算法，CDR-SUSh 算法也具有更高的聚类精度，我们将在文中通过实验进行验证。

9.2.2 CDR-SUSh 算法性能的实验验证

(1) 实验设置

为了对所提出的 CDR-SUSh 算法的聚类效果和运行性能进行验证，将该算法与多种时间序列聚类算法在公开数据集上进行了对比实验。实验环境：Windows 10 操作系统，Intel Core i5-7300 2.50 GHz CPU，8 GB 内存。

已知度量时间序列聚类质量的指标主要分为内部系数（Internal Index）和外部系数

（External Index）两大类；其中外部系数用于评价聚类算法是否准确地把每个时间序列划分到其真正所属的类中，因此其必须获取数据集中每个时间序列真正的类标签；相反，内部系数仅用于衡量聚类结果中簇内、簇间结构的好坏，无法通过真正的类标签信息来判断聚类算法的优劣，是一种无监督指标。可见，外部系数评价更为严格和客观，因此本研究采用外部系数对算法的划分效果进行评价。

已经有相当多的研究提出了各种各样的外部系数，例如 Jaccard Score、Rand Index、Folkes and Mallow index 等等。其中，Rand Index 是最常用、最清晰直观的一个。因此，采用 Rand Index 来作为聚类算法的评价方法。

Rand Index 的计算公式如下：

$$Rond\ Index = \frac{TP+TN}{TP+TN+FP+FN} \qquad 公式（9-12）$$

记数据集中的一个时间序列被聚类算法所划分到的类的类标签为 $algo\_cls$，该时间序列真正所属的类的类标签为 $true\_cls$，那么就有：

TP 表示 $algo\_cls$ 与 $true\_cls$ 一致的时间序列的数量；NT 表示 $algo\_cls$ 与 $true\_cls$ 不一致的时间序列的数量；FP 表示那些本该被分配到同一个 $algo\_cls$，但却被分配到不同的 $true\_cls$ 的时间序列的对数；FN 则表示那些本该被分配到不同的 $algo\_cls$，但却被分配到相同的 $true\_cls$ 的时间序列的对数。

与 CDR-SUSh 算法进行对比的基线方法（Baseline Methods）分为两类：一类是基于 u-shapelet 的时间序列聚类算法，包括 BruteForce 算法、SUSh 算法和 DivUshapCluster 算法；另一类则是 k-means、层次聚类、谱聚类，这三个可用于时间序列聚类的经典算法。

在聚类精度的对比上，为了保证实验的公平性，采用 Yu 等 2017 年研究中的最优结果作为上述基线方法的聚类精度。因此，选用的 22 个公开数据集与 Yu 等的实验数据集保持一致，都来源于加州大学河滨分校的时间序列数据集档案（UCR Archive）。UCR Archive 是时间序列数据挖掘领域的基准数据集集合，数据集的基本信息如表 9-6 所示。对于实验结果的计算方式，是通过在每个数据集上进行 10 次独立实验，并取这 10 次实验的平均值作为最终的实验结果。

表 9-6　对比验证实验使用到的公开数据集的基本信息

数据集	大小	长度	类数
FiftyWords	905	270	50
Adiac	781	176	37
Beef	60	470	5
CBF	930	128	3
Coffee	56	286	2
CricketX	780	300	12
DiatomSizeReduction	200	275	4
ECG200	200	96	2
ECGFiveDays	884	136	2

(续表)

数据集	大小	长度	类数
FaceFour	112	350	4
Fish	350	463	7
GunPoint	200	150	2
Lightning2	121	637	2
Lightning7	143	319	7
MedicalImages	1 141	99	10
MoteStrain	1 272	84	2
OliveOil	60	570	4
SwedishLeaf	1 125	128	15
SyntheticControl	600	60	6
Trace	322	345	4
TwoLeadECG	1162	82	2
WordSynonyms	805	270	25

(2) 实验验证结果

表 9-7 给出了在聚类准确度上的对比验证结果，最优的结果用粗体突出显示。可以看到，CDR-SUSh 算法在 22 个公开数据集中的 16 个取得了最优的聚类准确度，平均聚类精度为 0.848 63；在与 DivUshapCluster、BruteForce、层次聚类和 k-means 等 6 个基线方法的比较上，CDR-SUSh 算法的平均精度提升率为 29.33%，其中最大提升率达到了 43.82%，最小提升率也有 8.26%。至此，验证了 CDR-SUSh 算法的有效性，其具有优秀的聚类效果。

表 9-7 CDR-SUSh 算法与若干基准算法的聚类准确度（Rand Index）对比

数据集	CS	DUC	BF	SUSh	HC	SC	k-means	sLen
FW	0.944 83	0.941 56	0.640 67	0.639 98	**0.951 72**	0.884 76	0.950 19	50
Adiac	0.954 11	0.959 91	0.303 07	0.310 90	0.822 92	**0.963 77**	0.939 92	50
Beef	**0.809 04**	0.705 09	0.493 79	0.493 79	0.592 66	0.478 07	0.658 12	50
CBF	**1.000 00**	0.779 43	0.456 31	0.465 76	0.724 01	0.887 44	0.702 76	35
Coffee	**1.000 00**	0.964 29	0.522 73	0.637 01	0.501 30	0.805 19	0.729 18	50
CricketX	**0.871 47**	0.859 73	0.701 62	0.679 75	0.814 87	0.184 37	0.854 93	35
DSR	**0.941 67**	0.791 19	0.673 38	0.693 54	0.305 90	0.363 77	0.912 41	150
ECG200	**0.655 08**	0.628 19	0.649 50	0.649 50	0.498 29	0.555 58	0.613 31	50
EFD	**0.990 98**	0.919 20	0.507 07	0.507 07	0.528 22	0.506 63	0.499 96	50
FaceFour	**1.000 00**	0.870 01	0.939 51	0.945 14	0.770 11	0.512 55	0.739 55	60
Fish	**0.864 71**	0.826 41	0.368 38	0.366 01	0.777 91	0.830 71	0.782 37	50
GunPoint	**0.622 76**	0.497 74	0.564 47	0.570 20	0.507 34	0.497 49	0.497 49	50
L2	0.511 86	0.500 00	0.513 09	0.507 58	**0.559 50**	0.520 94	0.510 21	50
L7	**0.821 53**	0.780 36	0.679 80	0.406 09	0.791 29	0.459 57	0.798 55	120
MI	**0.696 25**	0.667 07	0.545 15	0.514 24	0.646 95	0.512 61	0.665 13	50

（续表）

数据集	CS	DUC	BF	SUSh	HC	SC	k-means	sLen
MS	0.687 89	0.525 74	0.542 92	0.509 85	0.502 00	0.502 82	**0.707 51**	30
OliveOil	**0.873 56**	0.808 93	0.729 94	0.729 94	0.788 70	0.850 31	0.836 36	100
SL	**0.915 36**	0.905 46	0.336 18	0.338 18	0.657 50	0.581 68	0.883 06	50
SC	0.903 86	**0.929 22**	0.787 01	0.870 13	0.868 69	0.882 30	0.868 71	30
Trace	**1.000 00**	**1.000 00**	**1.000 00**	**1.000 00**	0.750 30	0.835 69	0.749 47	35
TLE	**0.715 90**	0.501 98	0.501 85	0.501 39	0.505 45	0.508 59	0.502 07	30
WS	0.889 08	0.883 42	0.653 28	0.645 46	0.890 61	0.170 36	**0.895 08**	50
Total_W	16	2	1	1	2	1	2	—
AVG_A	0.848 63	0.783 86	0.595 90	0.590 07	0.670 74	0.604 33	0.740 74	—
AVG_I	—	8.26%	42.41%	43.82%	26.52%	40.43%	14.57%	—

表注：表格中部分数据集、算法和概念的名字用英文缩写表示，现以缩写名（全名）的形式列出：CS（CDR-SUSh）、DUC（DivUshapCluster）、BF（BruteForce）、HC（层次聚类，Hierarchical Clustering）、SC（谱聚类，Spectral Clustering）、sLen（子序列长度）、EFD（ECGFiveDays）、FW（FiftyWords）、MI（MedicalImages）、MS（MoteStrain）、SL（SwedishLeaf）、L2（Lightning2）、L7（Lightning7）、SC（SyntheticControl）、TLE（TwoLeadECG）、WS（WordSynonyms）、Total_W（Total Win）、AVG_A（Average Accuracy）、AVG_I（Average Improvement）。

对于运行性能，因为是基于 SUSh 算法进行改进，本研究仅关注 CDR-SUSh 算法与 SUSh 算法的对比。如表 9-8 所示，最优的结果用粗体突出显示。从中可知，于 22 个公开数据集中，CDR-SUSh 算法在 19 个数据集上的运行效率要高于 SUSh 算法。但两者的时间开销基本处于同一个数量级内，CDR-SUSh 算法仅在 CBF、DiatomSizeReduction、ECGFiveDays 和 SwedishLeaf 这 4 个数据集上的运行达到了 2 倍左右的速度提升。CDR-SUSh 算法效率更高的原因应该与其自带的剪枝特性有关。

表 9-8　CDR-SUSh 算法与 SUSh 算法在运行时间上的对比　　（单位：秒）

数据集	CS	SUSh	数据集	CS	SUSh
FW	**565.6**	652.1	GunPoint	**5.4**	7.2
Adiac	**128.6**	171.0	L2	**19.7**	20.1
Beef	**2.8**	4.2	L7	**9.7**	11.8
CBF	**61.0**	131.8	MI	104.7	**78.8**
Coffee	**1.4**	1.8	MS	**69.3**	71.6
CricketX	**294.4**	383.7	OliveOil	**4.9**	6.9
DSR	**54.4**	80.2	SL	**85.8**	170.6
ECG200	**2.1**	2.7	SC	**4.0**	6.0
EFD	**78.2**	136.6	Trace	13.9	**13.5**
FaceFour	**6.2**	7.9	TLE	**55.4**	63.2
Fish	**55.9**	144.2	WS	688.6	**563.5**

表注：部分数据集、算法缩写：CS（CDR-SUSh）、EFD（ECGFiveDays）、FW（FiftyWords）、MI（MedicalImages）、MS（MoteStrain）、SL（SwedishLeaf）、L2（Lightning2）、L7（Lightning7）、SC（SyntheticControl）、TLE（TwoLeadECG）、WS（WordSynonyms）。

9.3 葡萄价格聚类结果分析

9.3.1 葡萄价格聚类结果

本研究利用 CDR-SUSh 算法,对 CTGDP1718 中的 18 个时间序列(代表了 18 个省份)进行聚类划分;子序列长度设置为一个季度的天数,即 91;算法一共得到了 4 个类簇,如图 9-6 至图 9-9 所示。从整体上看,对 CTGDP1718 的聚类划分所得的类簇较为均衡,不存在严重的类别不平衡现象,其中簇 1 包含了 6 个序列,簇 2 包含了 3 个序列,簇 3 包含了 5 个序列,而类簇 4 则包含了 4 个序列。

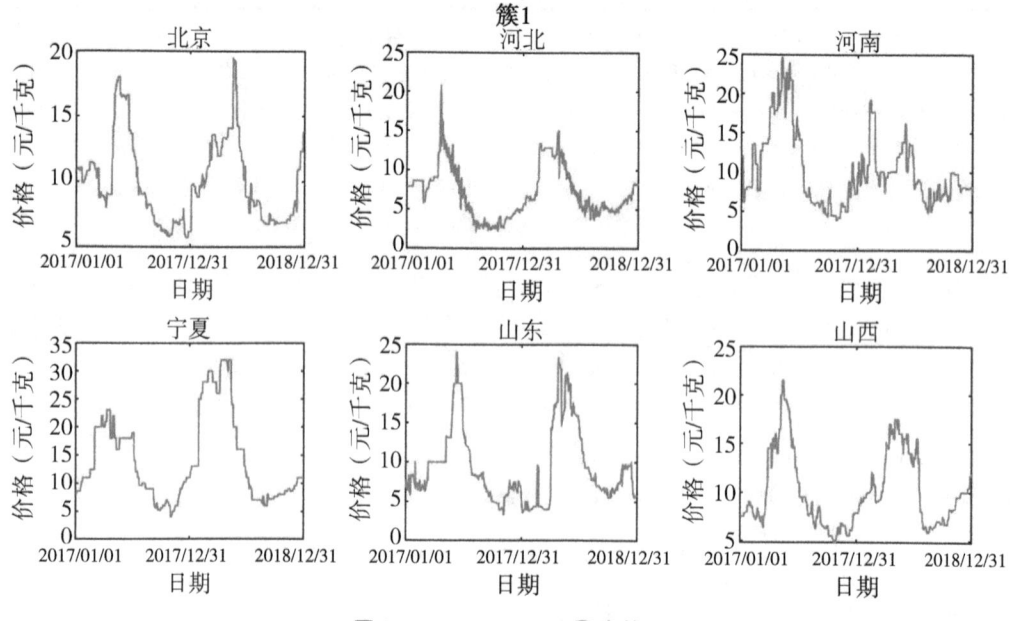

图 9-6 CTGDP1718 聚类簇 1

9.3.2 价格聚类结果分析

簇 1 囊括了北京、河北、河南、山东、山西及宁夏,涵盖我国华北地区、西北地区这两大地理区域,都为广义上的"北方"省份。簇 1 各省的价格变化范围为 5~25 元,但绝大部分序列的最高价都在 20 元以下,仅有河南在 2017 年达到接近 25 元的较高价格水平,且每个序列的大部分区间中的值都位于 10 元以下,因此为较低水平的价格区域;序列的变化模式为:大概在每年 2—3 月开始逐月上涨,并在 6—7 月达到当年的峰值,在峰值附近的震荡较少,之后开始逐月下降。

簇 2 包含的省市有上海、江苏和内蒙古(图 9-7),涉及我国的华东地区、华北地区,因此在地理区域上并无规律;价格水平高低不一,变化模式也没有明显规律。但簇 2 中的时间序列都具有一种"矩形状"的子序列,具体特征为在该子序列所表示的时间范围内，有一部分时间价格水平是恒定不变的，并在某个时间点上突变成另一个价格。

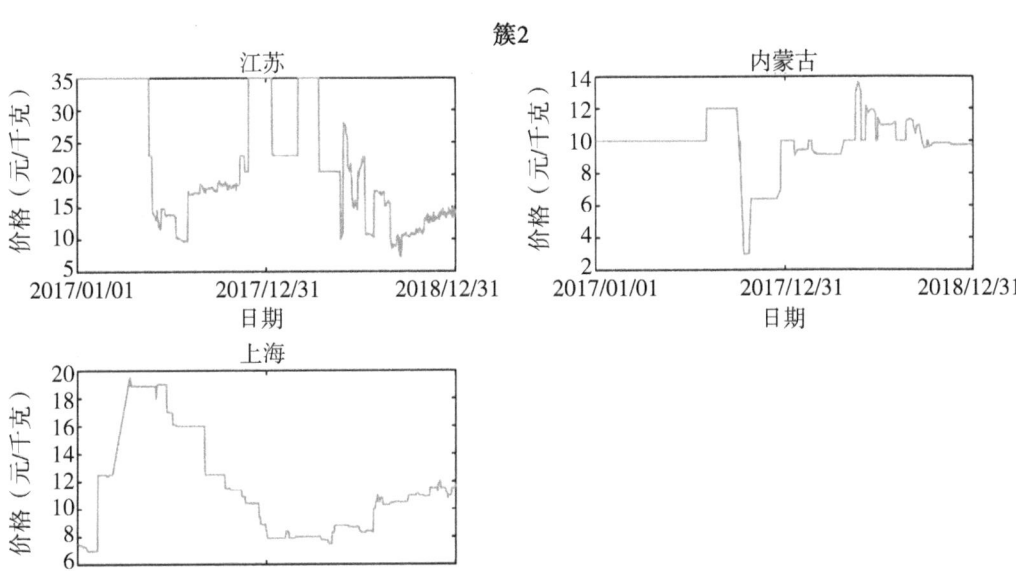

图 9-7　CTGDP1718 聚类簇 2

簇 3 包含的省市为广东、浙江、贵州、四川和湖南（图 9-8），在地理区域上涵盖了我国的华南地区、华东地区和西南地区，皆为我国广义上的"南方"省份。这些省份的价格序列的取值范围为 10~30 元，且绝大部分区间中的值都在 15 元以上，是较高

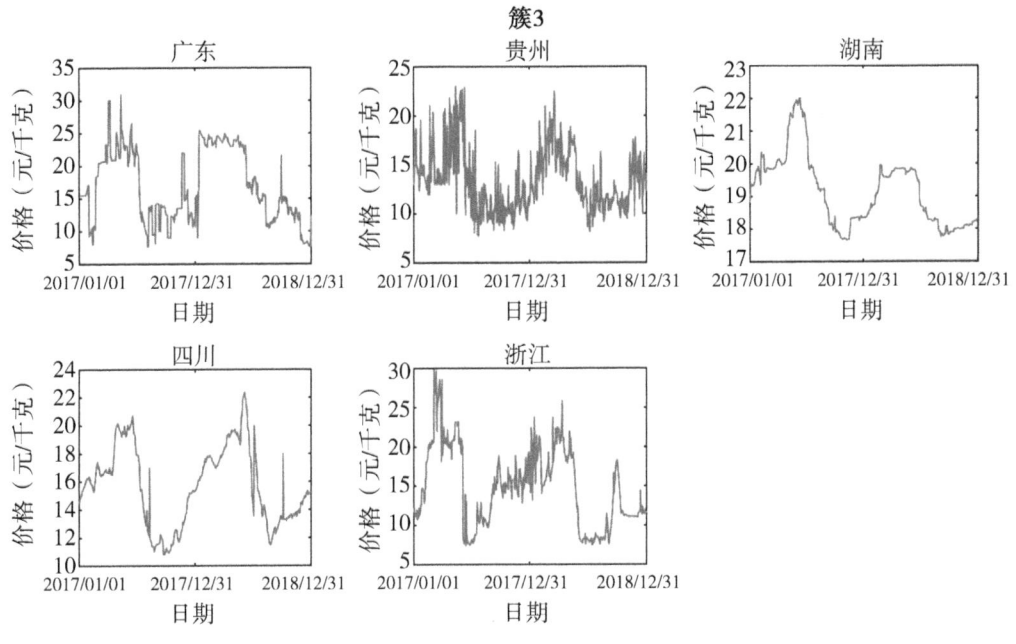

图 9-8　CTGDP1718 聚类簇 3

水平的价格区域；在变化模式上，簇3中序列的变化普遍较为频繁，尤其是贵州和浙江，具有较高的震荡频率；与簇1中的序列类似，每年都只有一个波峰，但不一样的是，簇3中的序列在每年1月左右即开始逐月上升，在5月至6月达到当年的峰值，且在峰值附近的震荡较多，之后开始逐月下降。

簇4包含的省市有安徽、广西、辽宁和新疆（图9-9）；和簇2一样，在地理区域上不存在规律；价格变化范围为5~25元，但绝大部分序列的价位在10元左右变动，因此也是较低水平的价格区域。在变化模式上，其中的时间序列都有着类似的变化规则：其前半部分（即2017年）的走势较为平稳，且价格水平较低，而后半部分（即2018年）的变化较为剧烈，大致在3—6月之间达到价格峰值，且该峰值比前半部分的峰值要高得多。

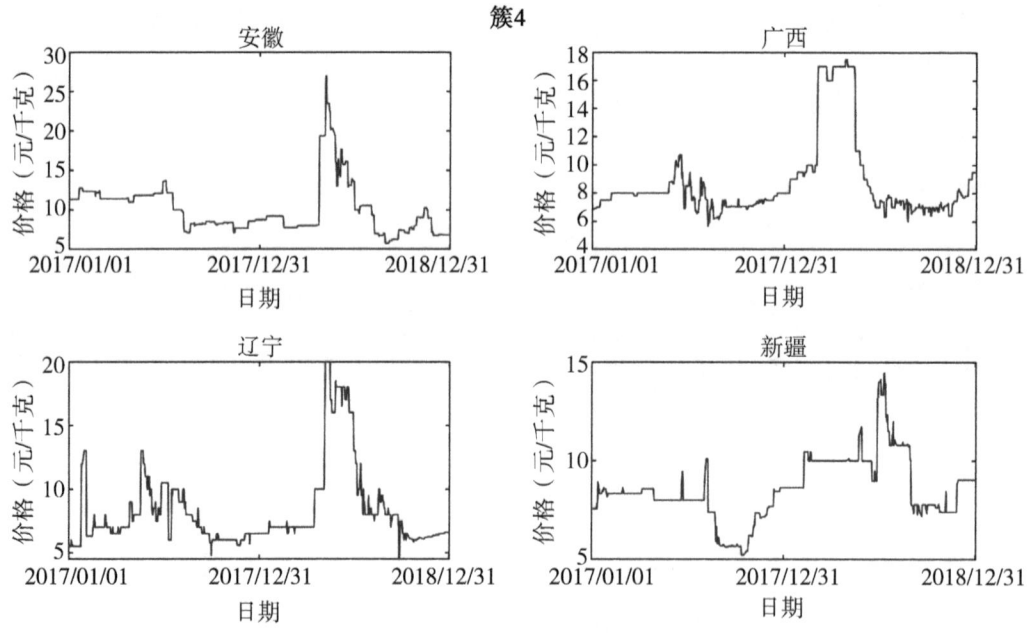

图9-9 CTGDP1718 聚类簇4

对聚类结果的分析表明，同一个类簇内的价格序列具有相似的价格水平、特征模式和变化模式，而不同类簇内的价格序列差异明显，从另一个角度佐证了CDR-SUSh算法优秀的聚类效果，也为后续针对每个类簇的特点构建价格预测模型打下了基础。

第10章 我国鲜食葡萄批发价格预测建模

我国鲜食葡萄批发价格是一类典型的时间序列数据,当考虑月度价格时,存在典型的非线性、非平稳的小样本时序数据特征,这类数据的预测一直是单变量时序预测领域的热点问题。如何通过有限的数据学习其内在模式,构建预测模型对序列的长期趋势、短期波动等特征进行拟合是解决问题的关键。然而,传统的统计学算法通常基于特定假设,在模型构建时存在局限,单一模型由于数据量的限制,存在性能不足的缺点。机器学习算法的发展和模型组合策略的兴起为解决此类问题创造了条件。

本章从"分而治之"的思路出发,基于"分解—集成"的模型组合策略,首先对复杂的鲜食葡萄批发价格原始序列进行分解,再针对分解结果中不同子序列的特征选择适当的方法构建预测模型,最终将所有"子模型"得出的结果进行融合,从而达到对原始序列准确预测的目的。

10.1 葡萄批发价格概况

10.1.1 数据来源

本研究原始数据来自于中国农业信息网(http://www.agri.cn/),以我国 2011 年 1 月至 2020 年 12 月期间共计 120 个月的鲜食葡萄月度批发价均价(元/千克)时序数据(记作 CTGMP2020)为研究对象,该时间范围内数据变化趋势如图 10-1 所示。不难发现,葡萄价格呈现出以年度为变化周期的特征,每年呈现出一个明显的峰值和一个谷值。通过对原始数据初步的判读可以看出,该时序数据样本量小且数值变化较大,季节性和周期性明显。

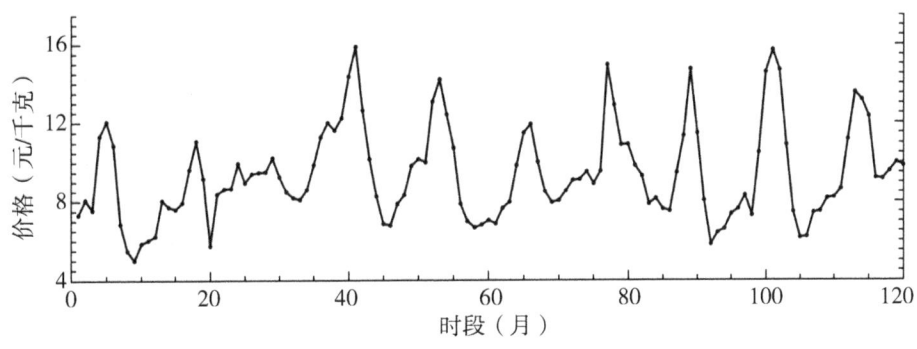

图 10-1 2011 年 1 月至 2020 年 12 月我国鲜食葡萄价格序列

10.1.2 数据描述

为从数据角度把握其变化特征，对 CTGMP2020 进行了主要的统计量的计算结果汇总于表 10-1。该序列共包含 120 个样本点，时间跨度为 10 年，所有样本的平均值为 9.360 元/千克，中位数为 9.025 元/千克。在此期间，最大值为 15.890 元/千克，最小值为 5.000 元/千克。CTGMP2020 序列的标准差计算值为 2.381 元/千克。通过对偏度和峰度的计算结果可知，该序列服从右偏度分布，且具有明显的峰值。

表 10-1 CTGMP2020 序列的统计描述结果

样本数（个）	均值（元/千克）	标准差（元/千克）	中位数（元/千克）	最大值（元/千克）	最小值（元/千克）	偏度	峰度
120	9.360	2.381	9.025	15.890	5.000	0.735	3.086

为检验原始序列 CTGMP2020 的非平稳性，采用增广 Dickey-Fuller（Augmented Dickey-Fuller, ADF）检验进行单位根检验，以确定目标序列的平稳性，从而进一步说明采用"分解—重构"预测框架的必要性，确定模型构建的具体算法。ADF 检验零假设为原始序列存在单位根，即原始序列为非平稳序列，由 ADF 检验对我国鲜食葡萄月度价格序列的检验结果如表 10-2 所示。结果表明：当显著性为 0.10 时，原始序列的结果不能拒绝单位根零假设，无法说明原始序列的平稳性。此外，引入应用广泛的 BDS 统计检验方法来检验目标序列的非线性特征。BDS 统计检验的零假设为：检验数据是产生于独立同分布的随机系统；备选假设为，目标数据可能来自线性随机系统、非线性随机系统或非线性确定系统。检验结果表明，目标序列在 5% 置信水平上拒绝了存在线性相关性的零假设。由此可知，模型构建的目标序列 CTGMP2020 具有非线性和非平稳性特征，可以作为典型案例用于模型验证。

表 10-2 ADF 检验结果统计

ADF 统计量	临界值（显著性水平）
-2.8140	-3.4936（1%）
	-2.8892（5%）
	-2.5815（10%）

10.2 基于"分解—集成"策略的 EEMD-ADD 价格预测建模

为了将理论研究与实证分析相结合，该部分首先对目标问题进行定义，然后结合实际数据说明 EEMD-ADD 模型构建的总体流程与思路。

10.2.1 问题定义

使用 $x(t)$ 表示原始目标序列。其中，$t = 1, 2, \cdots, T$；T 为原始序列长度。基于已

知序列中任意时刻 t，研究的目标是预测目标序列 $x(t)$ 未来第 τ 时刻的值，表达式如下：

$$\hat{x}_{t+\tau} = F(x) \qquad 公式（10-1）$$

其中，$\hat{x}_{t+\tau}$ 表示预测目标的值，$F(x)$ 表示所构建的预测模型。主要针对 $\tau=1$ 的场景进行研究。

10.2.2 基于"分解—集成"策略的 EEMD-ADD 模型构建思路

通过数据分析，为了解决此类非线性、非平稳、小样本的时序数据预测问题，基于"分解—集成"的策略，提出一种基于集成经验模态分解（EEMD）、支持向量回归（SVR）和多元线性回归（MLR）的时间序列组合预测模型模型（EEMD-ADD）。该模型遵循"分而治之"的思路，实现时序数据精确预测的同时，解决由于数据特性对模型构建方法产生的限制。以我国鲜食葡萄价格时序数据为例，在实际应用中为同类型时序预测问题提供可靠的方法参考。图 10-2 对比了传统的时间序列预测流程（a）与本研究提出的 EEMD-ADD 预测流程（b），可以看出，EEMD-ADD 模型的构建与实现主要由以下三个阶段组成。

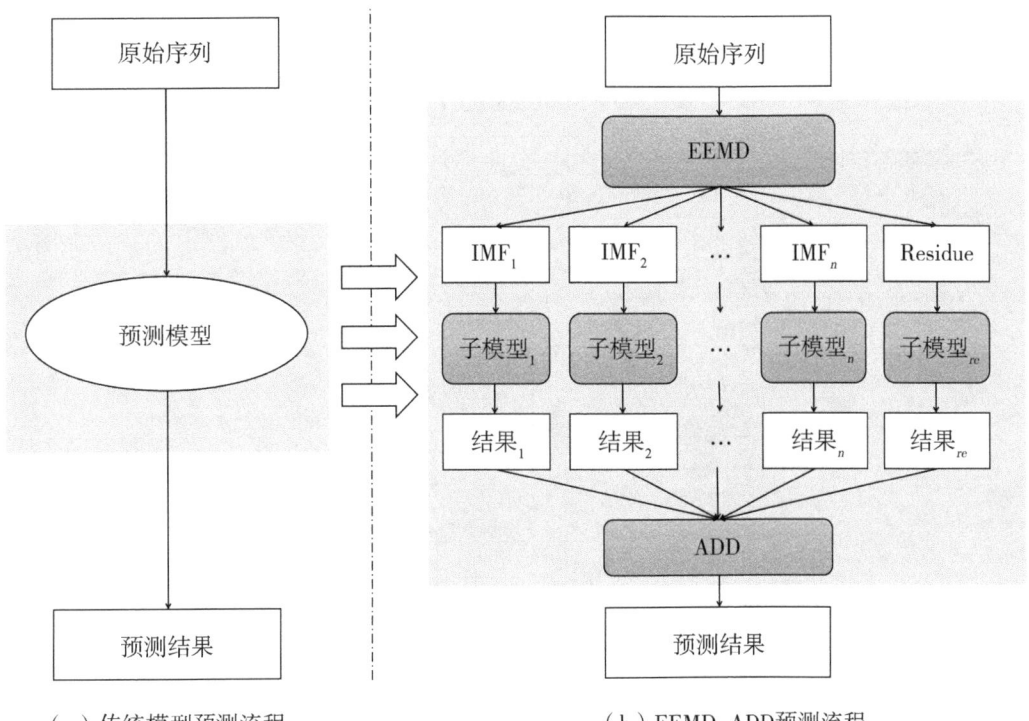

（a）传统模型预测流程 　　　　　　（b）EEMD-ADD预测流程

图 10-2　传统方法与 EEMD-ADD 预测流程

第一阶段：分解。原始时序数据 $x(t)$ 经由 EEMD 算法分解为一组本征模态函数（Intrinsic Mode Functions，IMF）$c_i(t)$，$i=1, 2, \ldots, n$，和一个残差（Residue）序列 $r(t)$，其中 IMF 的数量 n 由序列所包含的样本数量，即序列长度决定。由此，原始序列经分解转化为一系列子序列，为后续的预测作准备。

第二阶段：预测。分解后的子序列可以划分为频率较高的"高频分量"和频率较低的"低频分量"，针对数据小样本的特征，对不同特征的子序列选择适当的算法构建预测模型。本研究采用 SVR 对频率较高的子序列进行预测，选用 MLR 对频率较低的序列进行预测。对于特定的预测步长 τ，该模型可以计算得到预测结果共 $n+1$ 个。

第三阶段：结果集成。如图 10-2（b）所示，对于任意时刻 t 第二阶段预测得到的结果（结果$_1$，结果$_2$，…，结果$_{re}$），通过融合相加得到时刻 $t+\tau$ 的预测结果 $\hat{x}_{t+\tau}$，完成预测。

对于建模中涉及的重要概念"模态分解"，主要思想介绍如下。

（1）经验模态分解（EMD）

经验模态分解（Empirical Mode Decomposition，EMD）是由黄锷等 1998 年提出的自适应的视频信号分解算法。与其他分解方法相比，该算法依据时间序列数据本身的特征

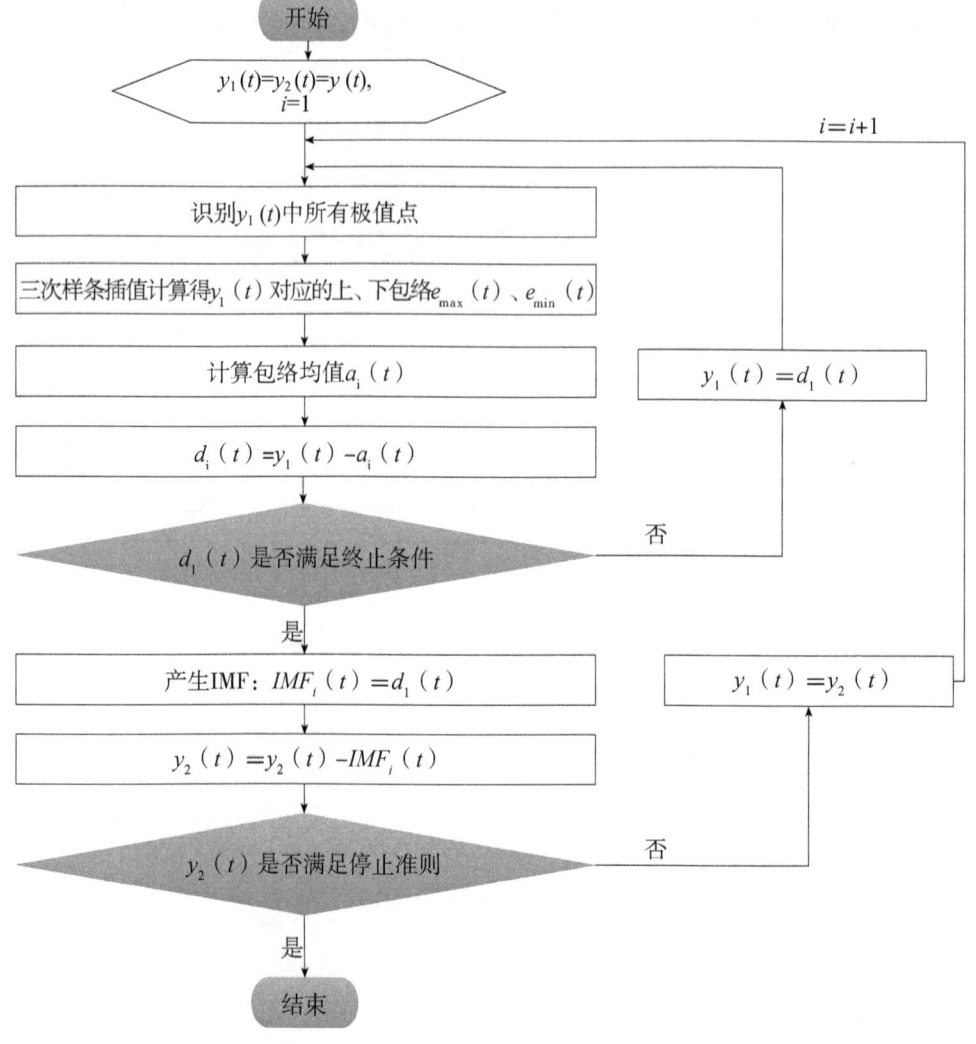

图 10-3　EMD 算法流程

在时间域上对信号进行分解，避免了基函数的设定，能够从时序数据本身挖掘信息，显示出了突出优势，因而被广泛应用到各个领域。

经由 EMD 算法分解，初始的复杂时间序列将分解为有限个用于表示原始序列不同时间尺度的局部特征序列——本征模态函数（Intrinsic Mode Functions，IMF）和一个残差序列（Residue）。EMD 通过从原始序列中不断减去较慢的震荡模式，快速迭代性地筛选出各高频的震荡分量。对于给定的目标序列 $x(t)$，经由 EMD 分解可以得到 n 项 IMF 分量 $\{IMF_i(t)\}_{i=1}^{n}$ 以及相应的残差项 $R_n(t)$，各分量相加的总和为原始序列。

$$x(t) = \sum_{i=1}^{n} IMF_i(t) + R_n(t) \qquad 公式（10-2）$$

值得注意的是，基于 EMD 的序列分解必须基于以下假设：①序列中至少包含一个极大值和一个极小值；②极值的时间尺度确定了特征的时间尺度；③序列只含有弯曲点，可以差分并通过插值方法获得极值点；④每一个点的局部极值的包络均值为零（Huang，1998）。满足以上假设，有关 EMD 算法具体的实施过程描述可见下文的 EMD 算法流程。

根据 EMD 算法，可计算得到分解结果：$\{IMF_i(t)\}_{i=1}^{n}$ 和 $R_n(t)$，对于长度为 T 的序列，n 的取值可以计算得到。

$$n = (log_2 T) - 1 \qquad 公式（10-3）$$

EMD 算法的优点可以概括为以下几点：第一，它可以将非平稳和非线性时序数据归结为简单的独立固有模态函数（IMF）；第二，由于 EMD 是基于数据的局部特征时间尺度的分解，在筛选过程中只使用极值，所以它是局部的、自适应的、具体的、隐含的、高效的，这一特性使 EMD 显著区别于小波分解；第三，IMF 具有清晰的瞬时频率作为相位函数的导数，因此可以将希尔伯特变换（Hilbert transformation）应用于 IMF，从而实现在"时间-频率-能量"域中分析和使用数据。

EMD 算法流程

输入：$x_1(t) = x_2(t) = x(t)$，$i = 1$
输出：$\{IMF_i(t)\}_{i=1}^{n}$ 和 $R_n(t)$
过程：
1. 识别原始序列 $x_1(t)$ 中的所有极值点。
2. 利用三次样条插值法分别对极大值、极小值进行插值，得到 $x_1(t)$ 对应的上、下包络线，记作 $e_{max}(t)$、$e_{min}(t)$。
3. 计算局部均值：$a_1(t) = [e_{max}(t) + e_{min}(t)]/2$。
4. 从原始信号中减去该均值序列，得到当前震荡模式 $d_1(t)$：$d_1(t) = x_1(t) - a_1(t)$。
5. 对计算所得 $d_1(t)$ 进行判断，若 $d_1(t)$ 已经满足终止条件，则将 $IMF_i(t) = d_1(t)$ 作为第一个 IMF，然后转至步骤 6；否则，设置 $x_1(t) = d_1(t)$，然后转至步骤 1。
6. 从 $x_2(t)$ 中减去当前的 IMF 分量 $IMF_i(t)$，$x_2(t) = x_2(t) - IMF_i(t)$。若 $x_2(t)$ 已经是单调函数或满足用户自定义的终止条件（如：$\sum_{t}^{l} \frac{[d_{i-1}(t) - d_i(t)]^2}{[d_{i-1}(t)]^2} \leq \eta$，其中 l 为序列长度），则停止迭代并计算获得趋势项 $R_n(t) = x_2(t)$。反之则设置 $x_1(t) = x_2(t)$，令 $i = i + 1$ 然后转至步骤 1。

(2) 集成经验模态分解（EEMD）

EMD 已经广泛应用于多个领域的时间序列处理问题，在非线性、非平稳时序数据的应用场景中表现出了优势，但是，该方法在特定场景中不可避免地存在模式混淆（Mode Mixing）问题，即在单个 IMF 中包含了稀疏分布的时间尺度，或者相似的时间尺度被分解到不同的 IMF 中去。不少方法已开始用于对传统的 EMD 进行改进，其中，基于噪声辅助数据分析（Noise-assisted Data Analysis，NADA）的集成经验模态分解（Ensemble empirical mode decomposition，EEMD）利用白噪声（White noise）的统计学特性，从很大程度上解决了该问题，具有一定的代表性。EEMD 的核心思想是：现实中观察到的时间序列数据并非真正的时序数据，其本质是真实数据加上噪声后的结果，可以通过在真实序列中添加不同的噪声，得到的集合平均水平才是真正的时间序列。

EEMD 算法的具体实施过程可以描述为以下 3 个步骤：

步骤 1：将一个白噪声序列（如高斯白噪声序列 $z(t) \sim N(0, \sigma^2)$）加入到待分解的目标序列 $x(t)$ 中，得到一个新的序列 $\tilde{x}(t)$。

步骤 2：按照 EMD 算法的实施流程，对得到的新序列 $\tilde{y}(t)$ 实行分解，计算得到一系列 IMF 和一个残差项（$\{IMF_i(t)\}_{i=1}^{n}$ 和 $R_n(t)$）。

步骤 3：重复上述操作 b 次，每一次加入不同的白噪声序列，取 b 次分解结果后各个 IMF 的平均值作为最终的 IMF 序列，同理，取每次分解中残差序列的平均值作为最终的残差项。

在 EEMD 算法中，所添加的白噪声序列有可能使信号产生较小的信噪比，优点是可以提供更适合的分解尺度，使得用该方法可以更容易地对原始时间序列实施分解，避免了 EMD 算法中常见的产生模式混淆问题，因此被应用于各个领域的信号分析研究中。在本章中，集成数量 b 的取值为 100，白色噪声序列的标准差 σ 取值为 0.2。

10.3 价格预测模型应用结果及分析

对所提出的 EEMD-ADD 进行实证分析，对我国鲜食葡萄月度价格时间序列数据进行预测，与多个对照模型进行比较；结合研究对象的特征，对其进行分月度和季度的误差统计，分析可能造成模型预测偏差的原因。

10.3.1 实验设置与数据处理

按照提出的 EEMD-ADD 模型预测流程，目标序列 $x(t)$（鲜食葡萄月度价格时间序列数据）经 EEMD 算法分解得到 5 个 IMF 子序列和一个残差序列，原始序列 $x(t)$ 及相应的分解结果如图 10-4 所示。

从图 10-4 中可以看出，原始序列（Actual）的分解结果频率从高到低变化，逐渐趋于平稳。为了进一步分析分解得到的 5 个 IMF 和对应残差序列的更多特征信息，对每个 IMF 的统计量以及与原始序列之间的相关性进行了计算与分析，具体结果如表 10-3 所示。

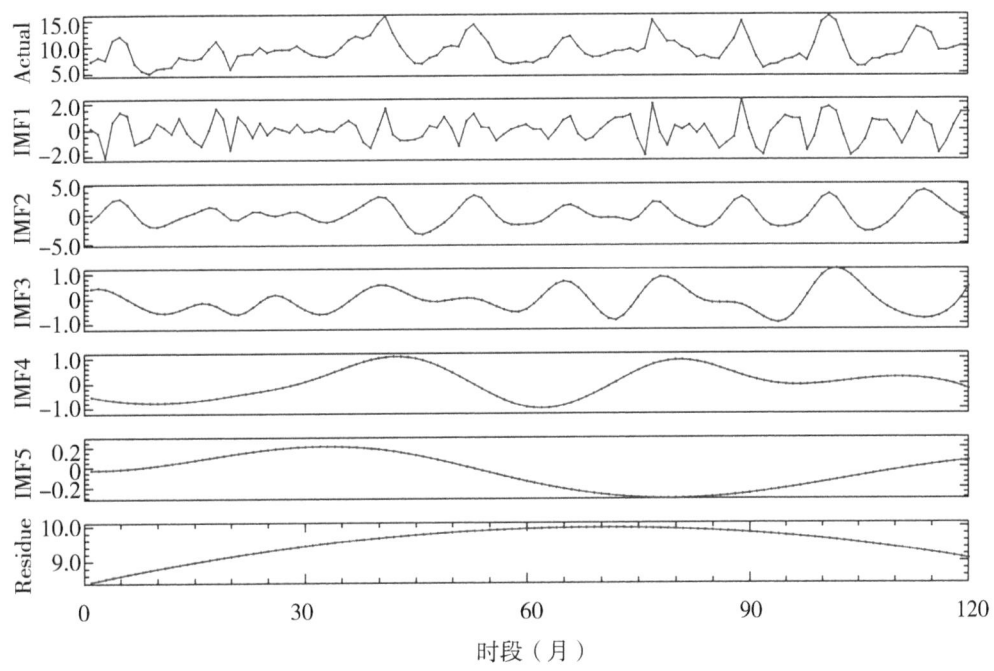

图 10-4 葡萄价格时间序列 EEMD 分解结果

表 10-3 EEMD 分解结果统计描述

序列	Pearson 相关系数	Kendall 相关系数	方差	方差占比（%）（原序列）	方差占比（%）（Sum）
原序列	-	-	5.667 5	-	-
IMF1	0.487 6	0.287 4	0.847 8	14.96	15.03
IMF2	0.833 1	0.621 8	2.968 2	52.37	52.63
IMF3	0.446 5	0.276 2	0.241 6	4.26	4.28
IMF4	0.332 0	0.228 9	0.338 6	5.97	6.00
IMF5	0.030 8	0.032 4	0.029 1	0.51	0.52
Residue	0.176 4	0.075 0	0.165 1	2.91	2.93
Sum	Null	Null	Null	99.52	100.00

* 其中，Sum = $\sum IMFs + Residue$

通过计算可以看出，IMF2 与原始序列的相关性最高，Pearson、Kendall 相关系数分别为 0.833 1 和 0.621 8。方差占比计算结果越高的 IMF，包含原始序列的特征信息越多，所有分解结果中，IMF2 的方差占比最高，为 52.37%，而 IMF5 对原始序列的影响最小。可以看出，通过 EEMD 分解的子序列相加后与原始序列极为接近，说明该分解算法具备可靠性。不同频率的残差和 IMF 具有各自特征，根据方差计算结果，IMF1、IMF2 作为高频分量波动频繁，IMF2～IMF5 及残差序列作为低频分量总体呈现平稳特征。本研究针对不同频率分量的特点，在预测阶段引入 SVR 模型对高频分量进行预测，对低频分量和趋势分量采用 MLR 进行预测。

为进一步验证 EEMD-ADD 模型的有效性，在对照模型选取时引入了以单一 MLR 模型为代表的经典计量经济模型，应用不同核函数（Linear、Polynomial、RBF）的单一 SVR 模型对目标序列进行预测，用于验证提出的 EEMD-ADD 相对于传统的单一模型预测方法的优越性。此外，还建立了基于 EMD、SVR 和 MLR 的混合模型 EMD-ADD，用于评价 EEMD 相对于 EMD 方法在时序数据分解方面的优势。

对于全部对照模型和 EEMD-ADD 包含的子模型，为了消除变量在数值数量级对预测结果的影响，保障预测精度，各个变量在进行模型构建前进行了数据标准化处理，其中，x_{min}、x_{max} 分别是当前序列的最小值和最大值，x 和 x_{norm} 分别为真实值及其对应的标准化结果。由此，所有序列均被标准化至 [0, 1] 区间内。

$$x_{norm} = \frac{(x - x_{min})}{(x_{max} - x_{min})} \qquad 公式（10-4）$$

对于由 x_{norm} 预测得来的结果 $\hat{x}_{norm}$，对应序列的预测结果可以经由逆标准化运算后得到。

$$\hat{x} = x_{min} + (x_{max} - x_{min}) * \hat{x}_{norm} \qquad 公式（10-5）$$

10.3.2 预测结果分析

对于目标序列 $x(t)$ 在任意时刻 t 的预测值，采用时刻 $(t-1)$，$(t-2)$，$(t-3)$，$(t-4)$，$(t-5)$ 和 $(t-6)$ 的历史值对其进行预测，即：

$$\hat{x}_t = f(x_{t-1}, x_{t-2}, x_{t-3}, x_{t-4}, x_{t-5}, x_{t-6}) \qquad 公式（10-6）$$

该步长通过交叉验证确定，不仅能够为精确预测提供充足的信息，也能很大程度避免重复运算。由于选择了大小为 6 的预测窗口，利用 2011 年 1 月至 2020 年 12 月的价格数据对 EEMD-ADD 进行了验证，得到了 2011 年 7 月至 2020 年 12 月的预测结果并进行展示。

涉及的其他模型参数有网格搜索法（Grid Search Algorithm，GSA）即"枚举法"获得，GSA 通过在预先设定的可取变化范围内按照一定的搜索分辨率便利整个范围找到性能最好的参数组。该寻优算法简单，避免了复杂的数值计算，是常用的参数寻优方法。表 10-4 汇总了本研究提出的 EEMD-ADD 及全部对照模型在模型构建时的参数选取结果。

表 10-4 模型构建参数选取结果

模型	数据	参数		
		核函数	C	ε
SVR-linear	Original	Linear	10.0	0.1
SVR-rbf	Original	RBF	1.0	0.01
SVR-poly	Original	Polynomial	1.0	0.01
EMD-ADD	IMF1	Linear	2.0	0.01
	IMF2	Linear	2.0	0.01
EEMD-ADD	IMF1	Linear	0.5	0.20
	IMF2	Linear	1.0	0.05

在机器学习模型构建时,通常选择一个与训练数据集互斥的测试数据集来评估预测模型的泛化性能。本研究中,由于样本数量较少,采用 k -折交叉验证(k -Cross Validation, k -CV)作为模型评估的方法,该方法将数据集划分为 k 个大小相近的互斥子集(采用分层采样法保证数据分布的一致性)。每次采样后将 $(k-1)$ 份子集用于模型的训练,剩余的 1 份子集作为测试集来计算模型的精度。经历 k 次循环后,将计算出的 k 个性能指标取均值,作为模型精度的最终结果。该方法能够在数据量较小的情况下充分利用数据,且多次评价的结果取均值后,最终计算结果更能反映模型的预测能力。k 取值为 5,具体的实现过程如图 10-5 所示。进行了 5-折交叉验证,最终结果来自所有计算的平均值。

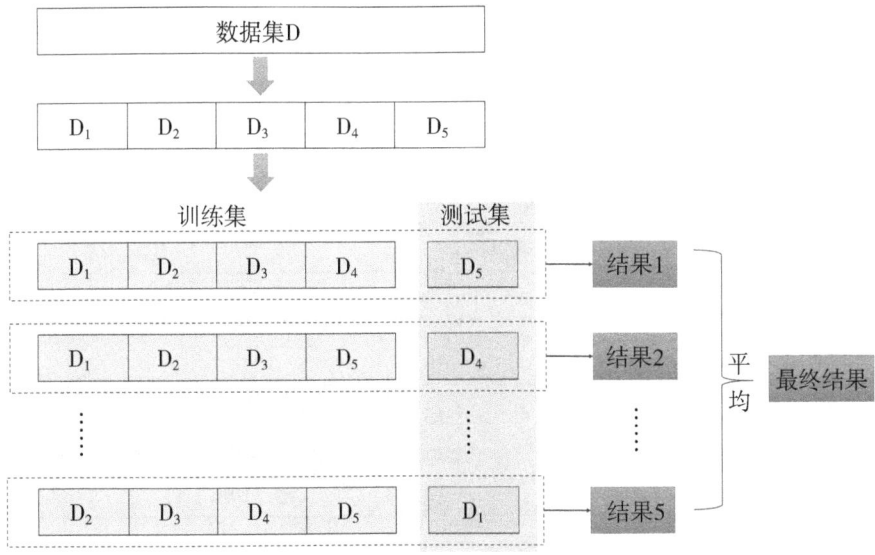

图 10-5　5-折交叉验证示意图

从数值误差和方向性误差两个方面对涉及的模型进行了评价。其中,数值型误差指标包含 MSE、RMSE、MAE 和 MAPE;方向性误差包含 D_{stat}、CP 和 CD。相关误差及精度计算结果如表 10-5 所示(模型精度以粗体表示)。

表 10-5　模型误差统计表

Model	MSE	RMSE	MAE	MAPE	D_{stat}	CP	CD
MLR	1.711	1.308	0.935	10.148	62.921	62.745	63.158
SVR-linear	1.748	1.322	0.944	10.160	65.169	66.667	63.158
SVR-rbf	1.892	1.376	0.931	10.030	70.787	76.471	63.158
SVR-poly	2.088	1.445	0.991	10.791	69.663	74.510	63.158
EMD-ADD	1.107	1.052	0.769	8.351	70.787	72.549	68.421
EEMD-ADD	**0.807**	**0.898**	**0.660**	**7.347**	**75.281**	**80.392**	**68.421**

从表 10-5 的统计数据可以看出:①基于"分解—重构"的 EMD-ADD 和 EEMD-

ADD 组合模型比 MLR、SVR-linear 等单一预测模型具有更好的预测性能，表现为对原始序列的拟合效果更好，对序列中突变值和总体趋势的预测能力增强，同时，从模型误差统计结果来看，二者的数值型误差均低于其他对照模型，方向性准确度高于其他对照模型，进一步说明了当应对此类非线性、非平稳的小样本时序数据时，采用一定的模型组合策略对传统的预测思路进行改进是提高预测精度的有效方法。②对于具有不同核函数的 SVR 预测模型，SVR-linear 模型的预测精度优于 SVR-rbf 和 SVR-poly，说明该核函数更加适用于该预测场景。③对于所有单一模型，SVR-linear 和 MLR 的预测性能接近，能够实现对原始序列总体趋势的预测。

为了进一步证明 EEMD-ADD 模型的有效性，除了与对照模型进行误差及精度的比较，引入 Diebold-Mariano 检验（DM 检验）来确定所提出的方法是否能显著提高了预测精度。该检验方法的零假设是待检验的两个模型在预测精度方面没有显著差别。表 10-6 总结了 DM 检验结果。

表 10-6 Diebold-Mariano 检验结果

检验模型	参照模型			
	EMD-ADD		EEMD-ADD	
	DM 值	P-value	DM 值	P-value
MLR	-2.757 4	0.007 1	-3.172 5	0.002 1
SVR-linear	-2.701 4	0.008 3	-3.071 5	0.002 8
SVR-rbf	-2.455 4	0.016 0	-3.001 1	0.003 5
SVR-poly	-2.755 0	0.007 1	-3.227 7	0.001 7
EMD-ADD	-	-	-2.519 9	0.013 5

在 DM 检验中，研究比较了混合模型（EEMD-ADD，EMD-ADD）与单一模型（MLR，SVR-linear，SVR-rbf，SVR-poly）的预测结果。结果显示，在混合模型与单一模型的比较中，在 5% 的显著性水平上拒绝了零假设，说明模型的预测精度存在显著差异，混合模型的预测精度优于作为对照模型的各个单一模型。另外，与其他 5 种对照模型相比，EEMD-ADD 是性能更好的预测模型，置信度为 95%，说明 EEMD 算法在解决这一预测问题时优于 EMD 算法。通过 DM 检验可以从统计学意义上证明本研究所提出模型在提高预测性能方面的显著性。同时也说明了组合模型在该预测场景中的有效性。这样的结果可能是因为基于"分解—重构"的组合模型通过应用分解算法（EMD 和 EEMD）降低了直接对原始序列进行预测的难度。

10.3.3 季节性误差统计分析

图 10-6 描绘了六种模型的 MAE 季节性统计结果，不同季节的统计结果按照模型的误差从低到高进行了排序，位置 1 表示该季节中此模型的误差最低。

从图 10-6 中可以观察到：①EEMD-ADD 模型在冬季、春季和秋季三个季节中均达到了误差最低，在夏季的误差较 EMD-ADD 模型略高，排第二位，总体上可以说明

冬季 MAE	春季 MAE	夏季 MAE	秋季 MAE
1	EEMD-ADD: 0.505	EEMD-ADD: 0.814	EEMD-ADD: 0.887	EEMD-ADD: 0.442
2	EMD-ADD: 0.588	EMD-ADD: 1.100	EEMD-ADD: 0.893	SVR-rbf: 0.456
3	SVR-rbf: 0.594	MLR: 1.424	SVR-linear: 1.050	SVR-poly: 0.485
4	MLR: 0.629	SVR-linear: 1.499	SVR-rbf: 1.072	EMD-ADD: 0.539
5	SVR-poly: 0.677	SVR-rbf: 1.650	SVR-poly: 1.088	SVR-linear: 0.588
6	SVR-linear: 0.695	SVR-poly: 1.766	MLR: 1.143	MLR: 0.590

图 10-6　模型误差季度统计

EEMD-ADD 在不同季节中均能达到较高的预测精度。②此外，尽管组合模型 EEMD-ADD 和 EMD-ADD 在冬季、春季和夏季的精度最高，但在秋季预测结果的统计中，SVR-rbf 和 SVR-poly 均优于 EMD-ADD 模型，这在很大程度上也说明并不是所有的组合模型都能在全部预测场景中均获得最好的预测精度，单一模型在特定的应用中可能实现优于组合模型的性能。通过机器学习相关技术构建预测模型时，需要考虑实际问题，结合领域知识选择适当的方法。③春季和夏季的预测误差值略高于其他两个季节，结合我国鲜食葡萄价格在 5 月达到年度峰值，之后价格呈下降趋势的特征可以分析得出，预测误差主要来自未能捕捉到目标序列中的一些峰值或突变值。此外，本研究中误差出现明显的季节性差异可能是由于实验数据不足导致，对于预测模型的构建，特别是涉及到人工智能相关算法时，需要有足够的数据进行训练以保证其性能，增加数据集的规模，能够在很大程度上提升模型性能。

第四篇

消费环节葡萄产业大数据分析

第 11 章　基于消费大数据的鲜食葡萄市场偏好分析

随着我国葡萄产业的规模发展和稳产保产技术的成熟，葡萄产量持续上升，供给充足，销售端的竞争加剧。葡萄作为一种居民生活的非必需品，需求弹性大，很容易出现区域性、结构性的滞销。消费市场也处于变化中，消费升级的趋势明显，消费者对安全和优质、多样化和个性化提出了越来越高的要求，这就要求生产端和供给侧必须顺应市场趋势，主动了解市场、理解消费者、进而主动变革，才能在市场竞争中保持优势。

本章基于第一手的葡萄消费调研大数据分析，识别了消费者对葡萄感官属性、外部属性、购买渠道的偏好现状和趋势，为鲜食葡萄的生产者、营销者开展品种选择、果实管理和营销策略提供丰富的消费市场信息。

11.1　调研方案及样本特征

11.1.1　调研内容与方式

为全面获取我国消费者对鲜食葡萄的需求与偏好的最新信息，掌握市场环境，为鲜食葡萄行业从业者和科研工作者提供市场需求信息和决策依据，国家葡萄产业技术体系产业经济团队于 2022 年组织开展了专题调研。于 2022 年初设计了《2022 年中国鲜食葡萄消费市场调研》调查问卷，问卷内容包括消费者的消费行为、消费偏好和消费趋势等各方面，问卷结构具体见表 11-1。

表 11-1　调研问卷结构及内容

问卷结构	调查内容	问卷相应问题
第一部分	消费者对鲜食葡萄的消费行为与习惯	消费者购买鲜食葡萄的主要影响因素，包括价格、新鲜度、包装、品质、品种、销售环境、无公害/绿色认证、品牌、产地、能否追溯种植信息等，以及消费者常用的购买渠道和选择该渠道的原因等
第二部分	消费者对鲜食葡萄品种和感官属性的偏好	消费者对鲜食葡萄属性的偏好，包括价格、单穗重、紧密度、果粒大小、果粒形状、颜色、香型、香气强度、肉质、口味、有无籽、果粉、剥皮容易度等

（续表）

问卷结构	调查内容	问卷相应问题
第三部分	消费者个体特征	消费者的性别、年龄、文化水平、职业、婚姻状况、家庭人口数、家庭人均月收入、鲜食葡萄年食用量、地域特征等

调研在全国各省、直辖市、自治区同步开展，为了尽量扩大样本覆盖面，调研方式主要选择了网络调研方式。调研于 2022 年 4—8 月在全国范围内展开，共发放问卷 4 678 份，剔除填写不完整的问卷、重复问卷和非有效的问卷，得到有效问卷 4 324 份，样本有效率为 92.43%，具有较高的回收有效率。

11.1.2 样本的人口统计学特征

调研的有效样本分布于全国 32 个省（直辖市、自治区），有效样本总量为 4 324 份。各省份的样本数量、在样本总体的占比情况如表 11-2 所示。

表 11-2 调查问卷样本分布所在地

省份	占比（%）	省份	占比（%）
安徽	3.47	辽宁	2.73
台湾	0.02	内蒙古	1.30
北京	7.28	宁夏	0.39
福建	2.68	青海	0.30
甘肃	2.75	山东	7.91
广东	5.97	山西	3.75
广西	3.26	陕西	2.45
贵州	2.13	上海	2.04
海南	0.76	四川	4.72
河北	6.64	天津	2.41
河南	6.48	西藏	0.14
黑龙江	2.15	江西	2.82
湖北	4.19	新疆	1.41
湖南	4.56	云南	2.96
吉林	1.53	浙江	3.91
江苏	5.02	重庆	1.90

注：样本总量 $n = 4\,324$。

年轻人是未来鲜食葡萄消费市场的主体，因此更关注年轻、受教育程度高、城镇的消费群体，这对鲜食葡萄产业如何拓展年轻消费市场更具参考意义。样本的人口统计学及消费者个人特征的统计如表 11-3 所示。

表 11-3　调查问卷样本人口统计学特征

样本特征	占比（%）	样本特征	占比（%）
性别		其他职业	1.73
男	41.19	**婚姻状况**	
女	58.81	已婚	47.48
年龄		未婚	52.52
18~25 岁	41.17	**家庭人口数**	
26~35 岁	29.58	1	2.68
36~45 岁	14.75	2	5.69
46~55 岁	10.57	3	34.88
56 岁以上	3.93	4	30.80
最高学历		5	14.69
初中及以下	5.46	6 人以上	11.26
高中	9.67	**家庭人均月收入**	
大专	14.78	<2 000 元	18.85
本科	51.57	2 000~3 000 元	13.90
研究生及以上	18.52	3 000~5 000 元	17.95
职业		5 000~7 000 元	17.25
党政机关和事业单位人员	10.22	7 000~10 000 元	12.97
公司/企业人员	32.40	10 000~15 000 元	9.16
自由职业者	12.88	15 000~20 000 元	4.28
农民	4.44	≥20 000 元	5.64
教育和科研机构人员	6.15	**居民类型**	
学生	29.72	城镇居民	63.04
无业/退休	2.45	农村居民	36.96

注：样本总量 $n=4\ 324$。

性别：调研样本中女性消费者较多，占比为 58.81%，男性消费者占调研样本的 41.19%。

年龄：在五个年龄段中，样本人数最集中区间是 18~25 岁，占总样本量的 41.17%，其次是 26~35 岁、36~45 岁、46~55 岁和 56 岁以上，分别占样本总数的 29.58%、14.75%、10.57% 和 3.93%。18~25 岁的样本占较大比例，因此调研结果更能反映代表年轻一代的消费观念和消费习惯，也可以有助于研判我国水果消费的发展趋势。

受教育程度：调研人群中学历为本科、研究生及以上的人群占比最高，分别为 51.57%、18.52%，其次是大专、高中、初中及以下，占比分别为 14.78%、9.67%、5.46%。

职业：样本人群中公司/企业人员所占比例最大，为 32.40%，其次是学生和自由职业者，分别占调查样本的 29.72% 和 12.88%；党政机关和事业单位人员、教育和科研机构人员、农民分别占调查人群的 10.22%、6.15%、4.44%；无业/退休、其他职业占比较少，分别为2.45%与1.73%。

婚姻状况：调研样本中未婚消费者较多，占比52.52%，已婚消费者占调研样本的47.48%。

家庭人口数：样本人群中3人家庭最多，占比34.88%，其次是4人家庭、5人家庭、6人以上家庭、2人家庭和1人家庭，占比分别为30.80%、14.69%、11.26%、5.69%和2.68%。

家庭人均月收入：样本群体的收入水平以中等和中低收入者居多。调研样本的人均可支配月收入主要集中在7 000元以下。少于2 000元人群占总调研样本的18.85%，其次为3 000~5 000元人群，占17.95%；收入为5 000~7 000元、2 000~3 000元、7 000~10 000元、10 000~15 000元、20 000元以上和15 000~20 000元的人群分别占17.25%、13.90%、12.97%、9.16%、5.64%和4.28%。样本对各个可支配月收入水平的人员都有所涉及，具有较好的代表性。

居民类型：调研样本以城镇居民为主，占63.04%，农村居民占调研样本的36.96%。

11.2 我国消费者对鲜食葡萄感官属性的偏好特征

11.2.1 葡萄果粒大小

从消费者对鲜食葡萄果粒大小的偏好来看（图11-1），中果粒（直径2.0厘米左右）葡萄最受中国消费者的喜爱，有68.20%的消费者偏好中果粒葡萄，与此同时大果粒（直径2.5厘米左右）葡萄也较为消费者所接受，占比约为52.64%；消费者对小果粒（直径1.5厘米左右）葡萄和特大果粒（直径3厘米左右）葡萄的偏好程度相对较低，占比分别为12.12%和5.96%，说明小果粒葡萄和特大果粒葡萄在中国还是有一定的消费市场，商家在销售中果粒和大果粒葡萄的同时，也要注重对小果粒葡萄和特大果粒葡萄的市场拓展。

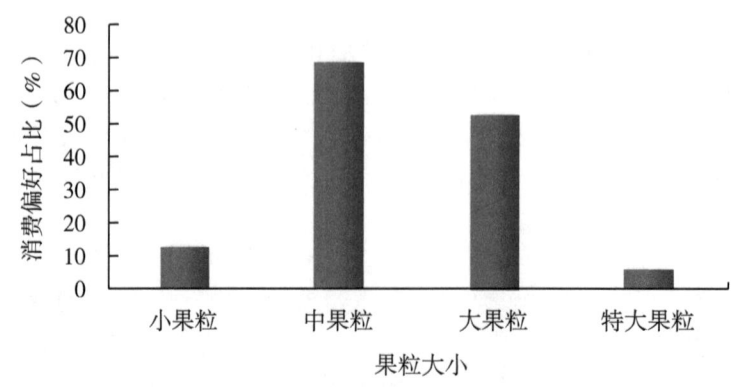

图11-1 消费者对葡萄果粒大小的偏好

11.2.2 葡萄果粒形状

从消费者对鲜食葡萄果粒形状偏好来看（图11-2），消费者对球形或近球形、椭球形的葡萄接受程度高，约有63.44%的消费者偏好球形或近球形的葡萄，53.31%的消费者偏好椭球形的葡萄；样本中25.72%的消费者偏好长指形的葡萄；偏好圆柱形葡萄的消费者为11.91%；偏好其他形状葡萄的消费者最少，仅为1.71%。可见，在中国的鲜食葡萄市场上，球形或近球形、椭球形的葡萄与其他形状相比更受到消费者的喜爱。

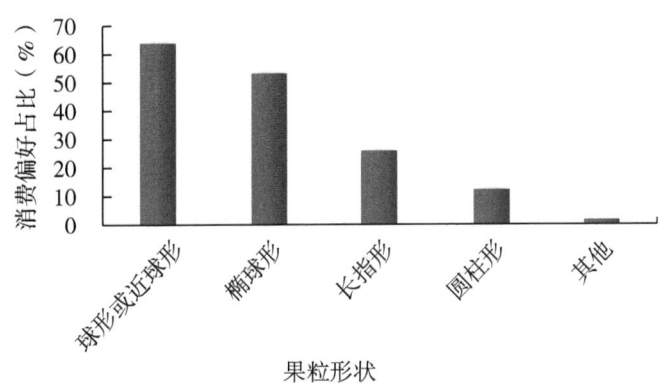

图11-2 消费者对葡萄果粒形状的偏好

11.2.3 葡萄果粒颜色

图11-3反映了消费者对鲜食葡萄果粒颜色的偏好。消费者对紫红色和紫黑色的葡萄接受程度高，在调查样本中占比分别为57.08%和53.01%；不容忽视的是偏好绿色葡萄的消费者也接近一半，占比为45.40%；而消费者对红色、黄绿色和粉红色的偏好程度相对比较低，在调查样本中占比分别为21.92%、20.03%和17.14%；这可能是因为这些颜色的葡萄品种在市场上较少；偏好黄白色葡萄的消费者最少，占比10.55%。

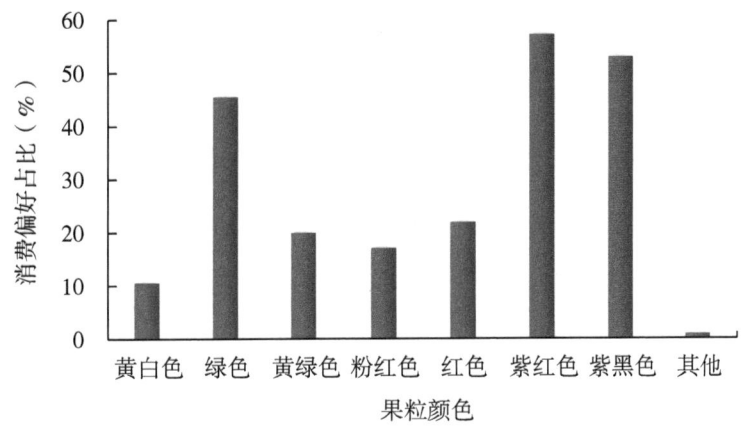

图11-3 消费者对葡萄果粒颜色的偏好

11.2.4 葡萄香型和香气浓度

从消费者对鲜食葡萄香型的偏好来看（图11-4），45.31%的消费者偏好草莓香型的葡萄，偏好玫瑰香型葡萄的消费者占调研样本的41.60%，不喜欢带有香味的葡萄的消费者占比13.04%，可见，我国消费者更愿意购买带有香味的葡萄，其中以草莓香型居多。

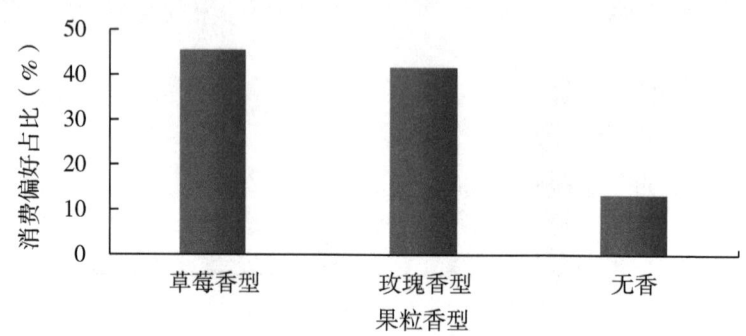

图11-4 消费者对葡萄香型的偏好

进一步分析不同年龄消费者对葡萄香型的偏好，结果发现不同年龄的消费者对葡萄香型的偏好存在差异，如图11-5所示，随着年龄的增长，偏好草莓香型葡萄的消费者比重在逐渐增加，偏好无香葡萄的消费者比重在逐渐减小，偏好玫瑰香型葡萄的消费者比例没有明显变化规律。

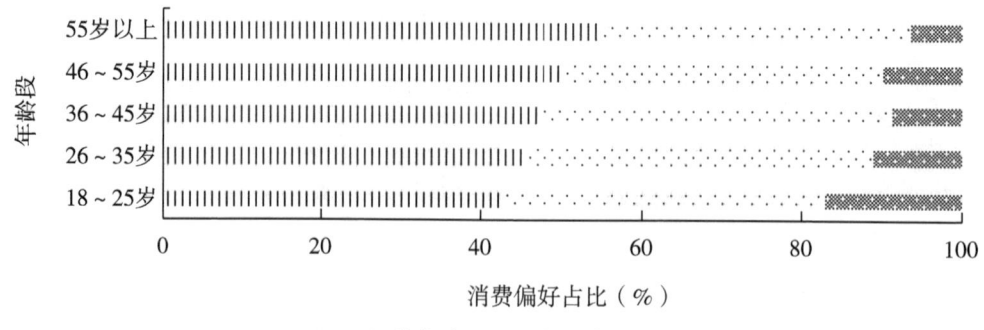

图11-5 不同年龄段消费者对葡萄香型的偏好分布

从对鲜食葡萄香气浓度的喜好来看（图11-6），在偏好带有香味的葡萄的消费者当中，有47.13%的消费者偏好清淡的香气，36.64%的消费者偏好浓郁的香气，还有16.23%的消费者认为葡萄的香气浓度不重要，对他们来说浓郁或清淡的香气都无所谓。

进一步分析不同年龄消费者对葡萄香气浓度的偏好，结果发现不同年龄的消费者对葡萄香气浓度的偏好存在差异，如图11-7所示。随着年龄的增长，偏好具有浓郁香气的葡萄的消费者比重在逐渐减少，偏好具有清淡香气的葡萄的消费者比重在逐渐增大，对葡萄香气浓度无所谓的消费者没有明显的变化规律。

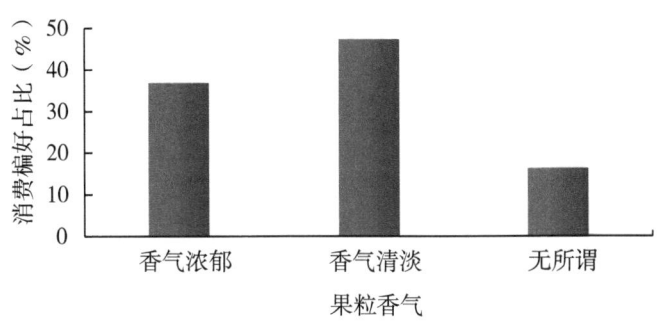

图 11-6　消费者对葡萄香气浓度的偏好

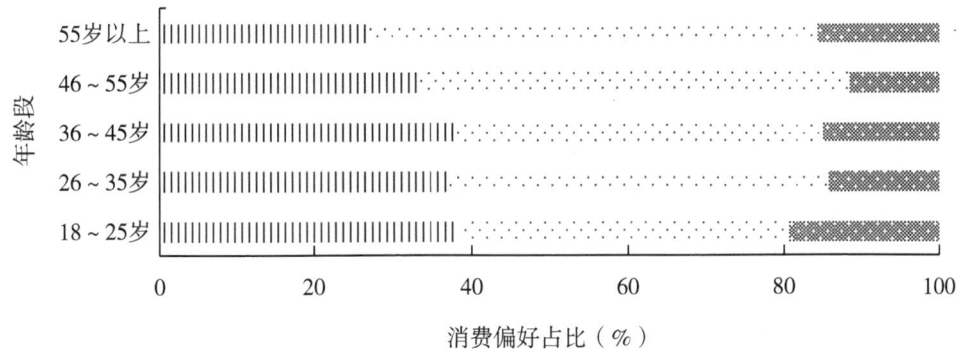

图 11-7　不同年龄段消费者对葡萄香气浓度的偏好分布

进一步分析不同学历消费者对葡萄香气浓度的偏好,结果发现不同学历的消费者对葡萄香气浓度的偏好也存在差异,如图 11-8 所示。学历越高的消费者越偏好具有浓郁香气的葡萄,偏好具有清淡香气的葡萄的消费者比重在逐渐减小,对葡萄香气浓度无所谓的消费者比例没有明显的变化规律。

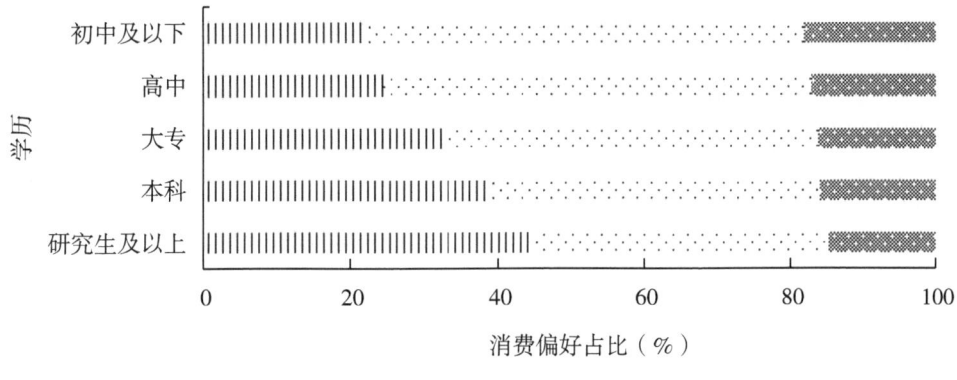

图 11-8　不同学历消费者对葡萄香气浓度的偏好分布

11.2.5 葡萄果肉质地

从消费者对鲜食葡萄的果肉质地偏好来看（图 11-9），消费者对软肉多汁的葡萄接受度最高，占调研样本的比例高达 55.23%；偏好脆肉葡萄的消费者占调研样本的比例为 35.52%；调研样本中对葡萄肉质表示无所谓的消费者占比为 9.25%。

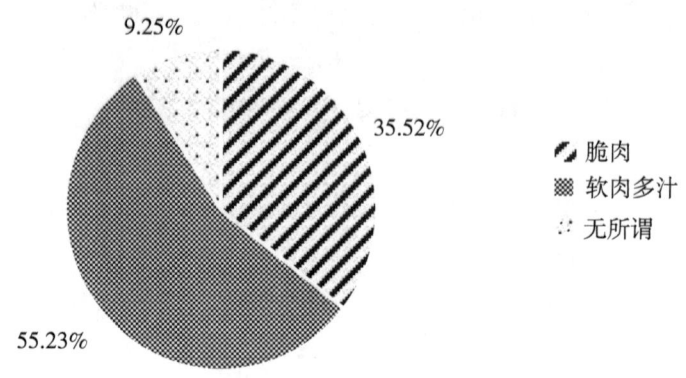

图 11-9 消费者对葡萄肉质的偏好

进一步分析不同年龄消费者对葡萄肉质的偏好，发现不同年龄的消费者对葡萄肉质的偏好存在差异，如图 11-10 所示。随着年龄的增长，偏好软肉多汁的消费者比重在逐渐增加，偏好脆肉葡萄的消费者比重在逐渐减小，对葡萄肉质无所谓的消费者没有明显的变化规律。

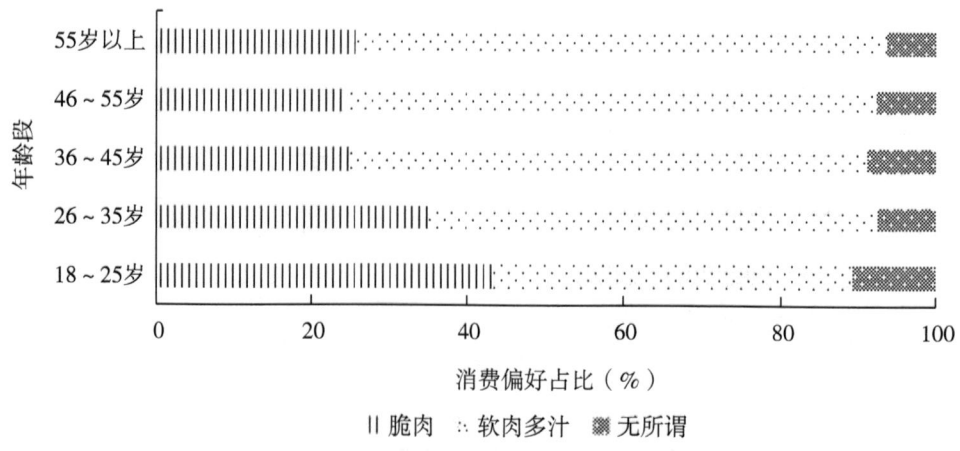

图 11-10 不同年龄段消费者对葡萄肉质的偏好分布

进一步分析不同性别消费者对葡萄果肉质地的偏好，结果发现不同性别的消费者对葡萄肉质的偏好存在差异，如图 11-11 所示。男性消费者更偏好软肉多汁，女性消费者更偏好脆肉，对葡萄肉质持无所谓态度的男、女消费者占比几乎相同。

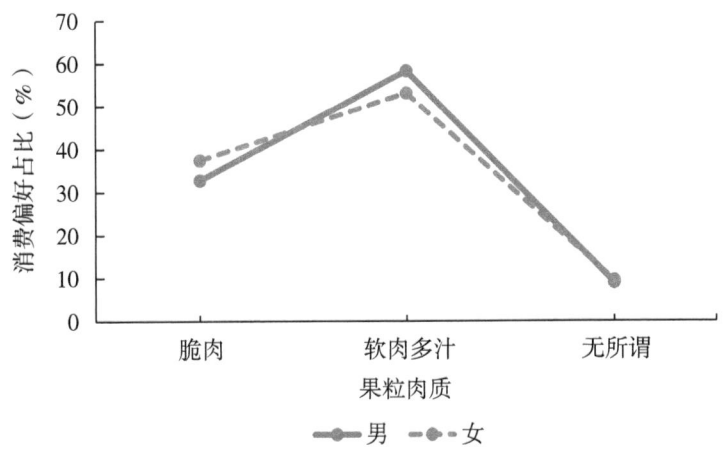

图 11-11 不同性别消费者对葡萄肉质的偏好分布

进一步分析不同价格接受水平的消费者对葡萄果肉质地的偏好，发现不同价格接受度的消费者对葡萄肉质偏好存在差异，如图 11-12 所示。价格接受水平越高的消费者越偏好脆肉葡萄，价格接受度越低的消费者越偏好软肉多汁的葡萄。

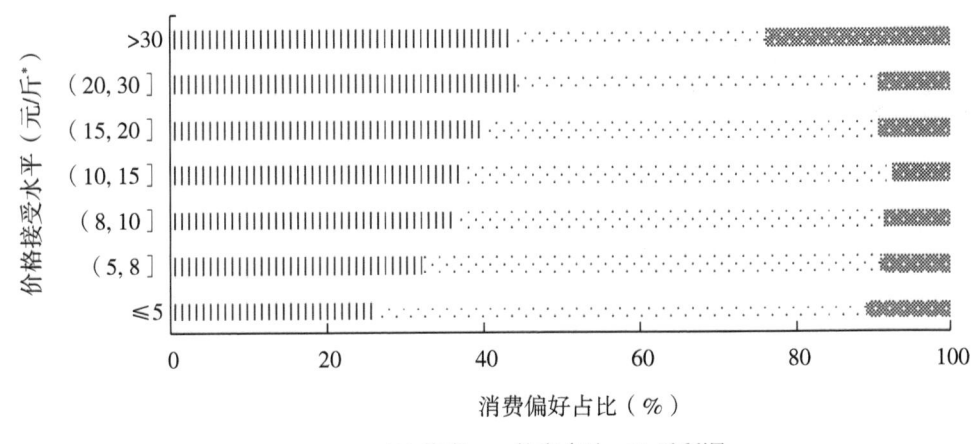

图 11-12 不同消费水平的消费者对葡萄肉质的偏好分布

进一步分析不同葡萄消费频率的消费者对葡萄果肉质地的偏好，结果发现不同消费频率（以年消费量衡量）的消费者对葡萄肉质的偏好存在差异，如图 11-13 所示。消费频率越高的消费者越偏好软肉多汁的葡萄，消费频率越低的消费者越偏好脆肉的葡萄，对葡萄肉质持无所谓态度的消费者比例没有明显的变化规律。

---

* 1 斤 = 0.5 千克，全书同

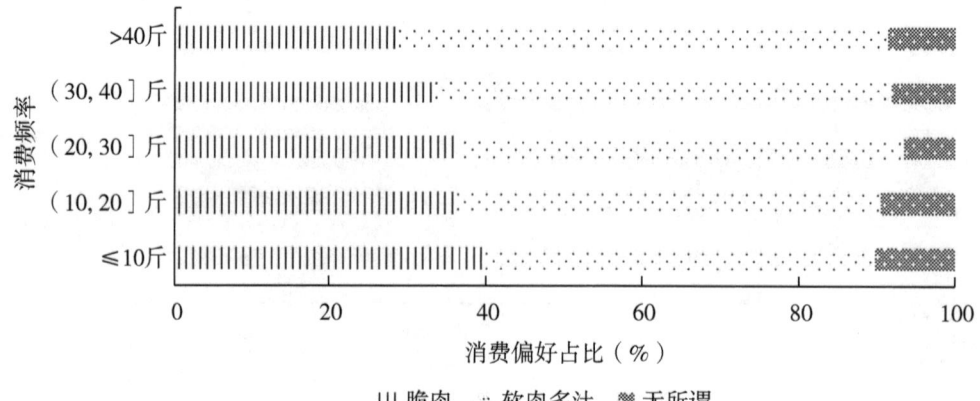

图 11-13　不同消费频率的消费者对葡萄肉质的偏好分布

11.2.6　葡萄口味

从鲜食葡萄的口味偏好来看（图 11-14），样本中偏好甜中带酸（偏甜）葡萄的消费者群体最大，占调研样本的 57.26%；其次是偏好甜味、不带酸葡萄的消费者占调研样本的 32.72%；偏好酸中带甜（偏酸）葡萄的消费者较少，占调研样本的 7.82%；对葡萄口味持无所谓态度的消费者最少，占比约为 2.20%。

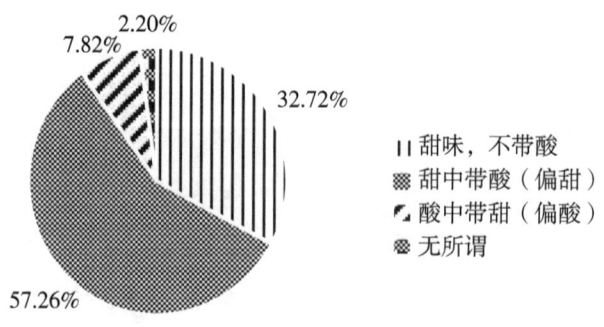

图 11-14　消费者对葡萄口味的偏好

进一步分析不同性别消费者对葡萄口味的偏好，结果发现不同性别消费者对葡萄口味的偏好存在差异，如图 11-15 所示。女性消费者对甜中带酸（偏甜）葡萄偏好程度高于男性消费者，而男性消费者对甜味、不带酸葡萄的偏好程度则高于女性消费者。

11.2.7　葡萄含籽量

从鲜食葡萄的含籽量偏好来看（图 11-16），样本中偏好无籽葡萄的消费者群体最大，占调研样本的 73.68%；其次是对葡萄是否含籽无所谓的消费者群体，占调研样本的 20.05%，偏好有籽葡萄的消费者最少，占比约为 6.27%。

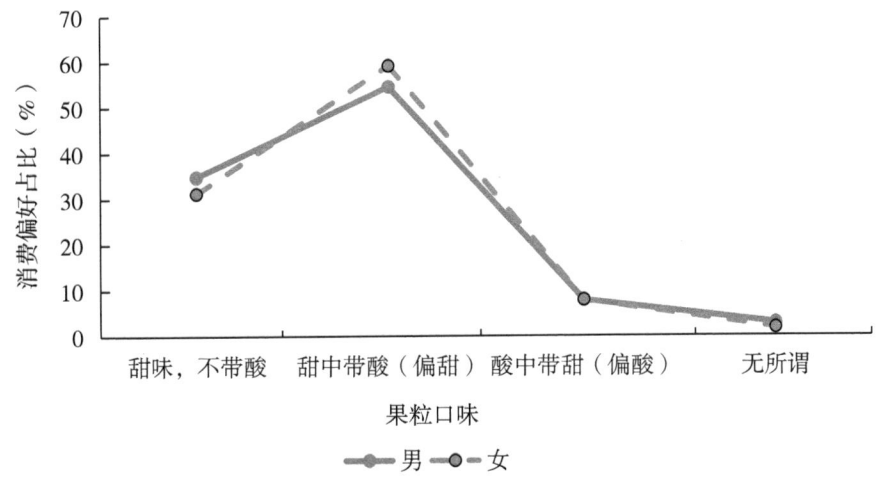

图 11-15 不同性别消费者对葡萄口味的偏好分布

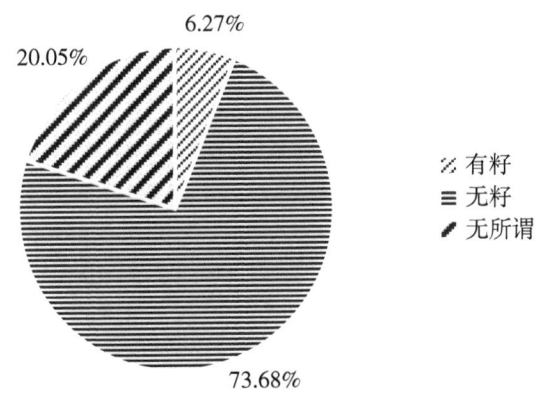

图 11-16 消费者对葡萄含籽量的偏好

进一步分析不同年龄消费者对葡萄含籽量的偏好，结果发现不同年龄消费者对葡萄含籽量的偏好存在差异，如图 11-17 所示。随着年龄的增长，偏好有籽葡萄的消费者比重在逐渐增加，偏好无籽葡萄的消费者比重在逐渐减小，可以看出年轻群体更偏好无籽葡萄，而年长的消费者出于葡萄籽营养价值的认可，对有籽葡萄的接受度更高。对葡萄含籽量无所谓的消费者没有明显的变化规律。

进一步分析不同葡萄消费频率消费者对葡萄含籽量的偏好，结果发现不同消费频率的消费者对葡萄含籽量的偏好存在差异，如图 11-18 所示。消费频率越高的消费者对葡萄含籽量持无所谓态度的占比越多，消费频率越低的消费者偏好无籽葡萄的占比越高，偏好有籽葡萄的消费者没有明显的变化规律。

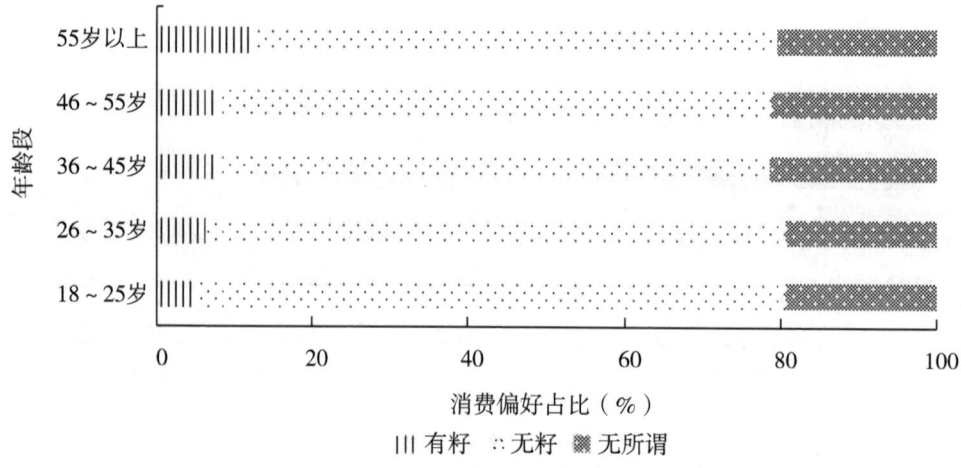

图 11-17 不同年龄段消费者对葡萄肉质的偏好分布

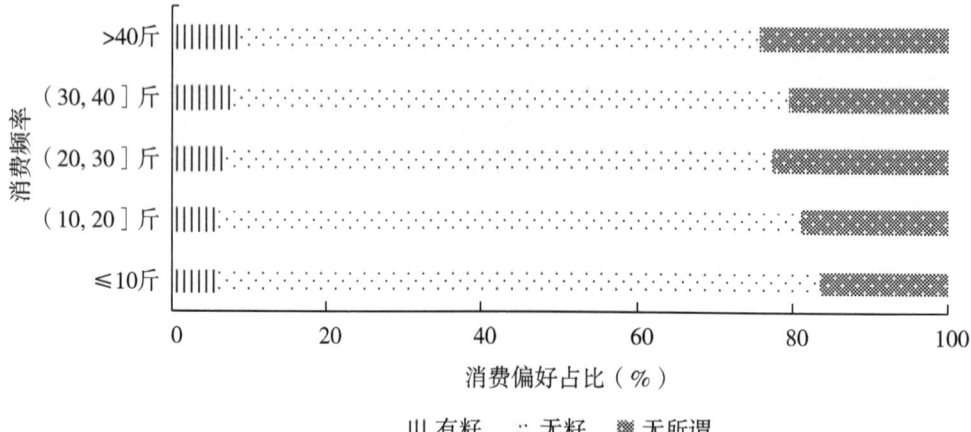

图 11-18 不同消费频率的消费者对葡萄含籽量的偏好分布

11.2.8 葡萄果粉

从鲜食葡萄的果粉偏好来看（图 11-19），样本中偏好薄果粉葡萄的消费者群体最大，占调研样本的 38.60%；其次是对葡萄果粉厚薄无所谓的消费群体，占调研样本的 32.45%；偏好中厚果粉葡萄的消费者群体占调研样本的 21.53%；偏好厚果粉葡萄的消费者最少，占比约为 7.42%。

进一步分析不同性别消费者对葡萄果粉的偏好，结果发现不同性别的消费者对葡萄果粉的偏好存在差异，如图 11-20 所示。偏好厚果粉和中厚果粉的消费者中男性消费者较多，偏好薄果粉和对葡萄果粉无所谓的消费者中女性消费者较多。

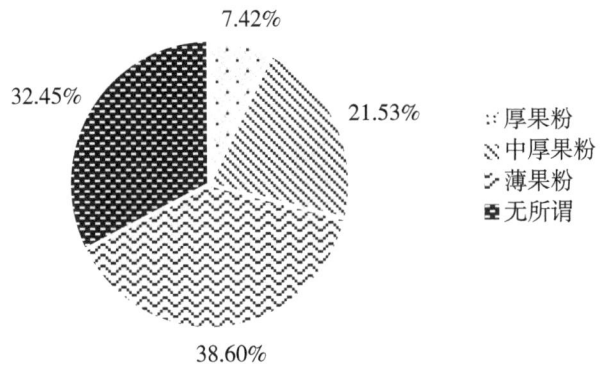

图 11-19 消费者对葡萄果粉的偏好

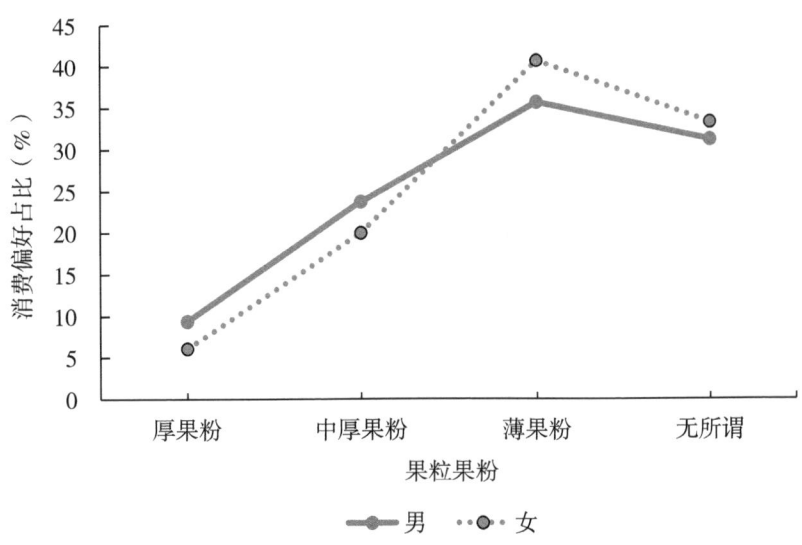

图 11-20 不同性别消费者对葡萄果粉的偏好分布

11.2.9 葡萄剥皮容易程度

从消费者对鲜食葡萄的剥皮容易程度偏好来看（图 11-21），样本中偏好果皮与果肉易分离葡萄的消费者群体最大，占调研样本的 64.55%；其次是对葡萄剥皮容易程度持无所谓态度的消费者群体，占调研样本的 21.28%；偏好果皮与果肉不易分离葡萄的消费者最少，占比约为 14.18%。

进一步分析不同性别消费者对葡萄剥皮容易程度的偏好，结果发现不同性别的消费者对葡萄剥皮容易程度的偏好存在差异，如图 11-22 所示。偏好果皮与果肉易分离葡萄的消费者中女性消费者较多，偏好果皮与果肉不易分离葡萄以及对此持无所谓态度的消费者中男性消费者较多。

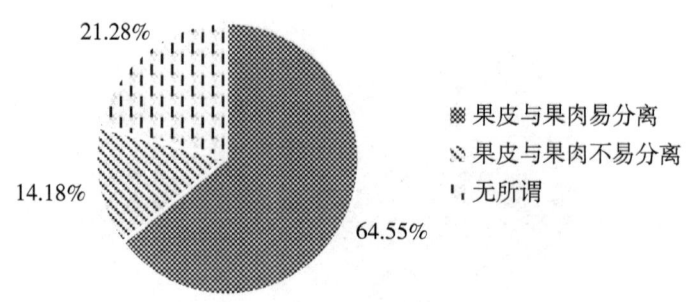

图 11-21　消费者对葡萄果粉的偏好

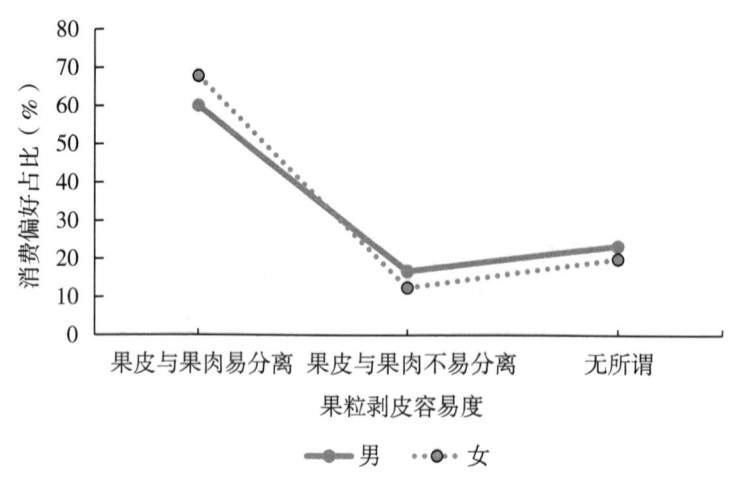

图 11-22　不同性别消费者对葡萄剥皮容易度的偏好分布

11.2.10　消费者对葡萄属性的重视程度

消费者不仅对葡萄各属性的偏好不同,而且对这些属性的重视程度也不同,用极小(1 分)、较小(2 分)、一般(3 分)、较大(4 分)、极大(5 分)来衡量葡萄属性在消费者心中的重要性,根据调研结果统计出消费者对鲜食葡萄各个属性的重视程度,结果如图 11-23 所示。将 10 种属性得分按照高低进行排序,按分值大小分为三类:分值>4.00 的属性,称之为对消费者高关注度属性;分值<3.60 的属性,称为消费者低关注度的属性;而分值介于两者之间的属性称为消费者中等关注度属性。

消费者购买鲜食葡萄时最看重的葡萄属性是肉质和口味,说明在消费者心目中这是最看重的属性,如果这两个属性符合消费者的偏好,消费者极有可能进行购买。

中等关注度的葡萄属性有果粒颜色、果粒大小、剥皮容易度以及含籽量等,说明消费者对葡萄的外观以及是否方便食用较为看重,根据统计结果可以看出,颜色鲜艳、大小适中、易剥皮且无籽的的葡萄更受消费者青睐,因此这四个属性也是消费者较为看重的购买因素。

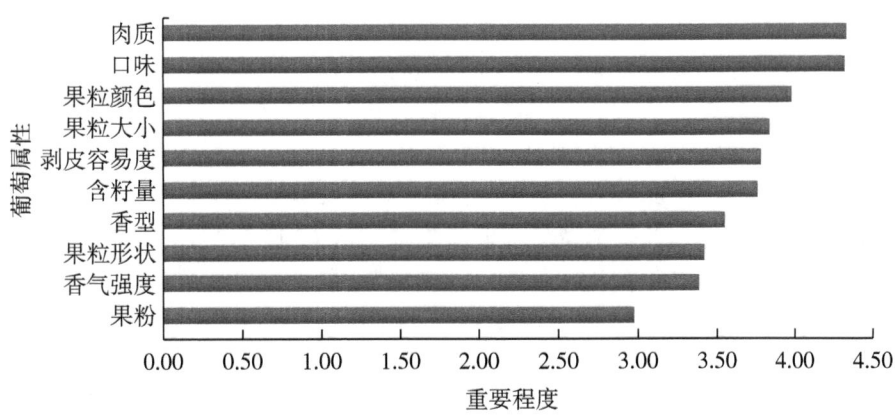

图 11-23 消费者偏好葡萄属性的重要性

消费者相对不关注的鲜食葡萄属性有香型、果粒形状、香气强度和果粉等，说明消费者对葡萄果粒是否含有香味以及香味的类型并不太感兴趣。此外，葡萄果粒的形状与果粉厚薄也不是消费者在购买葡萄时重点考虑的属性。

11.2.11 消费者购买鲜食葡萄的影响因素

通过试调研和对相关资料的梳理，本研究将影响消费者购买鲜食葡萄的因素依次分为价格、新鲜度、包装、品质、品种、销售环境、有无公害/绿色认证、品牌、产地、能否追溯种植信息等，共10种因素。用极小（1分）、较小（2分）、一般（3分）、较大（4分）、极大（5分）来表示影响程度，消费者对影响自己购买葡萄的各个因素影响程度打分，根据调研结果统计出消费者购买鲜食葡萄的主要因素结果如图11-24所示。将10种影响因素的得分按照高低进行排序，按分值大小分为三类：分值>3.90的因素，称之为消费者购买鲜食葡萄的高影响力因素；分值<3.00的因素，称为消费者购买葡萄的低影响力因素；而分值介于两者之间的因素称为消费者购买鲜食葡萄的中等影响力因素。

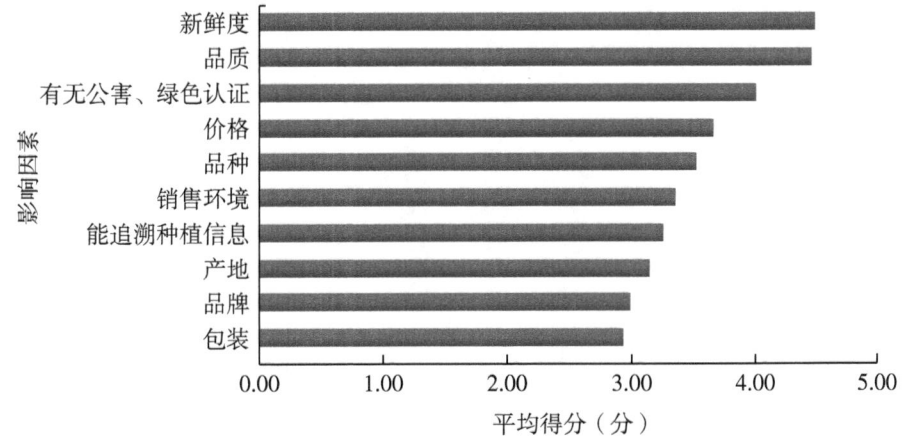

图 11-24 影响消费者购买葡萄的因素

对消费者购买鲜食葡萄影响力高的因素为新鲜度、品质、无公害/绿色认证因素等，反映出中国消费者在购买鲜食葡萄时对葡萄质量的重视程度，更新鲜、更高品质的葡萄口感也更好，食用起来安全放心；同样，消费者更倾向于选择无公害和绿色认证的葡萄，这是对葡萄食品安全的保障，反映出消费者对食品安全的重视。

对消费者购买鲜食葡萄影响力中等的因素主要有价格、品种、销售环境、能否追溯种植信息与产地因素等。较多消费者在购买葡萄时认为价格对他们选择葡萄有较大影响；不同品种的葡萄酸甜度、口感不同，部分消费者对于葡萄的口感追求不同，因此他们对葡萄的品种也比较重视。另外，鲜食葡萄的销售环境也是部分消费者在购买葡萄的参考因素，较差的销售环境也会影响他们购买葡萄的心情，也会加速葡萄的变质腐烂；能否追溯种植信息可以为消费者提供保障，相较于未知种植信息的葡萄食用起来更安心，因此也是一个较为重要的因素。

对消费者购买鲜食葡萄影响力较低的因素包括品牌与包装因素。消费者认为品牌并不是很重要，这是因为鲜食葡萄产业品牌建设相对滞后，多数消费者并不了解葡萄品牌；另外，鲜食葡萄的包装对于多数消费者选择葡萄的影响不大，这应该跟大部分在售葡萄包装较为类似、雷同有关，消费者不认为包装能反映葡萄品质的差异。

11.3 消费者对鲜食葡萄外部属性的偏好

对消费者关于葡萄外部属性的偏好进行了调研，鲜食葡萄的外部属性主要包括葡萄价格（元/斤）、葡萄单穗重（斤/串）和葡萄紧密度 3 个属性。

11.3.1 葡萄价格

消费者对葡萄价格的偏好统计结果如图 11-25 所示，可以看出购买 8~10 元/斤葡萄的消费者最多，占调研样本的 27.22%；其次 5~8 元/斤、10~15 元/斤的葡萄也有较多消费者购买；购买较高价格与较低价格的消费者较少，总体来看消费者购买葡萄的价格比较集中，反映出定位为大众消费的鲜食葡萄定价不宜过高，同时，如果品质太差，价格太低也不会得到消费者认可。

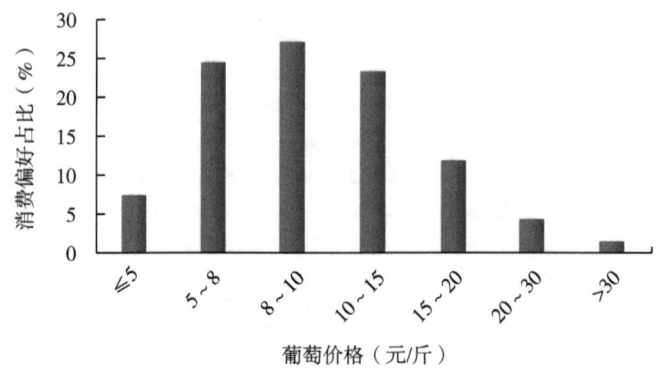

图 11-25 消费者对葡萄价格的偏好

进一步分析不同年龄消费者对葡萄价格的偏好，发现不同年龄的消费者对葡萄价格的偏好存在差异，如图 11-26 所示。25~35 岁年龄段消费者购买高价葡萄的比例最多，反映出年轻消费者购买高价葡萄的比例较多，购买低价葡萄的比例较小；中老年消费者购买低价或平价葡萄的占比较多。以上结果说明年轻群体的消费观念中并不一味追求低价，比中老年消费者对于高价葡萄的接受程度更高。

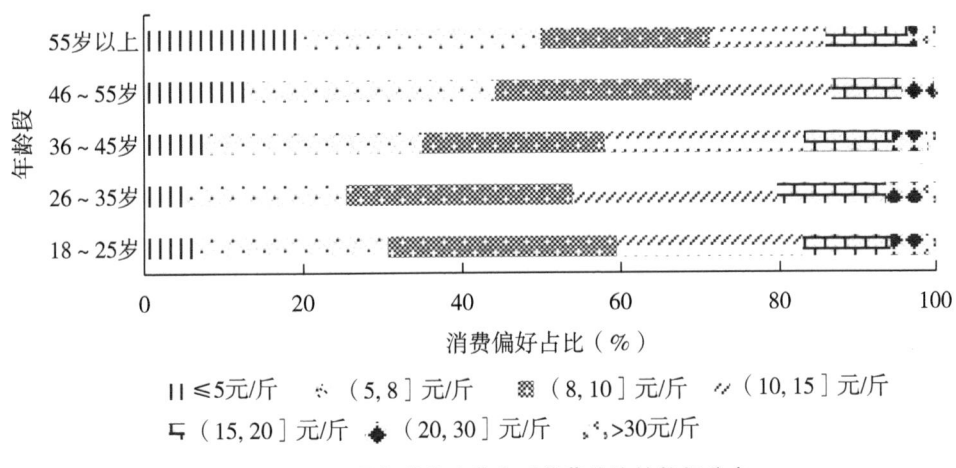

图 11-26　不同年龄段消费者对葡萄价格的偏好分布

进一步分析不同学历消费者对葡萄价格的偏好，结果发现不同学历的消费者对葡萄价格的偏好存在差异，如图 11-27 所示。可以看出初中及以下的低学历群体购买低价葡萄的比例最高，随着学历的升高，消费者购买高价葡萄的比例也在不断增大。原因应该是低学历人群收入水平相对更低，购买力有限，同时高学历人群对营养、品质更加注重，愿意为高品质、高价格的葡萄买单。

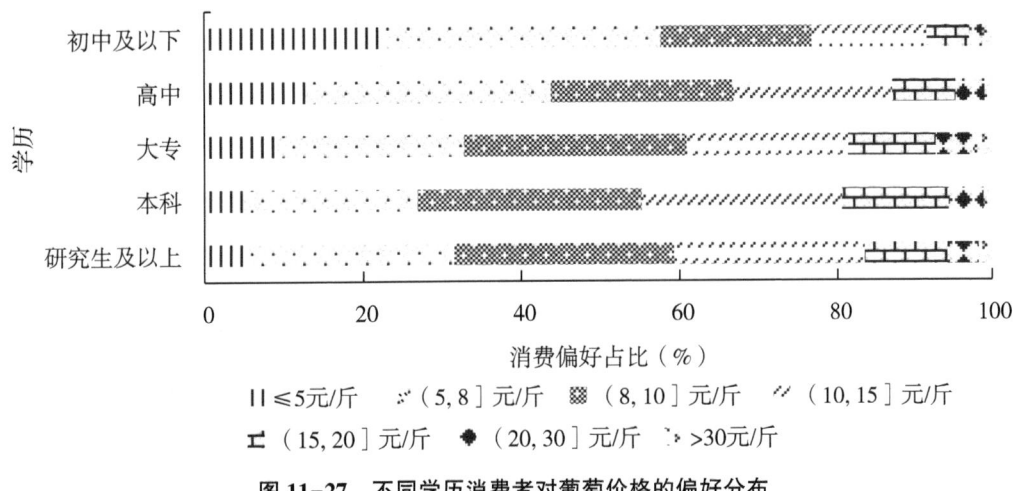

图 11-27　不同学历消费者对葡萄价格的偏好分布

进一步分析不同收入水平的消费者对葡萄价格的偏好，结果发现不同收入的消费者对葡萄价格的偏好存在差异，如图 11-28 所示。月收入越高的消费者对高价葡萄的购买能力越强，月收入越低的消费者越倾向于购买低价葡萄。收入水平决定购买力，这在葡萄消费中也得以体现。但是，即使在高收入消费者群体中，对30元/斤的高价葡萄的接受度也并不高，这提示产业从业人员要对葡萄定价保持理智，可以追求优质优价，但不能让葡萄价格太脱离大众消费者的接受度，不做"水果刺客"。

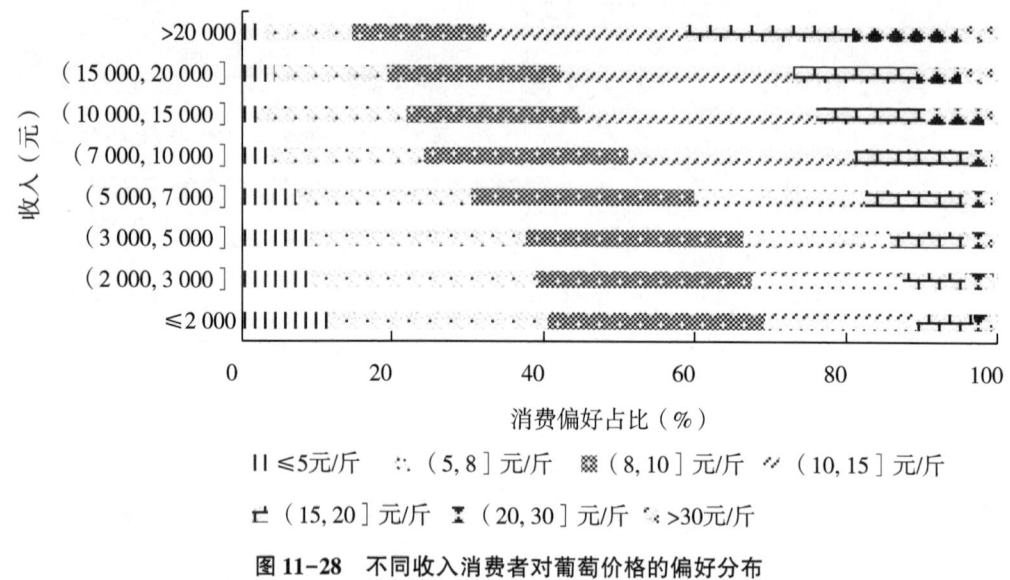

图11-28　不同收入消费者对葡萄价格的偏好分布

11.3.2　葡萄单穗重

消费者对葡萄单穗重的偏好统计结果如图11-29所示，可以看出购买1.0~1.5斤/串葡萄的消费者最多，占调研样本的42.78%；其次是1.5~2.0斤/串、2.0~2.5斤/串、≤1.0斤/串和2.5~3.0斤/串，分别占调研样本的34.67%、11.49%、7.05%和2.54%；购买3.0斤/串以上的大串葡萄的消费者占比最少，约为1.46%。可以看出，中等偏小重量的葡萄单穗最受广大消费者喜爱，葡萄单穗重不宜过大。

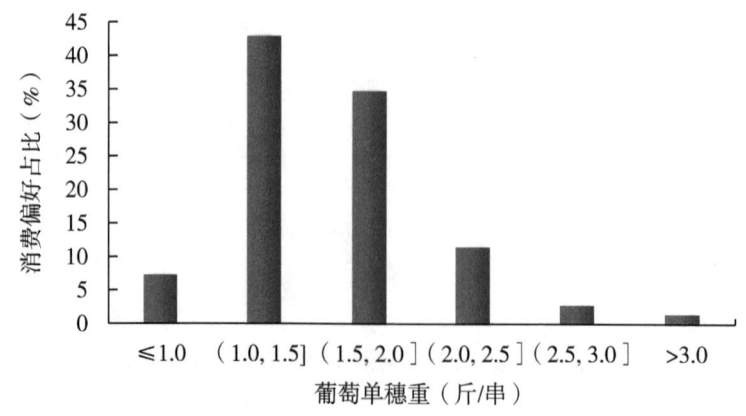

图11-29　消费者对葡萄单穗重的偏好

进一步分析不同葡萄消费频率的消费者对葡萄单穗重的偏好，结果发现不同消费频率的消费者对葡萄单穗重的偏好存在差异，如图 11-30 所示。在葡萄年食用量超过 40 斤的高消费量群体和 20 斤以下的低消费量群体中，明显更偏好 1.0~1.5 斤/串的小穗葡萄，而在其他消费群体中，对 1.0~1.5 斤/串和 1.5~2.0 斤/串的偏好度相当。

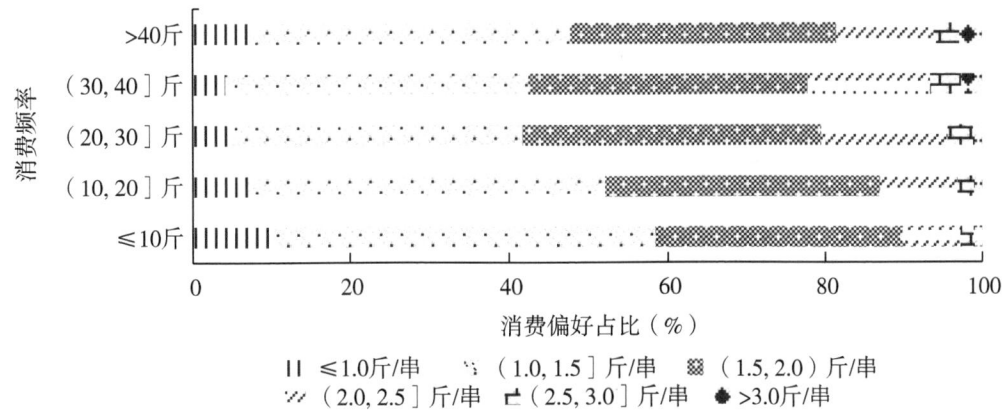

图 11-30 不同消费频率的消费者对葡萄单穗重的偏好分布

11.3.3 葡萄果穗紧密度

消费者对葡萄紧密度的偏好统计结果如图 11-31 所示，可以看出偏好适度松散型葡萄果穗的消费者最多，占比 52.29%，其次是紧凑型，占比为 39.75%，偏好松散型的消费者较少，占比为 5.90%，占比最少的为其他类型的紧密度，约为 2.06%。可见广大消费者对果穗紧凑和适度松散型的葡萄接受度较高。

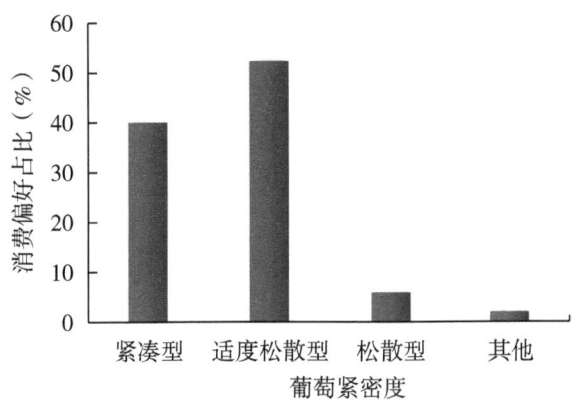

图 11-31 消费者对葡萄紧密度的偏好

进一步分析不同年龄消费者对葡萄紧密度的偏好，结果如图 11-32 所示。越年轻的消费者越偏好紧凑型的葡萄，年龄越大的消费者越偏好松散型的葡萄。

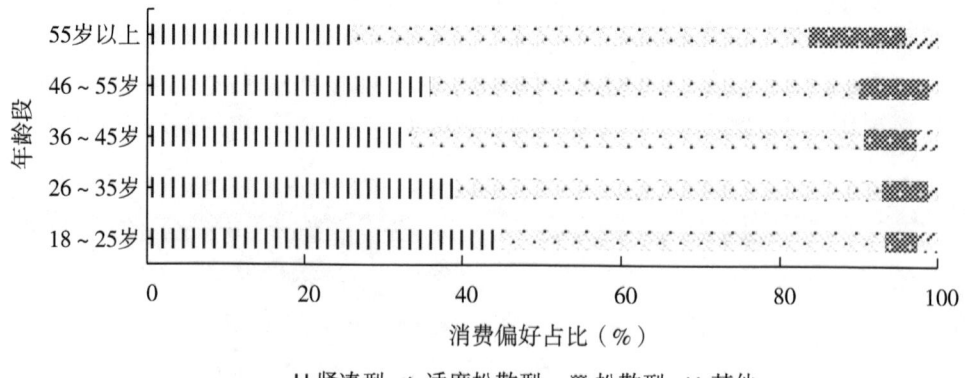

图 11-32　不同年龄段消费者对葡萄紧密度的偏好分布

进一步分析不同葡萄消费频率消费者对葡萄紧密度的偏好，结果发现不同消费频率的消费者对葡萄紧密度的偏好存在差异，如图 11-33 所示。消费频率越高的消费者越偏好松散型的葡萄，消费频率越低的消费者越偏好紧凑型的葡萄。

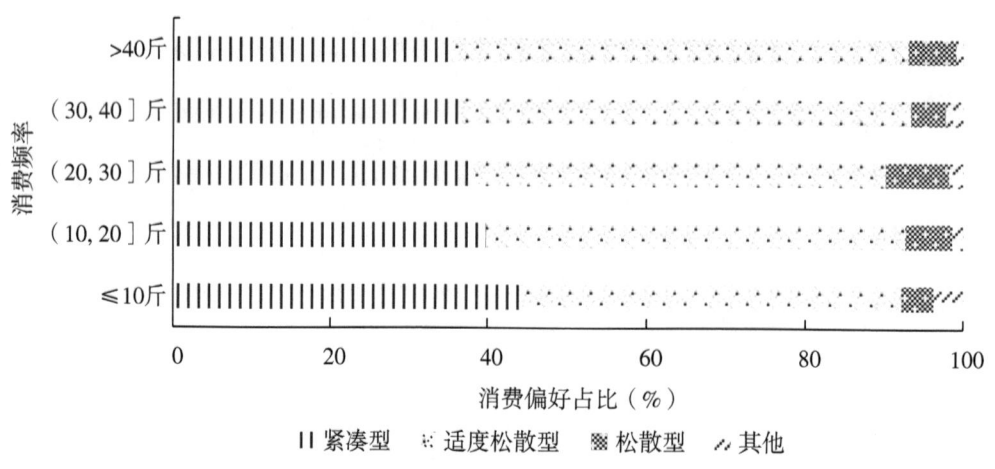

图 11-33　不同消费频率的消费者对葡萄紧密度的偏好分布

11.4　消费者购买鲜食葡萄的渠道偏好及影响因素

11.4.1　消费者购买鲜食葡萄的渠道偏好

参考商务部（MOC）于 2004 年发布的新零售业态分类标准对线下渠道进行划分（GB/T 18106—2004），该标准从 2004 年 6 月起作为国家标准开始实施，并沿用至今。针对标准中所列举的渠道进行了线下实地探访，删除了不出售或很少出售鲜食葡萄的渠道，问卷中涉及的线下渠道主要有流动商贩/水果商、农贸市场/菜市场、水果专卖店/小超市、大型超市、葡萄园采摘 6 类。

对于线上渠道，消费者经常接触的销售模式是在网络平台上挑选鲜食葡萄并在线支付、商品线下配送，能够节省消费者购物时间，此类销售模式主要分为综合电商（全品类产品销售平台，如淘宝、京东、拼多多、大型超市的线上下单外送平台等）与垂直型电商（生鲜销售平台，如每日优鲜）。

以小红书、今日头条为首的社交电商平台如雨后春笋般出现，用户群体越来越多，这类社交平台主要采用用户生成的内容作为营销和宣传工具，将这类平台归纳为社交分享平台。微信朋友圈和社区/社群团购等也属于社交分享类电商平台。

电商直播作为一种新的网络销售方式，在中国呈现爆炸式发展，它可以更全面高效地展示商品，目前代表性的平台有抖音和快手直播，将这种渠道称为短视频与直播平台。

综上所述，本研究将消费者购买鲜食葡萄的常见渠道总共划分为14种类型，消费者对这14个鲜食葡萄的购买渠道选择偏好如图11-34所示。消费者接受程度最高的渠道是水果专卖店/小超市，占比为77.06%；接受程度较高的渠道有大型超市、农贸市场/菜市场、流动商贩/水果摊等传统线下销售渠道，占比分别为68.6%、63.30%和60.96%；接受程度一般的渠道主要有水果批发市场、葡萄园采摘、淘宝/京东等综合电商平台、每日优鲜等生鲜电商平台、大型超市的线上下单外送平台，占比分别为36.91%、25.72%、17.67%、16.79%、10.82%；消费者对其他社交分享平台的接受程度较低，鲜食葡萄在这些渠道中也不是主要销售产品。

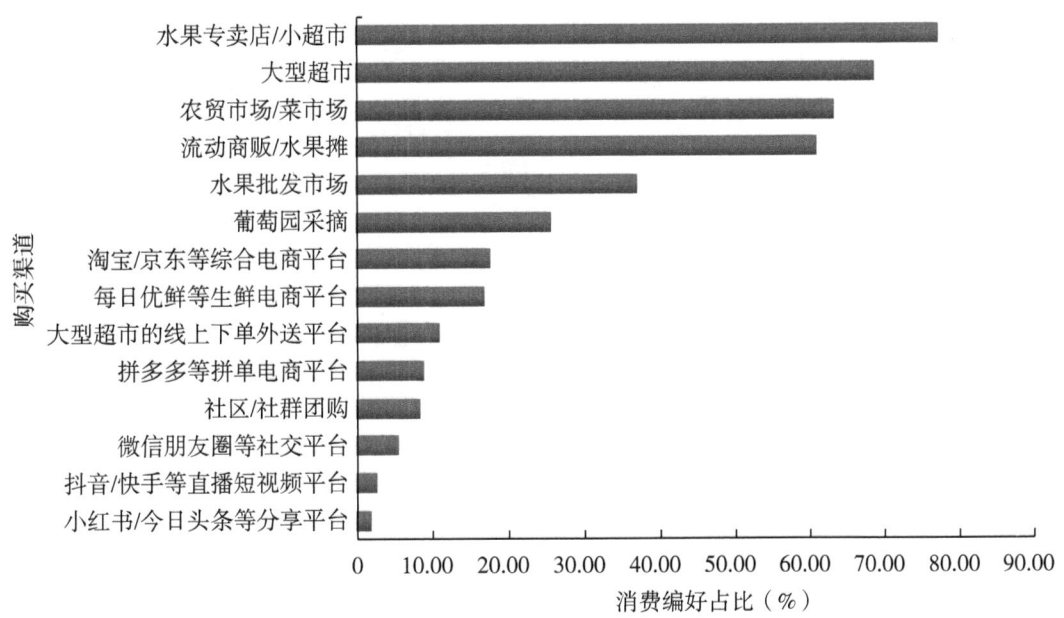

图 11-34　消费者购买鲜食葡萄的渠道选择偏好

为了进一步探索影响消费者选择购买渠道的因素，从价格、便利性、质量、互动性等几个方面，针对每个渠道分别调研了消费者选择该购买渠道的原因。从图11-35可以看出，消费者进行渠道选择时，最看重的因素是购买方便，并且认为流动商贩/

水果摊、大型超市的线上下单外送平台在便利度上远优于其他购买渠道，因此，若消费者注重购买便利度，则可以优先考虑通过该类渠道选购鲜食葡萄。次重要的因素是质量好，大多消费者认为葡萄园采摘的鲜食葡萄质量优于其他渠道销售的鲜食葡萄。因此，如果消费者对鲜食葡萄的质量有特别高的要求，可以在葡萄园进行采摘。第三看重的因素为价格低，多数消费者认为鲜食葡萄作为日常食用的水果种类价格不宜偏高，拼多多等拼单电商平台的价格最低，因此，价格敏感型消费者则会选择在拼多多上购买鲜食葡萄。

消费者认为大型超市的品种更为齐全，追求品种多样性的消费者更趋向于去大型超市进行选购；在广告宣传上，认为抖音/快手做的最好，因而受广告因素影响在这类平台上购买；就亲友推荐而言，消费者认为朋友圈推荐的葡萄更值得信任，说明通过亲戚朋友的宣传能够极大地促进消费；在互动上，消费者普遍认为抖音以及快手等直播平台的互动性更强，消费者的体验更好；在服务上，消费者认为大型超市的线上下单外送平台服务更加周到，购物体验更好。

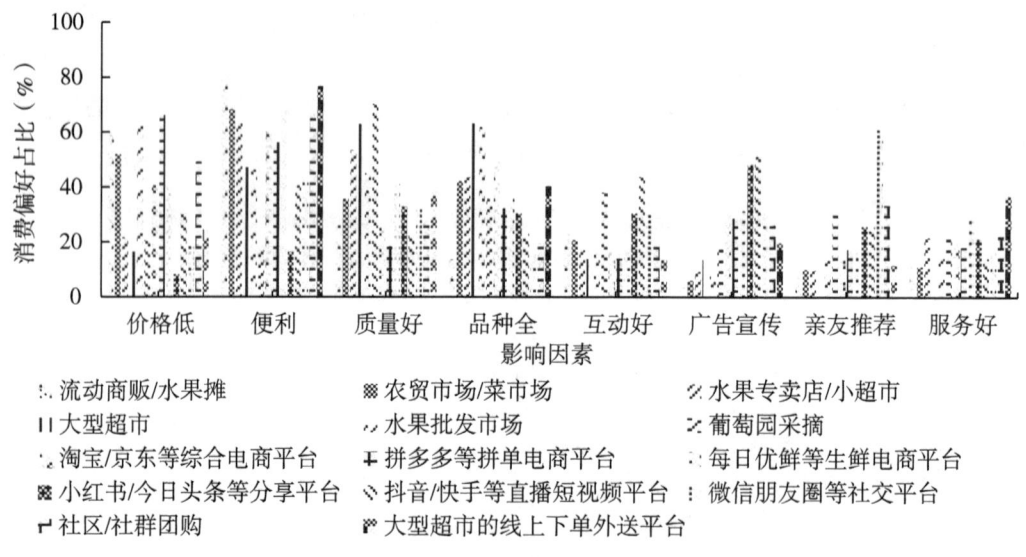

图 11-35 消费者购买鲜食葡萄渠道偏好的主要影响因素

综上，对于鲜食葡萄的企业营销团队来说，可以根据自己的企业特色，客观评价自己产品的优势与劣势，在销售渠道上合理布局，最大化自己的资源利用情况。

11.4.2 不同消费者购买鲜食葡萄的渠道偏好差异

不同年龄阶段的消费者购买鲜食葡萄的渠道选择偏好表现出差异性（图 11-36）。随着消费群体年龄的增长，传统线下购买渠道诸如流动商贩/水果摊、农贸市场/菜市场、水果专卖店/小超市、大型超市的选择比例呈现明显先下降后上升的趋势；36~45 岁消费者更偏好网购渠道，如综合淘宝、抖音等；46~55 岁群体对葡萄园采摘这一渠道的偏好明显高于其他年龄群体。

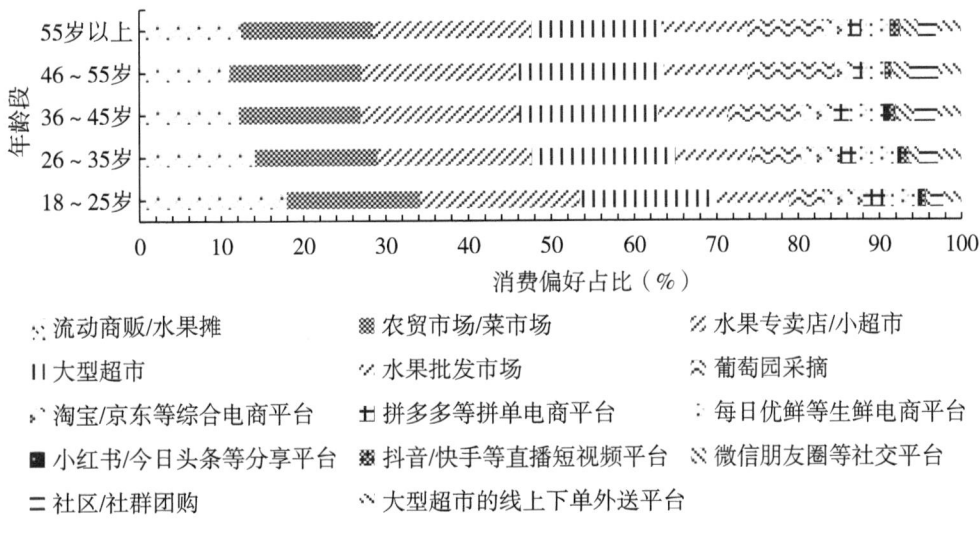

图 11-36 不同年龄消费者购买鲜食葡萄的渠道偏好

不同收入的消费者对鲜食葡萄购买渠道偏好表现出一定的差异（图 11-37）。收入越高的消费者越倾向于采用线上渠道购买葡萄，收入越低的消费者越倾向于采用线下的传统方式和社区分享平台购买葡萄。

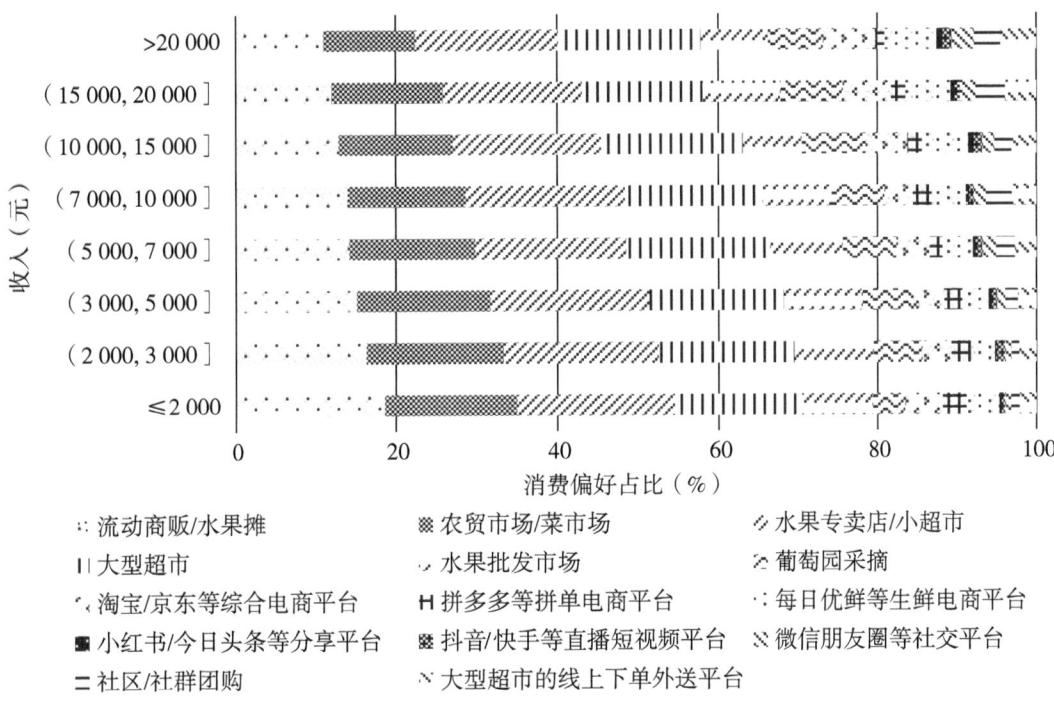

图 11-37 不同收入消费者购买鲜食葡萄的渠道偏好

综上所述，伴随着中国电子商务的进一步普及和深入，消费者对于电商平台尤其是规模庞大的综合电商平台的偏好度提升显著，但消费者接受度最高的渠道仍然是流动商贩/水果摊、农贸市场/菜市场、水果专卖店/小超市、大型超市这四类传统的鲜食葡萄销售渠道。新兴流通渠道的发展还需要加强。

第 12 章 面向混合数据集的鲜食葡萄消费市场细分

市场细分是基于客户需求的异质性和企业需要在有限资源的基础上进行有效的市场竞争，根据客户的属性、行为、需求、偏好以及价值观等因素对客户进行细分，并提供有针对性的产品、服务和销售模式。不同的客户细分会产生不同的客户类别，传统方法主要基于客户人口统计学特征来描述数据，但不能准确预测客户类别之间深层次的消费偏好，很难满足面向混合数据集的鲜食葡萄客户细分准确度需求。实际应用中，真实调研数据包含了多种数据类型，而且特征之间的重要程度往往不同。聚类分析是一种强有力的信息处理方法，能够对数据集进行细分并从数据对象的特征数据中发掘出有价值的信息。因此，采用聚类算法构建面向混合数据集的鲜食葡萄客户细分具有重要的研究价值。

本章首先介绍鲜食葡萄消费者细分的问题背景和数据来源，其次阐述了市场细分的算法及流程，最后分析了算法运行结果及基于改进算法的鲜食葡萄消费市场细分结果。

12.1 问题与数据

12.1.1 问题的提出

每个鲜食葡萄消费者/客户都是独特的个体，具有异质性。影响鲜食葡萄客户对产品偏好的因素较为复杂，包括鲜食葡萄客户基本信息、消费价值观、产品价格和属性偏好等。其中鲜食葡萄客户的内在属性，如鲜食葡萄客户的消费价值观和客户基本信息构成了既包含数值型又包含分类型的混合型数据集，如表 12-1 所示。

表 12-1 基于鲜食葡萄客户消费价值观和客户基本信息的混合数据描述

数据维度	客户与产品特征指标	数据类型
客户消费价值观	消费者对产地、外观新鲜度、有无包装、品尝体验、是否新品种、香气口感、品质是否稳定、有无残次果、包装精美、购买环境的卫生条件、品牌产品、无公害绿色认证、可追溯性、冷链保鲜的重要度评价（后续建模依次按照 a、b……n 编号）	数值型变量

(续表)

数据维度	客户与产品特征指标	数据类型
客户基本信息	年龄、文化水平、家庭人口数、家庭人均月收入、城市等级	有序型分类变量
	性别、职业性质	名义型分类变量

表 12-1 中,鲜食葡萄客户消费价值观,如对产地、外观新鲜度、有无包装、品尝体验等的重要度评价为数值型变量;客户基本信息,如性别、职业性质为名义型分类变量;关于年龄、文化水平、家庭人口数、家庭人均月收入、城市等级为有序型分类变量,这些因素指标在赋值时具有混合数据的特点。针对构建的鲜食葡萄客户对产品偏好数据集具有混合数据特点,传统的统计学分析方法很难准确地进行客户细分。在机器学习算法中,聚类分析常用于客户细分任务的研究。其中,K-means 算法易于理解、收敛速度快,是非常典型的基于划分聚类算法。然而,K-means 算法在实际应用中存在以下不足:初始簇中心的选取可能会导致聚类结果存在无解或陷入局部极值;计算数据对象之间相异性时,该算法只能聚类数值型数据,不能处理混合型数据,而且没有对特征的重要程度加以平衡。

本章首先针对 K-means 算法过度依赖初始簇中心,从自适应参数和量子行为两个方面对 PSO 算法进行改进;然后针对 K-means 算法不能处理混合型数据,提出基于混合属性相异性度量和特征加权鲜食葡萄客户细分模型;最后基于改进 PSO 和混合特征加权 K-means 算法的鲜食葡萄客户细分结果进行分析。

12.1.2 数据来源与分析

研究团队在我国开展了鲜食葡萄消费者对葡萄产品的偏好调研,调研内容主要包括鲜食葡萄客户消费价值观、价格偏好、属性偏好、客户基本信息。经过对调研数据的清洗工作,最终获得有效数据量为 3 230(占 88.445%)。为了分析实证数据的可靠性和稳定性,需要对调研数据中的量表题进行信度和效度分析。信度分析验证设计问卷是否可靠,调研题目之间是否具有良好的相关性,是否可靠等。效度分析主要是检验调研内容与研究目的是否一致。信度检验采用可靠性检验,基于克隆巴赫系数的调研数据信度检验结果如表 12-2。效度分析采用探索性因子分析,对量表数据进行效度检验结果如表 12-3。

表 12-2 鲜食葡萄客户对产品偏好数据的信度检验结果

问卷维度	题目数量	数据类型	克隆巴赫系数	基于标准化的克隆巴赫系数
鲜食葡萄客户消费价值观与价格偏好	15	量表	0.786	0.785
鲜食葡萄属性偏好	9	量表	0.728	0.733
鲜食葡萄客户基本信息	7	非量表	——	

表 12-3　鲜食葡萄客户对产品偏好数据的效度检验结果

项目		数值
取样足够的 KMO 度量		0.631
巴特利球形检验	近似卡方	4 934.823
	自由度	595
	显著性	0.000

克隆巴赫系数的取值范围在 0~1 之间，越接近 1，就说明可靠性越高。从表 12-2 中可以看出，实证数据集信度分析较好。效度检验的 KMO 系数为 0.631，巴特利球形检验的显著性小于 0.05，说明问卷具有较好的结构效度。

在鲜食葡萄客户细分实际应用中，不需要对全部的特征属性进行分析。在分析鲜食葡萄客户对产品偏好数据特征的基础上，发现客户细分主要关注客户消费价值观（如对产品外观、品质、质量安全性等的重要性评价）与客户基本信息。鲜食葡萄客户基本信息特征描述为：男女比例基本平衡；年龄分布与统计年鉴数据近似；受教育程度总体分布偏高；职业性质以公司/企业职员为主；家庭规模以 3~4 人为主；家庭人均月收入水平分布以 3001~5000 元为中心向两侧递减；客户所在的城市等级分布偏向于发展水平相对较高的城市。

为了选取有价值的特征进行鲜食葡萄客户细分建模，首先需要分析数值型变量之间的相关性，表 12-4 为数值型变量之间的 Pearson 相关性。K-means 算法中包含的聚类变量通常是没有强线性相关的数值型变量，客户细分应用中涉及的数值型变量相关性关系图中可以看出："a（产地）、d（品尝体验）、e（是否新品种）"，"f（香气口感）、g（品质是否稳定）、h（有无残次果）、b（外观新鲜度）"，"i（包装精美）、j（购买环境的卫生条件）、c（有无包装）"和"m（可追溯性）、n（冷链保鲜）、l（无公害绿色认证）、k（品牌产品）"之间存在线性相关性，且这些变量是显著相关的，这将影响最终的聚类效果。因此，可以提取新的变量来代替原来的数值型变量，并赋予各自实际的意义。因子分析是特征提取技术，提取的公因子比其他特征提取方法具有更高的可解释性。采用因子分析后，确定了 4 个综合指标并分别命名为外在附加条件、品质特征、包装卫生条件、质量安全属性，如图 12-1 所示。

12.2　混合属性的 K-means 相异性度量和特征加权

在鲜食葡萄客户细分中，核心思想是基于距离来度量客户之间的相似度，使同一类别的客户在消费特征上具有较大的相似度。K-means 算法广泛地应用于客户细分研究领域，通过划分簇中心的方式不断迭代最优聚类结果。K-means 算法的定义如公式（12-1），聚类质量通常采用数据对象的类内误差平方和来表示（Sum of the Distances，SD）。

表 12-4 数值型特征变量的相关系数

	a	b	c	d	e	f	g	h	i	j	k	l	m
b	0.211**												
c	0.165**	-0.002											
d	0.104**	0.265**	0.149**										
e	0.052*	-0.005	0.378**	0.113**									
f	0.209**	0.414**	0.015	0.225**	-0.05**								
g	0.159**	0.407**	0.071**	0.229**	0.021	0.567**							
h	0.098**	0.408**	0.031	0.220**	0.006	0.432**	0.520**						
i	0.062**	-0.011	0.467**	0.121**	0.281**	0.115**	0.177**	0.113**					
j	0.025	0.079**	0.355**	0.151**	0.218**	0.193**	0.220**	0.189**	0.597**				
k	0.037*	0.193**	0.221**	0.152**	0.209**	0.223**	0.334**	0.266**	0.362**	0.454**			
l	-0.002	0.278**	0.109**	0.168**	0.132**	0.249**	0.323**	0.298**	0.180**	0.278**	0.489**		
m	0.026	0.117**	0.226**	0.149**	0.275**	0.131**	0.194**	0.132**	0.387**	0.392**	0.431**	0.367**	
n	0.056**	0.135**	0.210**	0.152**	0.249**	0.156**	0.219**	0.165**	0.360**	0.377**	0.410**	0.335**	0.589**

注：* 表示在 0.05 水平上存在显著相关，** 表示在 0.01 水平上存在显著相关。

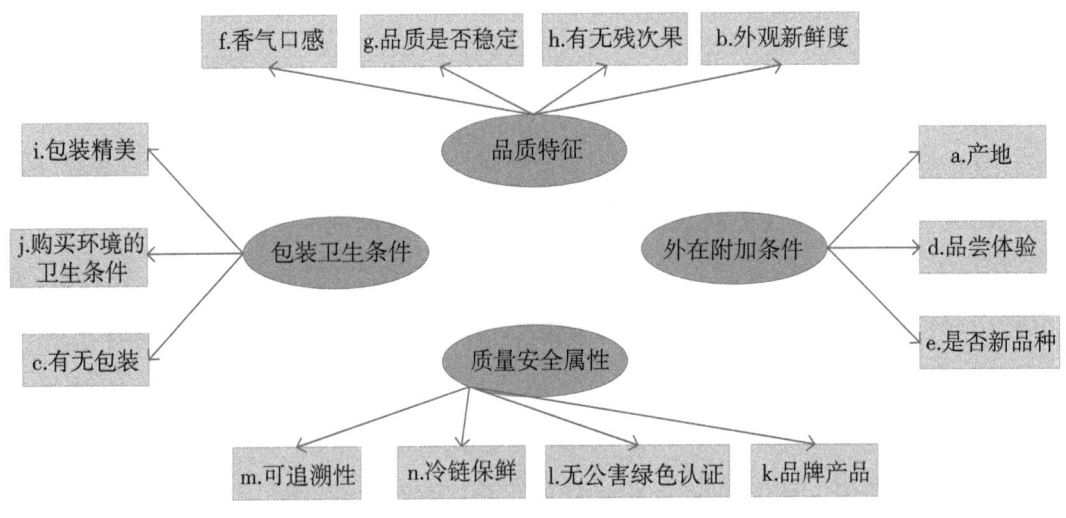

图 12-1 数值型特征变量的因子载荷

$$SD = \sum_{j=1}^{K} \sum_{o \in C_j} dist(o, e_j) \qquad 公式（12-1）$$

$$e_j = \frac{1}{n_j} \sum_{o \in C_j} o \qquad 公式（12-2）$$

式中，$dist(o, e_j)$ 表示数据对象 $o \in C_j$ 与簇 C_j 中心 e_j 之间的距离；$j=1, 2, \cdots, K$；K 为簇个数；n_j 是第 j 个簇中的数据个数。

传统的 K-means 算法不能对混合型数据进行聚类，而本研究鲜食葡萄客户对产品偏好数据中既包含数值型数据（如客户消费价值观）也包含分类型数据（如客户基本信息），由此构建的鲜食葡萄客户对产品偏好数据集具有混合型数据特点。对于混合型数据，假设数据特征包括 p_1 个数值型属性、p_2 个有序型分类属性和 p_3 个名义型分类属性，总属性个数为 $p=p_1+p_2+p_3$。

（1）数值型变量距离度量

数值型变量又称作连续型属性变量，通常采用欧氏距离度量数值型数据的相异度。数据对象 o_i 和 o_j 之间的相异性度量为公式（12-3），$1 \leq i, j \leq N$，N 为数据总个数。

$$dist_{p_1}(o_i, o_j) = \sqrt{(o_{i1} - o_{j1})^2 + (o_{i2} - o_{j2})^2 + \cdots + (o_{ip_1} - o_{jp_1})^2}$$

公式（12-3）

（2）有序型分类变量距离度量

有序型分类变量的各属性值之间具备特定的次序，按照某种规则确定特征的等级。包括鲜食葡萄客户基本信息中的年龄、文化水平、家庭人口数、家庭人均月收入、城市等级等关键属性。假设一个数据属性有 f 个状态，这些有序的状态定义了一个排列 $1, 2, \cdots, f$。将非数值有序型分类属性转换成数值属性（秩），然后以秩处理后的值代替原值当作数值属性计算相异度。数据转换的公式为：$(l-1)/(f-1)$，l 为排位值，$l \in \{1, 2, \cdots, f\}$，$f$ 为属性值的总数，从而将其映射到 $[0, 1]$，然后采用曼哈顿距离度量有序型分类变量的相异性，如公式（12-4）。

$$dist_{p_2}(o_i, o_j) = \sum_{m=1}^{p_2} |o_{im} - o_{jm}| \quad 公式（12-4）$$

（3）名义型分类变量距离度量

名义型分类变量可以具有两个或多个状态值，包括客户的性别、职业性质等属性，可分为二分类变量和多分类变量。采用对称性海明度量名义型分类变量的相异度，定义如公式（12-5）。

$$dist_{p_3}(o_i, o_j) = \sum_{m=1}^{p_3} \frac{\delta(o_{im}, o_{jm})}{p_3} \quad 公式（12-5）$$

$$\delta(o_{im}, o_{jm}) = \begin{cases} 0, & o_{im} = o_{jm} \\ 1, & o_{im} \neq o_{jm} \end{cases} \quad 公式（12-6）$$

因此，混合型数据的相异性度量可表示为：

$$dist(o_i, o_j) = \sqrt{\sum_{m=1}^{p_1} |o_{im} - o_{jm}|^2} + \sum_{m=1}^{p_2} |o_{im} - o_{jm}| + \sum_{m=1}^{p_3} \frac{\delta(o_{im}, o_{jm})}{p_3}$$

$$公式（12-7）$$

在实际鲜食葡萄客户细分应用中，数据特征往往具有不同的重要程度。基于变量信息熵的赋权方法（熵权法）平衡混合型数据的特征权重，是目前常用的解决混合型数据聚类结果存在随机性和不稳定性等缺陷的方法。熵权法能够自动确定各属性的权重系数，避免权重的主观随意性。基于熵权法计算混合型数据特征权重的过程如下：

（1）数据标准化

采用离差标准化方法，仅对数值型变量和有序型分类变量进行归一化处理，名义型分类变量不做处理。对原始数据 o 归一化处理如公式（12-8），o_{max} 和 o_{min} 分别表示对应数据属性的最大值和最小值。

$$o' = \frac{o - o_{min}}{o_{max} - o_{min}} \quad 公式（12-8）$$

（2）计算混合型数据的特征比重

计算数值型变量和有序型分类变量的特征比重，如公式（12-9），u_{ij} 表示第 j 个属性下第 i 个数据对象 o_i 的贡献度。

$$u_{ij} = \frac{o'_{ij}}{\sum_{i=1}^{N} o'_{ij}} \quad 公式（12-9）$$

计算名义型分类变量的特征比重，r_{ij} 表示 o_{ij} 出现的次数；N 表示数据的个数。

$$u_{ij} = \frac{r_{ij}}{N} \quad 公式（12-10）$$

（3）计算各指标信息熵

$$H_j = -\frac{1}{\ln N} \sum_{i=1}^{N} u_{ij} \ln u_{ij} \quad 公式（12-11）$$

(4) 确定各指标权重

$$q_j = \frac{1 - H_j}{\sum_{j=1}^{p}(1 - H_j)} \qquad 公式（12-12）$$

因此，混合型数据的相异性度量计算为：

$$dist(o_i, o_j) = \sqrt{\sum_{m=1}^{p_1} q_m |o_{im} - o_{jm}|^2 + \sum_{m=1}^{p_2} q_m |o_{im} - o_{jm}| + \sum_{m=1}^{p_3} \frac{q_m \delta(o_{im}, o_{jm})}{p_3}}$$

公式（12-13）

12.3 面向混合数据集的鲜食葡萄客户细分模型

12.3.1 粒子群优化算法基本原理

PSO算法中，首先初始化种群粒子，然后通过不断迭代找寻最优解。假设在 D 维的搜索空间中有 M 个粒子，则粒子 i 的更新过程如下：

第 i 个粒子的位置为一个 D 维的向量，如公式（12-14）。

$$x_i = (x_{i1}, x_{i2}, \cdots, x_{iD}) \qquad 公式（12-14）$$

第 i 个粒子的速度为一个 D 维的向量，如公式（12-15）。

$$v_i = (v_{i1}, v_{i2}, \cdots, v_{iD}) \qquad 公式（12-15）$$

第 i 个粒子经历过的最优位置，称为个体极值，如公式（12-16）。

$$p_i = (p_{i1}, p_{i2}, \cdots, p_{iD}) \qquad 公式（12-16）$$

种群经历过的最优位置，称为全局极值，如公式（12-17）。

$$p_g = (g_1, g_2, \cdots, g_D) \qquad 公式（12-17）$$

第 i 个粒子第 d 维在第 $(t+1)$ 时刻的速度，如公式（12-18）。

$$v_{id}^{t+1} = wv_{id}^t + c_1 r_1 (p_{id}^t - x_{id}^t) + c_2 r_2 (p_{gd}^t - x_{id}^t) \qquad 公式（12-18）$$

第 i 个粒子第 d 维在第 $(t+1)$ 时刻的位置，如公式（12-19）。

$$x_{id}^{t+1} = x_{id}^t + v_{id}^{t+1} \qquad 公式（12-19）$$

上述公式中，w 为惯性权重；c_1 和 c_2 为学习因子；r_1 和 r_2 为 [0, 1] 范围内的随机数；$i=1, 2, \cdots, M$；$d=1, 2, \cdots, D$。

通过对粒子轨迹的分析，如果每个粒子收敛到它的局部吸引子 a_i^t，则PSO算法收敛，其中第 i 个粒子第 d 维在第 t 时刻的 a_{id}^t 如公式（12-20）。

$$a_{id}^t = \varphi p_{id}^t + (1 - \varphi) p_{gd}^t \qquad 公式（12-20）$$

$$\varphi = \frac{c_1 r_1}{c_1 r_1 + c_2 r_2} \qquad 公式（12-21）$$

就动力学的角度而言，PSO算法中粒子的收敛过程是以 a 点为吸引子，随着速度减小不断接近 a 点，最后收敛到 a 点。因此，在整个迭代过程中，a 点处实际上存在某种形式的吸引势能场吸引着粒子，使得整个种群保持聚集性。但是由于在粒子群系统中，粒子的搜索空间是一个有限的区域,不能保证算法收敛到全局最优解。

假设 PSO 算法系统是一个量子系统,每个粒子都具有量子行为,并通过求解薛定谔方程得到粒子在空间中某一点出现的概率密度函数。应用蒙特卡罗方法,得到在第 (t+1) 次迭代粒子 i 在第 d 维的位置 x_i 如公式(12-22)。

$$x_{id}^{t+1} = a_{id}^t \pm \frac{1}{2} L_{id}^t \ln(\frac{1}{u_{id}^{t+1}}) \qquad 公式(12-22)$$

$$L_{id}^t = 2\beta \mid C_d^t - x_{id}^t \mid \qquad 公式(12-23)$$

$$C_d^t = \frac{1}{N} \sum_{i=1}^{N} p_{id}^t \qquad 公式(12-24)$$

式中,L_{id}^t 为特征长度,决定粒子的搜索范围;u_{id}^{t+1} 为(0,1)内均匀分布的随机数;C_d^t 为所有粒子位置的平均值;β 为收缩-扩张因子,控制算法的收敛速度。文献表明:当 $0.5<\beta<0.8$ 时,能取得较为满意的结果;当 $\beta=0.75$ 时,算法可以获得良好的寻优性能;当 β 固定时,算法对种群规模和最大迭代次数都是敏感的。如果采用时变的 β,则 PSO 算法的性能将得到改进。

12.3.2 基于自适应参数的 ALPSO 算法

PSO 算法尽管原理简单,实现容易,并且不需要调整太多的参数。但固定参数 w、c_1 和 c_2 等如果选择不当会导致算法寻优精度降低。针对 PSO 算法缺乏参数的动态调节,对参数的自适应选择做了改进和分析,提出自适应学习参数 PSO 算法(Adaptive Learning PSO,ALPSO)。主要改进策略如下:

(1) 种群动态寻优过程分析

为了更好地避免粒子在寻优过程中被淘汰或陷入局部极值,在种群分布信息的基础上提出种群进化速度、种群聚集度和早熟收敛程度。根据当前种群分布状态,自适应调整算法的固定参数,并对位置进行更新处理,利用种群信息对其进行自适应搜索。由于利用改进的 PSO 算法优化 K-means 算法的初始簇中心,聚类质量采用数据对象的类内误差平方和来表示,度量值越小,聚类效果越好。因此,对于 PSO 算法的优化问题是计算适应度函数的最小值。

种群早期进化速度较快,当经过一定迭代次数后,种群容易出现进化停滞的现象。种群进化速度定义如公式(12-25)。

$$\alpha^t = \frac{f_{gbest}^t}{f_{gbest}^{t-1}}(f_{gbest}^t \leq f_{gbest}^{t-1}) \qquad 公式(12-25)$$

式中,α^t 表示当前迭代的种群进化速度,α 考虑了种群以前的运行状态;f_{gbest}^t 表示当前迭代的全局最优值;f_{gbest}^{t-1} 表示上一次迭代全局最优值。α 值越小,种群的进化速度越快,应增加 w 值;α 值越大,种群的进化速度越慢,w 应该减小一些。

种群聚集度表示当前全局最优值与当前种群适应度平均值的比值,如公式(12-26)。

$$\beta^t = \frac{f_{gbest}^t}{f_{avg}^t}(f_{gbest}^t \leq f_{avg}^t) \qquad 公式(12-26)$$

式中，β' 表示当前迭代的种群聚集度，β 只考虑了种群当前的运行状态；f^t_{gbest} 表示当前迭代全局最优值；f^t_{avg} 表示当前迭代所有粒子适应度的平均值。β 值越大，聚集度越高，w 应该增大，这样种群就容易跳出局部最优；反之亦然。

在迭代过程中，粒子多样性逐渐丧失。种群早熟收敛程度定义如公式（12-27）。

$$\gamma^t = |f^t_{gbest} - f^t_{avg}{}'| \qquad 公式（12-27）$$

式中，γ' 表示当前迭代的种群早熟收敛程度；f^t_{gbest} 表示当前迭代全局最优值；$f^t_{avg}{}'$ 表示适应度优于 f^t_{avg} 的粒子适应度的平均值。通过监控种群状态早熟收敛程度 γ 以调整惯性权重 w，从而不断优化种群多样性。

（2）惯性权重的设计

研究表明，基于线性递减惯性权重的优化策略具备较好的优化性能。基于种群寻优过程分析，也应注意 w 值的递减变化应在初期和后期变化缓慢。因此，设计自适应递减惯性权重，所构建的集合 w 与 α 和 β 之间的映射关系如公式（12-28）。当迭代次数小于预设迭代次数时，为了使种群在初始阶段可以较长时间保持较大的惯性权重，设置惯性权重变化如公式（12-29）。在迭代后期，为了防止出现早熟收敛现象，应自适应地增大惯性权重 w，使粒子具有较大的速度，从而使种群可以有效地跳出局部最优，设置惯性权重变化如公式（12-30）。

$$w^t = \{t \leq T_{rec}: (w^t_1, \gamma \geq \tau), (w^t_2, \gamma < \tau); t > T_{rec}: (w^t_1, \gamma \geq \tau), (w^t_2, \gamma < \tau)\}$$
$$公式（12-28）$$

$$w^t = \begin{cases} w^t_1 = (\dfrac{2(w_{min} - w_{max})t^2}{T^2_{max}} + w_{max})\exp(-q_1\alpha^t t^2) + q_2\beta^t, & \gamma^t \geq \tau \\ w^t_2 = w_{max} - \dfrac{(w_{max} - w_{min})}{T_{max}}t, & \gamma^t < \tau \end{cases}$$
$$公式（12-29）$$

$$w^t = \begin{cases} w^t_1 = (\dfrac{2(w_{max} - w_{min})t^2}{T^2_{max}} - \dfrac{4(w_{max} - w_{min})}{T_{max}} \\ \quad t + 2w_{max} - w_{min})\exp(-q_1\alpha^t t^2) + q_2\beta^t, & \gamma^t \geq \tau \\ w^t_2 = w_{max} - \dfrac{(w_{max} - w_{min})}{T_{max}}t, & \gamma^t < \tau \end{cases} \quad 公式（12-30）$$

式中，w_{max} 和 w_{min} 分别表示最大和最小惯性权重；q_1 和 q_2 为经验常数；t 为当前迭代次数；T_{max} 为最大迭代次数；T_{rec} 为预设的迭代次数；τ 为早熟收敛阈值。

（3）学习因子的设计

PSO 算法在迭代过程中，对自身学习因子和社会学习因子变化过程如下：在迭代初期，应增大 c_1、减小 c_2，算法在迭代过程中很长一段时间内具有较强的"自我认知"能力，引导粒子向有良好信息的可行空间区域飞行，以增强粒子的搜索范围；在迭代后期，应减小 c_1、增大 c_2，有助于种群进行局部搜索。依据 PSO 算法的稳定性分析和学习因子的变化特点，提出自适应学习因子的改进方法。

令 $\varphi_1 = c_1 r_1$，$\varphi_2 = c_2 r_2$，假设粒子个体最优和全局最优在迭代过程中不变，分别记为：p_i 和 p_g，故粒子速度更新可改写为式（12-31），也可表示为式（12-32），位置更新为公式（12-33）。

$$v_{id}^t = w v_{id}^{t-1} + \varphi_1(p_{id} - x_{id}^{t-1}) + \varphi_2(p_{gd} - x_{id}^{t-1}) \quad (1 \le d \le D) \quad \text{公式（12-31）}$$

$$v_{id}^{t+1} = w v_{id}^t + \varphi_1(p_{id} - x_{id}^t) + \varphi_2(p_{gd} - x_{id}^t) \quad \text{公式（12-32）}$$

$$x_{id}^{t+1} = x_{id}^t + v_{id}^{t+1} \quad \text{公式（12-33）}$$

将公式（12-32），时间项向后推进一步。将公式（12-33），带入可得到公式（12-34）。

$$v_{id}^{t+2} = w v_{id}^{t+1} - (\varphi_1 + \varphi_2)(x_{id}^t + v_{id}^{t+1}) + \varphi_1 p_{id} + \varphi_2 p_{gd} \quad \text{公式（12-34）}$$

由公式（12-32），$-(\varphi_1 + \varphi_2) x_{id}^t = v_{id}^{t+1} - w v_{id}^t - \varphi_1 p_{id} - \varphi_2 p_{gd}$，带入公式（12-34），消掉 x_{id}^t 得到公式（12-35）。

$$v_{id}^{t+2} + (\varphi_1 + \varphi_2 - w - 1) v_{id}^{t+1} + w v_{id}^t = 0 \quad \text{公式（12-35）}$$

类似地，消掉 v_{id}^t 可以得到粒子位置变化过程，如公式（12-36）。

$$x_{id}^{t+2} + (\varphi_1 + \varphi_2 - w - 1) x_{id}^{t+1} + w x_{id}^t - \varphi_1 p_{id} - \varphi_2 p_{gd} = 0 \quad \text{公式（12-36）}$$

无论从速度还是位置变化过程进行分析，均可看做二阶齐次线性微分方程，其中 s_1 和 s_2 为特征方程 $\lambda^2 + (\varphi_1 + \varphi_2 - w - 1) \lambda + w = 0$ 的解。

$$s_{1,2} = \frac{-(\varphi_1 + \varphi_2 - w - 1) \pm \sqrt{(\varphi_1 + \varphi_2 - w - 1)^2 - 4w}}{2} \quad \text{公式（12-37）}$$

算法稳定性决定于特征根的位置，若根位于单位圆内（$|s_{1,2}| < 1$），则解是渐近稳定的。令 $\varphi = \varphi_1 + \varphi_2$，所以 $\varphi > 0$。

①若 $\sqrt{(\varphi - w - 1)^2 - 4w} \ge 0$，且 $|s_{1,2}| < 1$，即 $\begin{cases} \varphi - w - 1 \ge 2\sqrt{w} \\ -(\varphi - w - 1) > -2 \end{cases}$ 或 $\begin{cases} \varphi - w - 1 \le -2\sqrt{w} \\ -(\varphi - w - 1) < 2 \end{cases}$，解得：$w + 1 + 2\sqrt{w} \le \varphi < w + 3$ 或 $w - 1 < \varphi \le w + 1 - 2\sqrt{w}$。

②若 $\sqrt{(\varphi - w - 1)^2 - 4w} < 0$，且 $|s_{1,2}| < 1$，即 $-2\sqrt{w} < \varphi - w - 1 < 2\sqrt{w}$，解得：$w + 1 - 2\sqrt{w} < \varphi < w + 1 + 2\sqrt{w}$。

综上所述，$w - 1 < \varphi < w + 3$，又因为 $\varphi \le c_1 + c_2$，所以 $c_{1,2} = \frac{w + 3}{2}$ 时是稳定的。通过对 c_1 和 c_2 的分析可知，c_1 应该是递减的，c_2 应该是递增的。$w' = -w$，所以学习因子计算分别为公式（12-38），公式（12-39）。

$$c_1^t = \frac{w^t + 3}{2} \quad \text{公式（12-38）}$$

$$c_2^t = \frac{w'^t + 3}{2} \quad \text{公式（12-39）}$$

为了有效避免 PSO 算法因种群位置多样性带来的寻优精度较低等问题，采用移动平滑滤波算子对种群位置进行降噪处理，可以较好地提高 PSO 算法的寻优精度。当种群粒子的位置超过设定的范围，称为"越界"现象。在 PSO 算法中，一般将粒子位置越界设置为极值,这种策略会导致粒子会长时间停留在边界,不利于粒子位置的更新。采用公式(12-40),对"越界"粒子位置进行处理,以提高种群的多样性。

$$x_{id} = \begin{cases} x_{\max} - (x_{id} - x_{\max}) \times r & x_{id} > x_{\max} \\ x_{\min} + (x_{\min} - x_{id}) \times r & x_{id} < x_{\min} \end{cases} \quad 公式(12-40)$$

式中,x_{id} 为第 i 个粒子第 d 维的位置;$x_{\max}$ 和 $x_{\min}$ 分别表示粒子的最大和最小位置;r 表示 [0,1] 之间的随机数。

12.3.3 基于改进量子行为的 IQPSO 算法

QPSO 算法能够以一定的概率出现在整个搜索空间中,具有良好的全局搜索能力。但 QPSO 算法在迭代后期由于粒子的聚集性,种群多样性的损失不可避免,容易陷入局部最优。为了进一步改善 QPSO 算法的优化性能,对局部吸引子、特征长度以及控制参数进行了重新设计,提出改进 QPSO 算法(Improved Quantum-behaved PSO, IQPSO)。主要改进策略如下:

(1) 局部吸引子的设计

如果全局最优位置陷入局部最优,局部随机吸引子、粒子当前位置都将陷入这一局部极值,这将导致算法未成熟收敛。采用高斯分布来确定局部随机吸引子,以提高种群跳出局部极值的能力,如公式(12-41)。

$$ga_i^t = [ga_{i1}^t, \cdots, ga_{id}^t, \cdots, ga_{iD}^t] = Normal(a_i^t, C^t - p_i^t) \quad 公式(12-41)$$

由此,获得粒子的位置更新如公式(12-42)。

$$x_{id}^{t+1} = ga_{id}^t \pm \beta \mid C_d^t - x_{id}^t \mid \ln(\frac{1}{u_{id}^{t+1}}) \quad 公式(12-42)$$

上述公式中,x_{id}^t 为第 i 个粒子第 d 维在 t 时刻的粒子位置;a_i^t 为第 i 个粒子在 t 时刻的局部吸引子;p_i^t 为第 i 个粒子在 t 时刻的个体极值;C_d^t 为所有粒子第 d 维在 t 时刻最优位置的平均值;β 为收缩扩张因子;u_{id}^{t+1} 为 (0,1) 内均匀分布的随机数。

(2) 特征长度的优化

所有粒子最优位置的平均值可改写为公式(12-43)。

$$C_d^t = \frac{1}{M}\sum_{i=1}^{M} p_{id}^t = \sum_{i=1}^{M}(\frac{1}{M}p_{id}^t) = \sum_{i=1}^{M}(w_i^t p_{id}^t) \quad 公式(12-43)$$

为了提高 QPSO 算法的收敛性能,采用加权方法计算种群的最优位置,使精英粒子在迭代过程中发挥的作用更大一些。

$$w_i^t = \frac{f(p_i^t)}{\sum_{i=1}^{M} f(p_i^t)} \quad 公式(12-44)$$

上述公式中,M 为种群中粒子的个数;p_{id}^t 为第 i 个粒子第 d 维在 t 时刻的个体极值;w_i^t 为第 i 个粒子在 t 时刻的惯性权重;$f(p_i^t)$ 为第 i 个粒子在 t 时刻的适应度。

(3) 控制参数的选取

若采用固定的收缩-扩张因子,会使得算法的鲁棒性降低。通常采用自适应变化的收缩-扩张因子,可以在迭代后期改善局部搜索的精度。选取三种递减策略用于对参数进行重组，分别为线性递减公式（12-45），非线性递减，如公式（2-46）和公式（12-47）。

$$\beta = \beta_0 + (\beta_1 - \beta_0)\frac{T_{max} - t}{T_{max}} \qquad 公式（12-45）$$

$$\beta = (\beta_1 - \beta_0) \times (\frac{t}{T_{max}})^2 - (\beta_1 - \beta_0)(\frac{2t}{T_{max}}) + \beta_1 \qquad 公式（12-46）$$

$$\beta = (\beta_0 - \beta_1) \times (\frac{t}{T_{max}})^2 + \beta_1 \qquad 公式（12-47）$$

上述公式中，t 为当前迭代次数；T_{max} 为最大迭代次数；β_0 和 β_1 表示预设值。

随机变量一般设置为 $\ln(\frac{1}{u})$，本章采取了另外两种变化方式，分别为 $\sqrt{\ln(\frac{1}{u})}\sqrt{\ln(\frac{1}{u})}$ 和 $\frac{1}{\cos\sqrt{u}}\frac{1}{\cos\sqrt{u}}$。

12.3.4 面向混合数据集的鲜食葡萄客户细分模型

(1) 基于改进 PSO 的 K-means 算法

如前所述，从 PSO 算法自适应参数和量子行为两个方面对其进行改进，提出基于 ALPSO 的 K-means 算法（ALPSO-K-means，ALPSO-KM）和基于 IQPSO 的 K-means 算法（IQPSO-K-means，IQPSO-KM），具体实现步骤如下。

①输入参数：数据数量 N，聚类个数 K，数据特征维度 p。

②初始化粒子种群：随机选取 K 个数据作为粒子的初始位置，重复 M 次以生成 M 个粒子。主要参数包括：粒子维度 D（$D = K \times p$），最大迭代次数 T_{max}，粒子的位置边界 $[x_{min}, x_{max}]$，所有粒子在 D 维空间中的随机位置等参数。

③针对 ALPSO-KM 算法：计算当前种群的分布状态，如种群进化速度，种群聚集度，种群早熟收敛程度；针对 IQPSO-KM 算法，计算所有粒子个体最优位置的平均值和局部吸引子，设计种群收缩-扩张因子和随机变量。

④计算当前粒子的个体适应度：计算 D 维空间中每个粒子 x_i 的适应度 $f(x_i)$。

⑤将个体适应度 $f(x_i)$ 与个体最优适应度 $f(p_i)$、全局最优适应度 $f(p_g)$ 相比，更新粒子位置。

⑥针对 ALPSO-KM 算法：更新当前种群的惯性权重和学习因子，采用平滑滤波算子更新粒子的位置。

⑦迭代条件是否满足：如果达到最大迭代次数，输出最优簇中心；否则，转到③进行下一次迭代。

⑧计算最终聚类结果：对于每个数据，根据最近邻方法确定数据对象的聚类划分。最后，将所有数据分配给 k 个簇中心完成聚类。

(2) 基于改进 PSO 和混合特征加权 K-means 的鲜食葡萄客户细分模型

基于改进的 PSO 算法更新簇中心，并结合混合属性相异性度量和特征加权方法，构建面向混合数据集的鲜食葡萄客户细分模型，流程图如图 12-2 所示。首先输入实证数据集，采用 ALPSO 和 IQPSO 优化初始簇中心，采用混合属性相异性度量和特征加权方法计算混合数据集的聚类距离，然后根据最近邻方法将数据分到最近簇，完成聚类迭代。根据对比算法实验，选择出最优的聚类算法，即为面向混合数据集的鲜食葡萄客户细分模型。

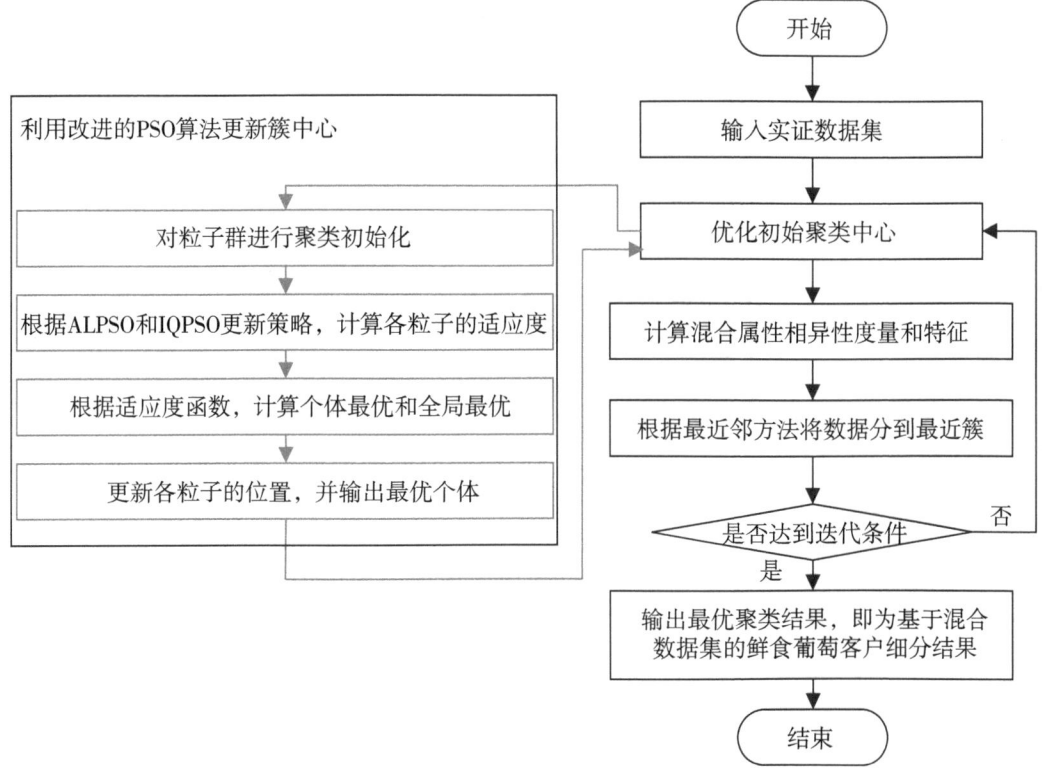

图 12-2 面向混合数据集的鲜食葡萄客户细分模型流程

假设 N 个数据构成的数据集 $D = \{o_1, o_2, \cdots, o_N\}$，其中 o_i 为 p 维特征向量，$1 < i < N$，N 为数据个数。当采用 ALPSO-KM 和 IQPSO-KM 确定簇中心时，根据最近邻方法将数据对象划分到最近的簇：$min_{j=1,2,\ldots K} dist(o, e_j)$，$e_j$ 表示簇 j 的中心，K 为簇个数。

①粒子编码。改进的 PSO 算法采用实数编码机制，在基于簇中心的编码过程中，每一个粒子的编码中包含粒子位置、速度和适应度，一个编码对应着聚类问题的一个可行解。粒子 i 的编码如公式（12-48）。

$$x_{11}x_{12}\ldots x_{1p}x_{21}x_{22}\ldots x_{2p}\ldots x_{k1}x_{k2}\ldots x_{Kp}\ v_{11}v_{12}\ldots v_{1p}v_{21}v_{22}\ldots v_{2p}\ldots v_{k1}v_{k2}\ldots v_{Kp} fitness(x_i)$$

公式（12-48）

式中，x_{jp} 代表第 j 个簇中心的第 p 维属性值。编码结构中 x 部分表示粒子位置是由 K 个簇中心组成，维度是 $K \times p$；v 部分表示粒子速度，维度也是 $K \times p$；最后部分表示粒子适应度 $fitness(x_i)$ 来评价聚类性能的好坏。

②适应度目标函数。适应度函数如公式（12-49），a 为正常数，SD 为数据对象的类内误差平方和。其中数据对象距离采用混合属性相异性度量和特征加权方法进行计算。

$$fitness = a \times SD \qquad 公式(12-49)$$

12.4 基于改进 K-means 聚类算法的鲜食葡萄客户细分结果与分析

12.4.1 算法评估指标

为了评估改进的 K-means 算法聚类性能，将 ALPSO-KM 算法、IQPSO-KM 算法和近年来新算法进行比较，基于 5 组与本章实证数据集具有相似数据量和特征数的典型 UCI 数据集进行实验仿真，公开数据集的基本描述如表 12-5。本章采用内部指标和外部指标共同衡量算法的聚类性能。

表 12-5 典型 UCI 数据集的基本描述

序号	数据集	数据量	特征数量	类别个数
1	Abalone	4 177	8	28
2	Waveform	5 000	21	3
3	Page blocks	5 473	10	5
4	Wine quality	4 898	11	7
5	Image segmentation	2 310	19	7

(1) 内部评价指标的选择

由于实证数据集没有"真实标签"，采用轮廓系数（Silhouette Coefficient，SC）、Calinski-Harabaz（CH）、Davies-Bouldin（DB）三种内部指标对聚类性能评价。如果聚类算法具有较低的类间相似度和较高的类内相似度，则内部评价法的得分较高。

①SC：对于数据 o，假设 $a(o)$ 是与同一簇中其他数据的平均距离，$b(o)$ 是与最接近它的不同簇中数据的平均距离，如公式（12-50）。

$$SC(o) = \frac{b(o) - a(o)}{\max\{a(o), b(o)\}} \qquad 公式(12-50)$$

②CH：是分离度与紧密度之比。分离度是所有簇中心点和数据集中心点之间距离的平方和；紧密度是簇中所有点与中心点之间距离的平方和，如公式（12-51）。

$$CH = \frac{Tr(B)}{Tr(M)} \times \frac{N-K}{K-1} \qquad 公式(12-51)$$

$$B = \sum_{i=1}^{K} n_i (C_i - c)(C_i - c)^T \qquad 公式(12-52)$$

$$M = \sum_{i=1}^{K} \sum_{o \in C_i} (o - C_i)(o - C_i)^T \qquad 公式(12-53)$$

式中，N 是数据个数；K 是簇数；B 是簇间数据的协方差矩阵；M 是簇内数据的协方差矩阵；Tr 是矩阵的迹；C_i 是簇 i 的中心点；n_i 是簇 i 中数据点的个数；c 是数据集的中心点。

③DB：是任意两个簇平均距离之和与簇中心之间距离比值的最大平均值。DB 值越小表示簇内距离越小，同时簇间距离越大，聚类结果越好，如公式（12-54）。

$$DB = \frac{1}{K}\sum_{i=1}^{K}\max_{j \neq i}\left(\frac{\sigma_i + \sigma_j}{d(C_i, C_j)}\right) \qquad 公式（12-54）$$

式中，K 是簇数；σ_i 是所有数据到簇 i 中心点的平均距离；σ_j 是所有数据到簇 j 中心点的平均距离；$d(C_i, C_j)$ 是中心点 C_i 和 C_j 之间的距离。

（2）外部评价指标的选择

为了评估不同算法在公开数据集上的聚类性能，采用以下外部评价指标对聚类结果与真实标签进行比较。

①归一化互信息（Normalized Mutual Information，NMI），如公式（12-55）。

$$NMI = 2 \times \frac{MI(U, V)}{H(U) + H(V)} \qquad 公式（12-55）$$

$$MI(U, V) = \sum_{k=1}^{K}\sum_{j=1}^{J} P(k \cap j)\log\left(\frac{P(k \cap j)}{P(k)P(j)}\right) \qquad 公式（12-56）$$

$$H(U) = -\sum_{k=1}^{K} P(k)\log(P(k)) \qquad 公式（12-57）$$

$$H(V) = -\sum_{j=1}^{J} P(j)\log(P(j)) \qquad 公式（12-58）$$

式中，K 为聚类数；J 为真实类别数；MI 是互信息；H 是熵。$P(k) = \frac{|U_k|}{N}$、$P(j) = \frac{|V_j|}{N}$、$P(k \cap j) = \frac{|U_k \cap V_j|}{N}$ 分别表示数据属于第 k、j 以及同时属于第 k 和第 j 簇的概率；N 为数据数量；$|U_k|$、$|V_j|$、$|U_k \cap V_j|$ 分别表示第 k、j 以及同时在第 k 和第 j 簇的数据数量。

②调整互信息（Adjusted Mutual Information，AMI），如公式（12-59）。

$$AMI = \frac{MI - E[MI]}{\max(H(U), H(V)) - E[MI]} \qquad 公式（12-59）$$

式中，MI 是互信息；$E(MI)$ 表示 MI 的期望值。

③调整兰德指数（Adjusted Rand Index，ARI），如公式（12-60）。

$$ARI = \frac{RI - E[RI]}{\max(RI) - E[RI]} \qquad 公式（12-60）$$

$$RI = \frac{TP + TN}{TP + FP + TN + FN} \qquad 公式（12-61）$$

式中，TP 表示将实际为正类划分为正类的个数；TN 表示将实际为负类划分为负类的个数；FN 表示将实际为正类划分为负类的个数；FP 表示将实际为负类划分为正类的个数。在随机生成聚类结果的情况下，RI 并不能保证指标值接近 0。因此，采用 ARI 指标衡量聚类结果。

④F 值（F-measure），如公式（12-62）。

$$F-measure = \frac{(1+\beta^2)Precision \times Recall}{\beta^2 Precision + Recall}$$ 公式（12-62）

$$Precision = \frac{TP}{TP+FP}$$ 公式（12-63）

$$Recall = \frac{TP}{TP+FN}$$ 公式（12-64）

⑤V 值（V-measure），如公式（12-65）。

$$v-measure = 2 \cdot \frac{h \cdot c}{h+c}$$ 公式（12-65）

$$h = 1 - \frac{H(V|U)}{H(V)}$$ 公式（12-66）

$$c = 1 - \frac{H(U|V)}{H(U)}$$ 公式（12-67）

$$H(V|U) = -\sum_{j=1}^{J}\sum_{k=1}^{K}\frac{n_{j,k}}{N} \cdot \log(\frac{n_{j,k}}{N})$$ 公式（12-68）

式中，K 为聚类数；J 为真实类别数；N 为数据数；H 是熵；$H(V|U)$ 表示某簇分配给指定簇的条件熵；$n_{j,k}$ 是从簇 j 到 k 的数据数。

12.4.2 聚类算法性能分析

为了验证 ALPSO-KM 算法和 IQPSO-KM 算法的聚类性能，将其与 K-means 算法、K-means++算法、K-medoids 算法、WGPAM 算法、基于 PSO 的 K-means 算法（PSO-KM）以及基于 IHPSO 的 K-means 算法（IHPSO-KM）进行比较。每种算法在相同实验环境下单独运行 10 次，并采用上述指标的平均值来评估不同算法的聚类性能。表 12-6 为基于公开数据集的聚类性能评估结果，加粗部分表示不同算法的指标最优值。

表 12-6 不同对比算法的聚类性能评估指标

	方法	SC	CH	DB	NMI	AMI	ARI	F-measure	V-measure	运行时间（秒）
1	K-means	0.366	3 305.325	0.849	0.158	0.136	0.043	0.101	0.158	**19.495**
	K-means++	0.367	3 589.273	0.926	0.159	0.141	0.048	0.154	0.162	44.643
	K-medoids	0.369	3 228.855	0.910	0.161	0.137	0.035	0.150	0.159	42.175
	WGPAM	0.402	3 285.779	0.865	0.288	0.143	0.052	0.346	0.172	69.657
	PSO-KM	0.370	3 392.283	0.841	0.160	0.149	0.048	0.183	0.180	338.865
	ALPSO-KM	0.372	3 922.256	0.813	0.168	0.156	0.050	0.183	0.217	358.338
	IHPSO-KM	0.447	4 116.366	0.654	0.325	0.192	0.046	0.491	0.313	364.528
	IQPSO-KM	**0.472**	**4 475.257**	**0.557**	**0.414**	**0.193**	**0.055**	**0.519**	**0.314**	325.670

（续表）

	方法	SC	CH	DB	NMI	AMI	ARI	F-measure	V-measure	运行时间（秒）
2	K-means	0.222	1 216.942	1.396	0.362	0.362	0.254	0.504	0.362	**0.802**
	K-means++	0.227	1 518.022	1.821	0.371	0.331	0.266	0.523	0.332	1.236
	K-medoids	0.226	1 726.606	1.828	0.369	0.327	0.305	0.519	0.343	2.554
	WGPAM	0.301	1 643.244	**1.105**	0.380	0.401	0.355	0.582	0.354	11.320
	PSO-KM	0.238	1 225.395	1.419	0.374	0.424	0.324	0.594	0.324	258.122
	ALPSO-KM	0.369	1 693.608	1.294	0.443	0.443	0.371	0.650	0.443	207.887
	IHPSO-KM	0.365	2 150.315	1.948	0.451	0.473	0.405	**0.653**	0.573	289.466
	IQPSO-KM	**0.414**	**2 733.904**	1.314	**0.519**	**0.519**	**0.517**	0.507	**0.619**	366.430
3	K-means	0.592	1 284.068	1.484	0.055	0.053	0.013	0.806	0.055	**2.193**
	K-means++	0.593	2 438.985	0.713	0.056	0.065	0.025	0.809	0.055	3.672
	K-medoids	0.595	2 121.763	0.915	0.056	0.064	0.017	0.814	0.055	3.387
	WGPAM	0.685	2 345.781	0.826	0.062	0.069	0.025	0.877	0.058	19.425
	PSO-KM	0.666	1 390.273	1.200	0.057	0.069	0.016	0.874	0.056	281.807
	ALPSO-KM	0.673	1 475.413	0.787	0.062	0.130	0.030	0.897	0.062	282.374
	IHPSO-KM	0.694	2 671.224	0.547	**0.081**	0.152	0.050	0.895	0.072	297.043
	IQPSO-KM	**0.752**	**3 316.364**	**0.516**	0.079	**0.243**	**0.086**	**0.899**	**0.079**	252.660
4	K-means	0.318	1 046.215	0.961	0.028	0.025	0.009	0.228	0.028	**5.991**
	K-means++	0.367	1 801.924	1.045	0.032	0.024	0.010	0.335	0.027	6.765
	K-medoids	0.358	1 114.730	1.014	0.029	0.025	0.011	0.356	0.027	7.809
	WGPAM	0.419	1 609.754	0.998	0.058	0.025	0.025	0.379	0.030	32.909
	PSO-KM	0.417	1 73.476	0.733	0.050	0.048	0.042	0.371	0.050	334.870
	ALPSO-KM	0.462	1 306.096	0.713	0.059	0.058	0.044	0.481	0.059	308.691
	IHPSO-KM	**0.463**	2 546.208	**0.619**	0.075	0.067	0.060	0.472	0.060	369.583
	IQPSO-KM	0.433	**3 576.492**	0.798	**0.084**	**0.073**	**0.063**	**0.512**	**0.064**	274.390
5	K-means	0.324	1 089.819	1.090	0.518	0.516	0.355	0.465	0.518	**0.878**
	K-means++	0.339	533.153	1.043	0.524	0.460	0.286	0.462	0.546	1.769
	K-medoids	0.345	570.628	1.035	0.523	0.482	0.357	0.445	0.548	1.827
	WGPAM	0.358	986.451	0.988	0.631	0.504	0.325	0.477	0.553	9.546
	PSO-KM	0.356	1 746.397	0.909	0.604	0.519	0.340	0.443	0.554	172.906
	ALPSO-KM	0.455	1 798.529	0.943	0.667	0.526	0.366	0.464	0.604	200.087
	IHPSO-KM	0.457	**2 101.218**	0.761	0.660	0.614	**0.461**	0.496	0.705	199.785
	IQPSO-KM	**0.543**	2 064.596	**0.633**	**0.710**	**0.632**	0.434	**0.514**	**0.711**	168.470

从表 12-6 可以看出，K-means 算法的聚类性能最低，这是由于过度依赖初始簇中心造成的。K-means++算法和 K-medoids 算法在处理传统 K-means 算法中存在的初始簇中心不稳定的问题上，均可以得到较好的改善。PAM 算法也是基于划分的聚类算法，它解决了 K-means 算法对异常值敏感的问题，而 WGPAM 算法将 Gower 距离相异性度量和基于 PAM 特征加权相结合。相较于 K-means 算法，WGPAM 算法和 PSO 算法都有一定的改进。对于 ALPSO-KM 算法和 IHPSO-KM 算法，在每次迭代时根据种群的进化状态自动更新 PSO 参数。利用了 PSO 的全局搜索能力，下一代种群具有较大的随机性，也利用了 K-means 算法较强的局部搜索能力，在粒子附近又进行了精确的局部搜索，所以不容易陷入局部极值。IQPSO-KM 算法相较于 IHPSO-KM 算法的聚类性能有所提升，这是因为 IQPSO-KM 算法可以有效预防种群早熟收敛现象，使粒子获得重新搜索全局最优解的机会。在运行时间方面，基于改进 PSO 的 K-means 算法的运行时间都比较长，但对于本章实际问题应用是可以接受的。

12.4.3 鲜食葡萄客户细分簇数的确定

基于上述分析，验证了 IQPSO-KM 算法相较于 ALPSO-KM 算法的有效性和准确性。针对构建的鲜食葡萄客户对产品偏好数据集具有混合数据特点，采用 IQPSO-KM 算法，并结合混合属性相异性度量和特征加权方法，对我国鲜食葡萄客户进行细分。为了确定最优细分类别个数即细分市场的簇数，由于实证数据集没有"真实标签"，采用 SC、CH、DB 和运行时间来评估 IQPSO-KM 算法的聚类性能，表 12-7 为不同细分类别个数下鲜食葡萄客户细分的评估指标，加粗部分表示最优细分类别个数所对应的结果。

表 12-7 基于鲜食葡萄客户对产品偏好数据集的客户类别评估指标

指标	SC	CH	DB	运行时（秒）
2	0.334	565.344	1.337	**50.232**
3	0.374	594.231	1.765	59.097
4	**0.378**	**645.096**	**0.982**	57.385
5	0.319	595.982	1.902	57.063
6	0.329	588.238	1.871	66.998
7	0.321	611.567	2.144	70.234
8	0.311	603.283	1.986	77.341
9	0.352	593.105	2.034	72.132
10	0.343	532.047	2.103	85.623

从表 12-7 中可以看出，当客户细分类别个数为 4 时，IQPSO-KM 算法的 SC、CH

和 DB 指标值都是最优的，而运行时间随着细分类别个数的增加而增加。因此，本研究确定最终鲜食葡萄客户细分类别个数为 4 类。

12.4.4 客户细分结果分析

为了更好地描述和总结不同鲜食葡萄客户类别的消费特征，计算每个类别中各数值型属性的均值和分类型属性的频率。图 12-3 为不同鲜食葡萄客户类别的特征可视化结果，并与我国鲜食葡萄市场消费水平进行比较。图 12-3（a）中，不同颜色的虚线表示我国鲜食葡萄市场各数值型属性的平均消费水平；图 12-3（b）中，"·"表示我国鲜食葡萄市场各分类型属性的消费水平频率。通过比较鲜食葡萄客户细分结果，第一个客户类别有 970 数据（30.0%），第二个客户类别有 1 095 数据（33.9%），第三个客户类别有 669 数据（20.7%），第四个客户类别有 496 数据（15.4%）。通过对我国鲜食葡萄客户细分结果可视化分析，从图 12-3 中可以清晰判断出不同鲜食葡萄客户类别对产品的偏好是不同的，从而能够帮助企业更好地维护客户之间关系，吸引新的客户。

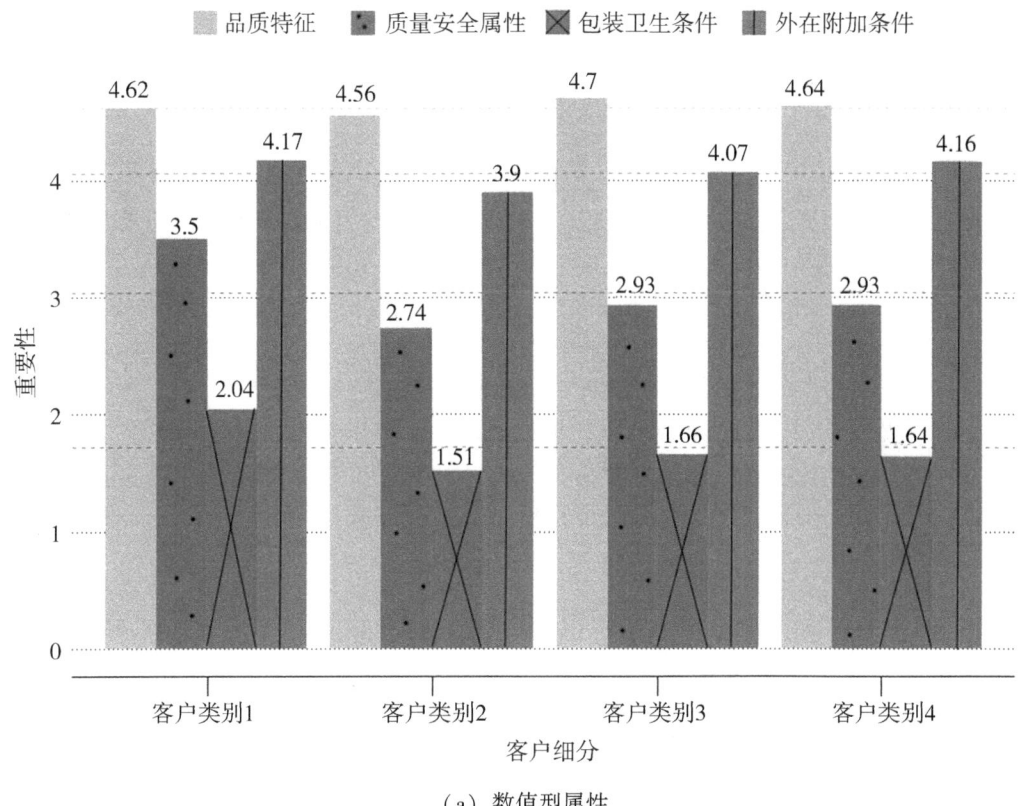

(a) 数值型属性

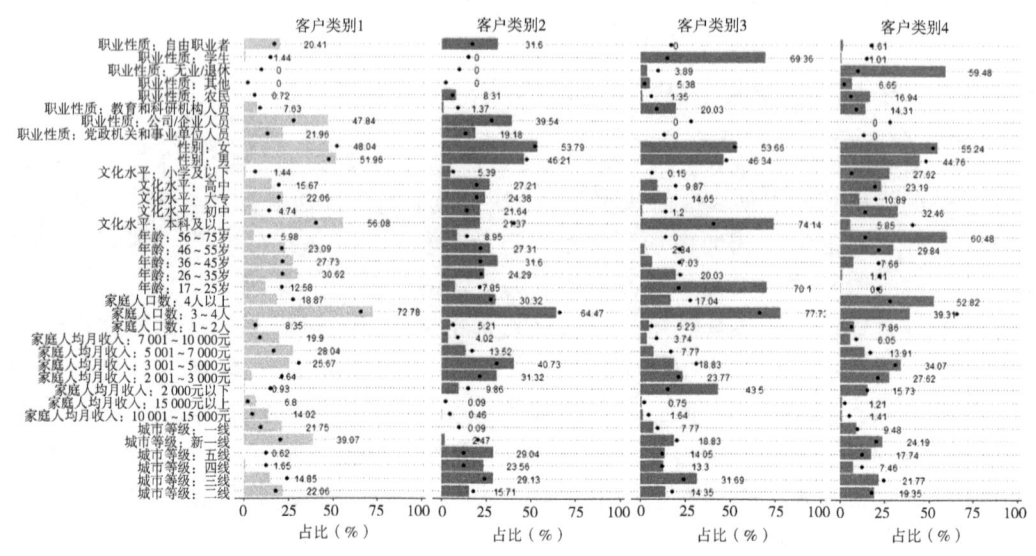

(b) 分类型属性

图 12-3　基于改进 PSO 和混合特征加权 K-means 的鲜食葡萄客户细分效果

对于"客户类别 1"，该类别属于高收入年轻客户。他们主要关注的是产品的质量安全和包装卫生条件，企业可以为这类客户提供具有质量安全保障或精美包装的产品，以吸引他们持续消费。

对于"客户类别 2"，该类别对产品属性的要求均低于我国葡萄市场消费的平均水平，属于低薪中年客户，人数占比较高。企业应该强化与该类客户的稳定关系，来提高此类客户的忠诚度。

对于"客户类别 3"，该类别虽然人均月收入相对较低，属于典型的青年学生客户，可以预期未来收入增长，此类别客户未来会给企业带来更大的收益。针对该类客户，企业需要提供优质的产品，从而建立长期、稳定的客户关系。

对于"客户类别 4"，该类别所占比例相对较小，属于无业或退休老年客户，在附加条件（如产品产地、品尝体验、新品种与否）和品质特征（如产品香气、口感、品质稳定性等）方面要求较高。针对该类客户，企业应该适当降低产品价格，以此来激励此类客户的消费。

第 13 章 消费者细分群体对葡萄属性偏好的关联分析

鲜食葡萄消费者对产品属性的偏好决定了鲜食葡萄的市场需求，了解不同鲜食葡萄客户类别对产品属性偏好的需求，开发出满足不同客户类别对产品属性偏好的组合产品尤为重要。鲜食葡萄客户对产品偏好数据集包含了丰富的产品属性信息，如果粒大小、形状、颜色、香型、肉质、口味等。不同的鲜食葡萄客户类别，他们对鲜食葡萄属性偏好存在较大的差异。本章主要目标是提出鲜食葡萄客户类别对产品属性偏好挖掘方法，而关联规则是从数据信息中预测产品属性之间的关联性，揭示产品间未知的属性依赖关系，本章即基于关联分析方法，挖掘不同消费者群体对葡萄属性的偏好特点。

本章首先将鲜食葡萄客户类别对产品属性偏好数据进行编码和转换，然后提出基于数据集削减和事务压缩及散列技术的 Apriori 算法，最后对细分的鲜食葡萄群体对产品属性偏好规则进行挖掘和分析，以快速识别不同鲜食葡萄客户类别对产品属性偏好的兴趣模式。

13.1 消费者细分群体/客户类别对产品属性偏好数据编码及转换

鲜食葡萄客户类别对产品属性偏好数据的质量往往是后续数据挖掘算法性能优劣的前提，对于鲜食葡萄客户类别对产品属性偏好数据的预处理，不但能提高数据的质量，而且对算法的性能有积极影响。本章目的是挖掘不同鲜食葡萄客户类别对产品属性偏好的关联模式，在数据转换过程中，只保留鲜食葡萄客户类别对产品属性偏好的数据信息，并将数据转化为逻辑型，以适合关联规则 Apriori 算法。

对于葡萄果粒肉质、果粒口味、果粒有无籽等非布尔型特征变量，首先将这些变量数据通过离散化处理，转换为二值型数据。若果实肉质为脆肉记为"1"，代表事务中含这一项；否则记为"0"，代表该项不存在。其他选项分析同理。鲜食葡萄客户类别对产品属性偏好数据经离散化后，将每个记录记为一个事务，用标识符 T 来表示，所有鲜食葡萄客户类别对产品属性偏好数据表示为：$T_1, T_2, \cdots, T_n$，n 表示数据量。将全部的产品属性偏好记为一个项目集合，并对每个属性进行编号为：$A, B, \cdots, I$，每个事务 T 包含的项集都是属性的子集。表 13-1 为鲜食葡萄客户类别对产品属性偏好数据编码结果。离散后的鲜食葡萄客户类别对产品属性偏好数据如表 13-2，每行表示每一个鲜食葡萄客户对产品属性偏好记录，属性编码均为 0 或 1。

表 13-1 鲜食葡萄客户类别对产品属性偏好数据编码

指标	属性名称	属性编号	指标	属性名称	属性编号
穗重 A	小于 1 斤/串	A_1	果粒香型 F	粉红色	E_3
	1.0~1.5 斤/串	A_2		鲜红色	E_4
	1.5~2.0 斤/串	A_3		紫红色	E_5
	2.0~2.5 斤/串	A_4		紫黑色	E_6
	2.5~3.0 斤/串	A_5		其他	E_7
	大于 3.0 斤/串	A_6		玫瑰香型	F_1
紧密度 B	紧凑型	B_1	果粒肉质 G	草莓香型	F_2
	适度松散型	B_2		无香	F_3
	松散型	B_3		脆肉	G_1
	其他	B_4	果粒口味 H	软肉多汁	G_2
果粒大小 C	小果粒	C_1		无所谓	G_3
	中果粒	C_2		甜味，不带酸	H_1
	大果粒	C_3	有无籽 I	甜中带酸	H_2
果粒形状 D	球形或近球形	D_1		酸中带甜	H_3
	椭球形	D_2		无所谓	H_4
	长指型	D_3		有籽	I_1
	其他	D_4		无籽	I_2
果粒颜色 E	绿色	E_1		无所谓	I_3
	黄绿色	E_2			

表 13-2 离散化的鲜食葡萄客户类别对产品属性偏好建模数据

	A_1	A_2	A_3	A_4	A_5	A_6	…	H_1	H_2	H_3	H_4	I_1	I_2	I_3
T_1	0	1	1	1	0	0	…	0	1	0	0	0	1	0
T_2	1	1	1	0	0	0	…	0	1	0	0	0	0	1
T_3	0	1	1	1	0	0	…	0	1	0	0	0	1	0
T_4	0	1	1	0	0	0	…	0	1	0	0	0	1	0
…	…	…	…	…	…	…	…	…	…	…	…	…	…	…
T_{3230}	0	1	0	0	0	0	…	1	0	0	0	0	0	1

13.2 基于优化 Apriori 算法的客户类别对产品属性偏好挖掘方法

13.2.1 基于数据集削减和事务压缩及散列技术的 Apriori 算法

关联分析是发现数据项集之间有趣的关联关系，通过挖掘鲜食葡萄客户类别对产品属性的偏好模式，能帮助企业为客户制定合理的营销策略。假设数据项的集合 $I = \{I_1, I_2, \cdots, I_m\}$，若 $A \subset I$，$B \subset I$，$A \neq \Phi$，$B \neq \Phi$，且 $A \cap B = \Phi$，则关联规则如蕴含式 $A \Rightarrow B$ 成立。该关联规则具有支持度（Support）和置信度（Confidence），分别如公式（13-1）和公式（13-2）。

$$\text{Support}(A \Rightarrow B) = P(A \cup B) \qquad 公式（13-1）$$

$$\text{Confidence}(A \Rightarrow B) = P(B \mid A) \qquad 公式（13-2）$$

Apriori 算法频繁项集的产生主要有连接、剪枝和扫描数据库三个步骤，根据最小置信度，由频繁项集产生强关联规则。

①连接：要从 $(k-1)$ 项集找出 k 项集，通过 $(k-1)$ 项集与自身连接产生候选 k 项集合。

②剪枝：从第 $(k-1)$ 项生成第 k 项后，删去子集不为频繁项的 k 项集。

③扫描事务数据库：由于候选频繁 k 项集中仍可能存在支持度小于阈值的项集，需要做进一步筛选。

鲜食葡萄客户类别对产品属性偏好数据集存在数据重叠、需要多次反复扫描事物数据库、产生大量的候选项集，这三种情况都会占用该算法的运行时间，导致模型运行效率降低。为了提高 Apriori 算法效率，从数据集削减、事务压缩和散列技术三个方面对 Apriori 算法进行优化。

（1）数据集削减法

由于构建的鲜食葡萄客户类别对产品属性偏好数据集包含一些重复的数据，对该重复数据不做删除处理，而是将数据库中相同事物数据进行合并，以减少重复扫描数据库的时间。从 Apriori 算法中可以看出，每次对数据库扫描时，有些事务对频繁项集的产生不起作用。因此，减少数据库中与预测任务不相关的事务，对于提升算法的运行效率非常有必要。采用数据集削减法获得较为精简的鲜食葡萄客户类别结果数据集，能够保证不影响算法最终的预测结果。当扫描数据库生成候选项集 C_k 的频繁项集 L_k 时，C_k 中的项集个数为 k，这时扫描数据库中项目元素个数大于等于 k 的记录即可，而那些项目元素个数小于 k 的记录可以删除；当数据库中项目元素个数等于 k 时且项目中含有非频繁项集的记录也可以删除。

（2）事务压缩法

事务压缩法可以动态删减数据的大小，减少数据库中每一条事务的长度。对于一个项集大小为 p 的数据库，得到的频繁 1 项集大小为 q，可以从数据库的每一条事务中把剩余 $(p-q)$ 个事务删去，从而显著减小事务长度。每一次连接和剪枝操作结束后，得到了频

繁 k 项集。可以扫描数据库，根据先验性质：不包含任何频繁 k 项集的事务不可能包含任何频繁 $(k+1)$ 项集。因此，对事物进行标记或删除，从而提高算法的运行效率。

(3) 散列技术法

当扫描数据库中每个事务时，由 C_1 中的候选 1 项集产生频繁 1 项集 L_1 时，可以对每个事务产生所有的 2 项集，将它们散列到表结构的不同桶中，并增加对应的桶计数。在散列表中，对应的桶计数低于最小支持度阈值的 2 项集不可能是频繁的。因此，应从候选项集中删除，该方法可以显著压缩需要生成的 k 项集。

通过频繁项集的产生过程可以看出，基于数据集削减法可以使数据库的规模变小，基于事务压缩法能够减少遍历数据库的次数，基于散列技术法可以降低候选项集的大小，尤其是频繁 2 项集。以上优化策略能够作用于关联规则预测过程的不同部分，将上述三种思想结合起来得到新的算法，会提高算法的预测效率。根据鲜食葡萄客户类别预测结果，预测不同鲜食葡萄客户类别对产品属性偏好具有重要的现实意义。

13.2.2 鲜食葡萄客户类别对产品属性偏好挖掘算法基本流程

鲜食葡萄客户类别对产品属性偏好挖掘算法流程图如图 13-1 所示，该流程主要分为鲜食葡萄客户类别结果数据获取、鲜食葡萄客户类别对产品属性偏好数据编码及转换、产品属性偏好模式挖掘、产品属性偏好模式评估。

优化 Apriori 算法实现步骤如下。

(1) 输入参数：数据库 D，最小支持度阈值（min support），最小置信度阈值（min confidence）。

(2) 基于数据集削减法扫描全部数据库，采用散列技术生成频繁 1 项集 L_1，频繁 2 项集 L_2，频繁 3 项集 L_3。

(3) 由 L_k 执行连接和剪枝操作，产生候选 $(k+1)$ 项的集合 C_{k+1}。

(4) 采用事务压缩法减少扫描数据库的次数，采用数据集削减法扫描数据库，根据最小支持度阈值，由候选 $(k+1)$ 项的集合 C_{k+1} 产生频繁 $(k+1)$ 项的集合 L_{k+1}。

(5) 当 $k>3$ 时，重复执行 (3) 和 (4)，直到不能发现更大的频繁项集；否则，执行 (6)。

(6) 根据最小置信度阈值，由频繁项集产生关联规则，算法结束。

13.3 鲜食葡萄客户类别对产品属性偏好挖掘结果与分析

13.3.1 鲜食葡萄客户类别/细分群体的差异性分析

由于鲜食葡萄客户对产品属性的偏好数据本身存在重复数据、缺失值、异常值等局限性，鲜食葡萄客户对产品的重复购买率较低，鲜食葡萄客户的单次消费记录并不能直接认定该产品是鲜食葡萄客户对产品属性偏好。因此，很难根据鲜食葡萄客户对产品属性偏好数据直接确定鲜食葡萄客户个人对产品属性偏好信息。一般来说，鲜食葡萄客户类别是根据鲜食葡萄客户的消费价值观等信息特征来进行细分，在预测鲜食葡萄客户类

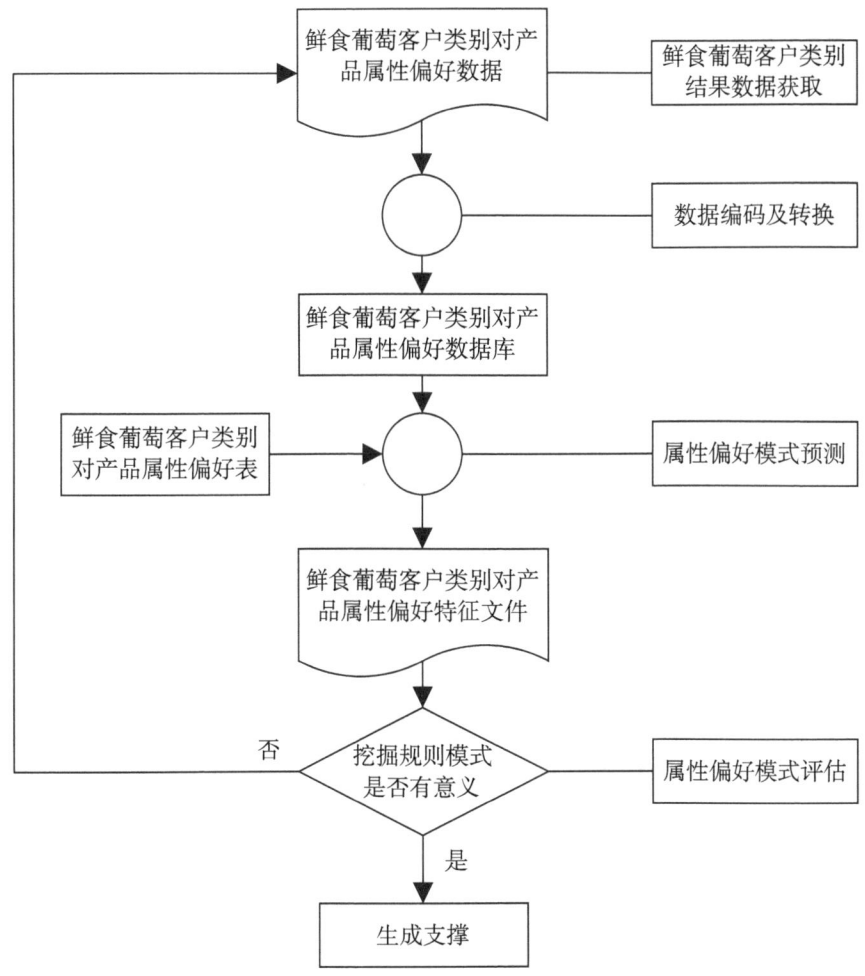

图 13-1 鲜食葡萄客户类别对产品属性偏好挖掘算法流程

别后，可以通过鲜食葡萄客户类别对产品属性偏好来确定客户个人对产品的属性偏好。

基于鲜食葡萄客户类别结果，预测不同鲜食葡萄客户类别对产品属性偏好。表13-3 为鲜食葡萄客户类别之间的显著性差异统计，可以确定特征指标对类别的贡献是否具有显著性。从表13-3 中可以看出，经因子分析提取后的鲜食葡萄客户消费价值观和基本信息特征指标对客户类别均有显著的贡献（$p<0.05$），表明鲜食葡萄客户类别在相同特征指标上有显著性差异。

表 13-3 基于鲜食葡萄客户类别结果数据的方差分析

消费属性	鲜食葡萄客户类别结果的方差分析 差异性对比（平均值±标准差）				F	p
	客户类别1	客户类别2	客户类别3	客户类别4		
品质特征	4.622±0.969	4.563±1.231	4.703±1.082	4.643±1.093	2.291	0.035

(续表)

消费属性	鲜食葡萄客户类别结果的方差分析 差异性对比（平均值±标准差）				F	p
	客户类别1	客户类别2	客户类别3	客户类别4		
质量安全属性	3.496±1.188	2.742±1.380	2.931±1.304	2.929±1.373	60.973	0.000
包装卫生条件	2.039±1.368	1.513±1.329	1.657±1.298	1.643±1.375	27.996	0.000
外在附加条件	4.168±1.382	3.896±1.337	4.073±1.297	4.159±1.285	8.577	0.000
性别	1.480±0.499	1.537±0.498	1.536±0.499	1.552±0.497	3.420	0.016
年龄	2.792±1.112	3.052±1.089	1.426±0.745	4.481±0.749	931.230	0.000
文化水平	1.734±0.983	2.653±1.188	1.385±0.724	3.651±1.162	586.309	0.000
职业性质	2.285±1.135	2.331±0.924	5.919±0.708	6.197±1.338	3 274.309	0.000
家庭人口数	3.617±1.117	4.028±1.260	3.690±1.038	4.558±1.453	77.311	0.000
家庭人均月收入	4.306±1.343	2.722±0.991	2.124±1.306	2.760±1.246	513.403	0.000
城市等级	2.374±1.067	4.607±1.137	3.660±1.476	3.467±1.587	530.245	0.000

为了进一步验证鲜食葡萄客户类别之间在各特征指标上是否有显著性差异，对鲜食葡萄客户类别结果进行单因素方差分析，如表13-4。可以看出各个特征指标的显著性均小于0.05，表明鲜食葡萄客户类别之间均有显著性差异，即细分的四个类别是合理可靠的。

表13-4 基于鲜食葡萄客户类别结果数据的单因素方差分析

项目		平方和	df	均方	F	显著性
品质特征	组间	8.424	3	2.808	2.296	0.035
	组内	3 945.331	3 226	1.223		
	总数	3 953.755	3 229			
质量安全属性	组间	313.205	3	104.401	60.973	0.000
	组内	5 523.709	3 226	1.712		
	总数	5 836.914	3 229			
包装卫生条件	组间	151.262	3	50.420	27.996	0.000
	组内	5 809.912	3 226	1.801		
	总数	5 961.174	3 229			
外在附加条件	组间	45.861	3	15.287	8.577	0.000
	组内	5 749.673	3 226	1.782		
	总数	5 795.534	3 229			

(续表)

项目		平方和	df	均方	F	显著性
性别	组间	2.555	3	0.851	3.420	0.016
	组内	803.294	3 226	0.249		
	总数	805.850	3 229			
年龄	组间	2 725.111	3	908.370	931.230	0.000
	组内	3 146.806	3 226	0.975		
	总数	5 871.918	3 229			
文化水平	组间	1 908.684	3	636.228	586.309	0.000
	组内	3 500.666	3 226	1.085		
	总数	5 409.351	3 229			
职业性质	组间	10 373.570	3	3 457.856	3 274.309	0.000
	组内	3 406.839	3 226	1.056		
	总数	13 780.409	3 229			
家庭人口数	组间	338.950	3	112.983	77.311	0.000
	组内	4 714.479	3 226	1.461		
	总数	5 053.430	3 229			
家庭人均月收入	组间	2 260.575	3	753.525	513.403	0.000
	组内	4 734.816	3 226	1.467		
	总数	6 995.392	3 229			
城市等级	组间	2 575.828	3	858.609	530.245	0.000
	组内	5 223.757	3 226	1.619		
	总数	7 799.585	3 229			

13.3.2 鲜食葡萄客户类别对产品属性偏好挖掘算法的性能评价

关联规则中，如果置信度较高，那么认为该规则是一条强关联规则，但支持度和置信度有时并不能度量规则的实际意义和研究任务所关注的产品属性偏好。因此，本章主要采用以下扩展关联规则评估指标来度量所预测的规则模式。

(1) 提升度 (Lift)

Lift 可以判断规则 $A \Rightarrow B$ 中 A 和 B 是否独立，如公式 (13-3)，如果独立则表示所预测的规则是无效的。如果 Lift 值为 1，说明 A 和 B 两个条件没有关联；如果 Lift 值小于 1，表示 A 和 B 是负相关关系，说明一个条件出现可能导致另一个条件不出现；如果 Lift 值大于 1，表示 A 和 B 两个条件具有正相关关系。

$$\text{Lift}(A \Rightarrow B) = \frac{P(B \mid A)}{P(B)} \qquad 公式（13-3）$$

（2）Kulczynski 系数（Kulc 系数）

Kulc 系数是对两个置信度的平均处理，如公式（13-4）。

$$\text{Kulc}(A \Rightarrow B) = \frac{1}{2}(P(A \mid B) + P(B \mid A)) \qquad 公式（13-4）$$

（3）余弦（Cosine）

Cosine 系数是对两个置信度乘积的算术平方根处理，如公式（13-5）。

$$\text{Cosine}(A \Rightarrow B) = \sqrt{P(A \mid B) \times P(B \mid A)} \qquad 公式（13-5）$$

（4）不平衡比（Imbalance Ratio，IR）

IR 反映了 A 和 B 两个条件之间的差距，如公式（13-6）。IR 值越接近 1，表示两者之间差距越大，其频繁的可靠性就越差。

$$IR(A \Rightarrow B) = \frac{\mid \text{support}(A) - \text{support}(B) \mid}{\text{support}(A) + \text{support}(B) - \text{support}(A \cup B)} \qquad 公式（13-6）$$

为了验证优化 Apriori 算法的有效性，采用传统 Apriori 算法、压缩 Apriori 算法和散列 Apriori 算法预测鲜食葡萄客户类别对产品属性偏好的频繁项集，对不同算法的预测规则数量和效率进行比较。预设的最小阈值容易出现以下情况：当参数阈值设置过高，生成的规则将会很少或规则太普通，一些有用的属性偏好模式就可能流失；若参数阈值设置过低，会导致产生的规则数量庞大，其中有很多规则的实际意义并不大，而且耗时耗内存，这将会给属性偏好模式分析带来很多无用的工作。因此，需要通过实验说明在不同支持度和置信度阈值下，确定用于鲜食葡萄客户类别对产品属性偏好预测的最小支持度和最小置信度阈值。

首先，根据最小支持度阈值对预测规则进行初步筛选，选取规则数量在 200~300；然后，根据扩展的规则模式评估指标对规则进一步筛选。结果表明，当四组鲜食葡萄客户类别结果数据集的最小支持度阈值设置为 30%，最小置信度阈值设置为 50% 时，实验结果较为合理。表 13-5 表示基于不同 Apriori 算法所预测的规则数量和运行时间结果对比，加粗部分表示最优指标值。在算法预测效率方面，优化 Apriori 算法的运行时间明显少于传统 Apriori 算法、压缩 Apriori 算法和散列 Apriori 算法，四个鲜食葡萄客户类

表 13-5　基于不同 Apriori 算法的预测规则数量和运行时间结果对比

算法	客户类别1		客户类别2		客户类别3		客户类别4	
	规则数量	运行时间	规则数量	运行时间	规则数量	运行时间	规则数量	运行时间
Apriori	205	2.352	247	2.379	236	2.226	262	2.156
压缩 Apriori	205	1.318	247	1.356	236	1.217	262	1.169
散列 Apriori	205	1.283	247	1.132	236	0.762	262	0.647
本章 Apriori	205	**1.142**	247	**1.126**	236	**0.698**	262	**0.531**

别对产品属性偏好的预测时间分别为 1.142 秒、1.126 秒、0.698 秒、0.531 秒，表明优化 Apriori 算法生成的规则更简洁快速。因此，采用优化 Apriori 算法预测不同鲜食葡萄客户类别对产品属性偏好具有一定的合理性。

13.3.3 基于优化 Apriori 算法的鲜食葡萄客户类别对产品属性偏好挖掘结果

基于确定的最小支持和最小置信度阈值，利用扩展模式评估指标对频繁规则进行细致筛选，以保存有价值的鲜食葡萄客户类别对产品属性偏好规则。采用优化 Apriori 算法发现鲜食葡萄客户类别对产品属性偏好频繁项集，分别生成 205 条、247 条、236 条、262 条规则。

基于鲜食葡萄客户类别结果数据集，由于生成的关联规则较为冗长，此处只写出 Lift 排名前 6 的鲜食葡萄客户类别对产品属性偏好规则模式，不同鲜食葡萄客户类别对产品属性偏好预测模式分别见表 13-6 至表 13-9，表 13-10 为预测结果。

表 13-6 鲜食葡萄客户类别 1 对产品属性偏好预测模式

编号	规则	支持度（%）	置信度	提升度	Kulczynski 系数	余弦	不平衡比
1	$D_2, F_2 \Rightarrow B_2$	30	0.705	1.236	0.617	0.610	0.206
2	$B_2 \Rightarrow D_2, F_2$	30	0.528	1.236	0.617	0.610	0.206
3	$F_2, D_1 \Rightarrow B_2$	30	0.703	1.232	0.621	0.615	0.190
4	$B_2 \Rightarrow F_2, D_1$	30	0.539	1.232	0.621	0.615	0.190
5	$D_1, C_2 \Rightarrow E_6$	30	0.620	1.231	0.617	0.617	0.006
6	$E_6 \Rightarrow D_1, C_2$	30	0.615	1.231	0.617	0.617	0.006

表 13-7 鲜食葡萄客户类别 2 对产品属性偏好预测模式

编号	规则	支持度（%）	置信度	提升度	Kulczynski 系数	余弦	不平衡比
1	$E_6 \Rightarrow D_1, C_2$	30	0.628	1.207	0.621	0.620	0.017
2	$D_1, C_2 \Rightarrow E_6$	30	0.613	1.207	0.621	0.620	0.017
3	$D_1, C_2 \Rightarrow E_5$	30	0.736	1.192	0.678	0.676	0.130
4	$E_5 \Rightarrow D_1, C_2$	30	0.620	1.192	0.678	0.676	0.130
5	$E_6, C_2 \Rightarrow D_1$	30	0.746	1.177	0.625	0.613	0.277
6	$D_1 \Rightarrow E_6, C_2$	30	0.504	1.177	0.625	0.613	0.277

表 13-8 鲜食葡萄客户类别 3 对产品属性偏好预测模式

编号	规则	支持度（%）	置信度	提升度	Kulczynski 系数	余弦	不平衡比
1	$F_2, C_2 \Rightarrow D_2$	30	0.721	1.192	0.639	0.634	0.187
2	$D_2 \Rightarrow F_2, C_2$	30	0.557	1.192	0.639	0.634	0.187
3	$D_2, C_2 \Rightarrow F_2$	30	0.672	1.168	0.629	0.627	0.099
4	$F_2 \Rightarrow D_2, C_2$	30	0.586	1.168	0.629	0.627	0.099
5	$E_6 \Rightarrow D_1$	30	0.775	1.145	0.673	0.665	0.226
6	$D_1 \Rightarrow E_6$	30	0.571	1.145	0.673	0.665	0.226

表 13-9 鲜食葡萄客户类别 4 对产品属性偏好预测模式

编号	规则	支持度（%）	置信度	提升度	Kulczynski 系数	余弦	不平衡比
1	$D_2, A_2 \Rightarrow B_2$	30	0.761	1.263	0.652	0.643	0.244
2	$B_2 \Rightarrow D_2, A_2$	30	0.544	1.263	0.652	0.643	0.244
3	$F_2, B_2 \Rightarrow D_2$	30	0.755	1.237	0.642	0.632	0.254
4	$D_2 \Rightarrow F_2, B_2$	30	0.530	1.237	0.642	0.632	0.254
5	$D_2, F_2 \Rightarrow B_2$	30	0.744	1.236	0.641	0.632	0.235
6	$B_2 \Rightarrow D_2, F_2$	30	0.537	1.236	0.641	0.632	0.235

表 13-10 不同鲜食葡萄客户类别对产品属性偏好预测结果

客户类别	属性偏好预测模式
客户类别 1	$D_2, F_2 \Rightarrow B_2$；$B_2 \Rightarrow D_2, F_2$；$F_2, D_1 \Rightarrow B_2$；$B_2 \Rightarrow F_2, D_1$；$D_1, C_2 \Rightarrow E_6$；$E_6 \Rightarrow D_1, C_2$
客户类别 2	$E_6 \Rightarrow D_1, C_2$；$D_1, C_2 \Rightarrow E_6$；$D_1, C_2 \Rightarrow E_5$；$E_5 \Rightarrow D_1, C_2$；$E_6, C_2 \Rightarrow D_1$；$D_1 \Rightarrow E_6, C_2$
客户类别 3	$F_2, C_2 \Rightarrow D_2$；$D_2 \Rightarrow F_2, C_2$；$D_2, C_2 \Rightarrow F_2$；$F_2 \Rightarrow D_2, C_2$；$E_6 \Rightarrow D_1$；$D_1 \Rightarrow E_6$
客户类别 4	$D_2, A_2 \Rightarrow B_2$；$B_2 \Rightarrow D_2, A_2$；$F_2, B_2 \Rightarrow D_2$；$D_2 \Rightarrow F_2, B_2$；$D_2, F_2 \Rightarrow B_2$；$B_2 \Rightarrow D_2, F_2$

由上述表中的实验结果可知，关联规则的置信度较高，且关联前项将直接影响到关联后项。以鲜食葡萄客户类别 1 为例，该类别对产品属性偏好模式解释如下：

该鲜食葡萄客户类别购买椭球形、草莓香型产品的同时，也偏好购买适度松散型的产品，而且这种属性偏好的关系是相互的；购买草莓香型、球形或近球形产品的同时，也偏好购买适度松散型的产品，而且这种属性偏好的关系是相互的；购买球形或近球形、中果粒产品的同时，也偏好购买紫黑色的产品，而且这种属性偏好的关系是相互的。其他鲜食葡萄客户类别对产品属性偏好的规则模式解释同理。

第14章 基于电商评论文本的鲜食葡萄消费者情感分析

随着网络购物模式迅速兴起,逐渐衍生出基于电商平台的新型鲜食葡萄销售模式。电商平台每天都会产生大量的鲜食葡萄在线评论数据,这些数据是消费者对于商品发表的具有主观色彩情感信息的文本数据,表达了消费者对该商品的态度和看法。消费者电商评论信息中蕴含了消费者对于产品强烈的主观情感,并包含多个方面的因素,包括产品的质量、价格、物流、评分等,这些信息对于潜在消费者进行购买决策和商家了解客户满意度具有重要价值。产品的潜在用户可以通过浏览含有主观情感色彩的评论数据来了解已购买者对商品的看法,从而做出更好的购买决策。通过挖掘评论数据信息,鲜食葡萄相关经营者可以优化营销策略,推动电商鲜食葡萄产业发展。

本章首先介绍鲜食葡萄电商评论数据的采集,然后基于情感词典对鲜食葡萄评论进行描述,进而基于文本聚类对电商评论进行聚类细分,并计算了不同群体消费者对鲜食葡萄属性的关注度和满意度。

14.1 鲜食葡萄电商评论数据收集

14.1.1 电商评论数据采集方法

本研究利用 Python 语言 Requests 模块编写爬虫程序,获取电商平台鲜食葡萄店铺编号信息,通过电商评论文本数据应用程序编程接口(Application Programming Interface, API)获取鲜食葡萄评论文本数据,创建 Json 对象解析封装的数据,将解析后的评论数据保存到 MySQL 数据库中。

14.1.2 电商评论数据结构

利用爬虫程序获取电商评论文本数据共计 28 276 条,电商评论信息主要由评论时间、评论内容和评论评分构成。部分电商评论文本数据结构如表 14-1 所示。

表 14-1 部分鲜食葡萄评论文本数据

评论时间 （年/月/日　时刻）	评论内容	评分
2021/2/5　10：17	果子个头小，还软趴趴的，第一次见这样的葡萄，冰袋都快成热水了，还有被压坏的，那些给好评的不知道是真的好还有这么着	1
2021/9/22　17：25	26号下单，30号才收到，本来是买来过年吃的，品控太差了，差评	2
2022/1/30　20：48	货收到都打开看了，质量不错！但开了一包试吃，没有描述那么好，有籽皮厚，香味一般，甜度还可以	3
2022/4/21　19：35	口感很甜蛮好的，价格同比进口超市买的便宜，但是就是不可以直观挑拣，有利有弊吧，因为快递所以还是会有些不好的，所幸卖家小有弥补了	4
2022/5/4　20：40	皮薄不涩且无核，吃完在嘴中会有清新的玫瑰花香散开！趁着正是季节多吃一点！果粒大，每粒葡萄都发育饱满没有挤压。确实很好吃	5

以京东商城主流销售的鲜食葡萄品种作为研究对象，包括阳光玫瑰葡萄、夏黑葡萄和巨峰葡萄三种代表性葡萄品种。阳光玫瑰葡萄自引进以来，凭借其玫瑰般的香气和皮薄肉甜特性和适合国内多地种植，种植面积增加，产量逐渐上升，价格逐渐亲民，成为广受人们欢迎的鲜食葡萄品种。夏黑葡萄因果皮颜色呈现紫黑色而得名，其香气浓郁，果肉硬脆，甜度较高，广受人们喜爱。巨峰葡萄果粒硕大，肉软汁多，味道酸甜，广泛种植于我国大部分产区，成为人们追捧的葡萄品种。

14.1.3　数据预处理

利用爬虫程序获取的电商评论数据具有噪声大、质量差等缺陷，电商平台商家为了促进产品销售，吸引消费者的眼球，往往使用系统程序设置默认评论达到刷评论的目的，该类评论文本数据大量重复，默认评论文本数据用于文本挖掘毫无价值。此外，消费者给予商品评价时会使用大量的短句、重叠词语和非中文符号，这些表达复杂和质量较差的文本数据为文本挖掘和消费者满意度分析带来巨大的挑战和困难。综合分析以上因素，本研究需要在实验进行前对数据集进行数据预处理，主要包括数据机械压缩、处理非中文字符、数据去重和短文本过滤等。

（1）数据机械压缩

数据机械压缩定义为消除消费者评论数据中出现重复累赘表达的词语。这些冗余词语表达相同的含义，重复挖掘含义相同的词语增加模型计算的复杂度。部分消费者习惯性使用叠词和口语化词语来表达对商品的评价，比如"味道很好很好很好"和"口感不错不错"等。在数据挖掘的过程中，只需要保留一个重复出现的词语，使文本数据变得更加简洁，降低文本数据挖掘实验的复杂性，也能够充分的表达用户购买商品的情感评价。设计匹配字符模式对文本数据机械压缩，该方法简单高效，同一条评论文本数据中连续重复出现的词语仅保留一个。部分文本数据机械压缩对比如表 14-2 所示。

表 14-2　部分文本数据机械压缩前后对比

原始评论数据	数据机械压缩后
葡萄颗粒很饱满，爱了爱了	葡萄颗粒很饱满，爱了
葡萄非常非常好吃，五星好评	葡萄非常好吃，五星好评
葡萄口感太太太太酸了，差评	葡萄口感太酸了，差评
葡萄质量真不错不错，物流也快	葡萄质量真不错，物流也快
葡萄很甜，味道很好很好很好	葡萄很甜，味道很好
总体还行还行还行，值得购买	总体还行，值得购买

（2）**处理非中文字符**

原始消费者评论文本数据中包含数字符号、英文符号和表情符号等非中文字符形式表达，这些字符组合混乱复杂，直接进行数据建模挖掘文本数据信息会严重影响实验的结果，导致实验结果可解释性较差。采取自定义规则对评论数据中非中文字符进行处理，主要包括数据替换和数据删除两种处理模式。能够精确反映商品信息和表达消费者情感的数字或英文词语寻找对应的中文表达同义词进行替换，比如"3斤""618""perfect"和"nice"等词语进行中文同义词表达替换。无法利用对应的中文同义词替换的表情符号和其他特殊符号执行数据删除操作，比如"&hellip""&omega"和"（/≧▽≦/）"等符号进行数据删除。处理非中文字符之后的评论文本数据中只包含中文表述，同时消费者描述的鲜食葡萄属性和情感倾向表达明确，为后续开展数据挖掘工作奠定基础。本研究采用的词语替换、删除规则和部分文本修正结果如表 14-3 所示。

表 14-3　部分文本数据修正

处理模式	原始评论数据	修正后评论数据
数据替换	3 斤	三斤
数据替换	48 小时	四十八小时
数据替换	618	六一八
数据替换	nice	很好
数据替换	perfect	完美
数据删除	&hellip	—
数据删除	&omega	—
数据删除	（/≧▽≦/）	—

(3) 数据去重和短文本过滤

原始评论文本数据中包含大量的系统默认评论数据、消费者复制粘贴的评论和短句评论，挖掘重复数据信息增加了研究的复杂性，因此需要进行数据去重和短文本过滤。消费者购买完商品逾期未作评价，电商平台评价系统会默认给出评论，默认评论对文本挖掘没有价值，因此需要删除默认评论数据。消费者复制粘贴已有的评论数据导致数据冗余度高，为了降低数据存储的冗余性和研究的复杂性，对重复数据进行去重处理。中文句子为了表达含义，句子需要达到一定长度，部分消费者为了节省评价时间，使用简短或者口语化的句子表达对商品消费的观点，此类评论数据无法精确表达消费者描述的产品属性，数据不具备属性满意度分析的条件，难以挖掘出有价值的信息。

基于上述分析，为了保证数据质量和降低数据库存储实验数据的冗余度，本研究在数据存储到数据库之前进行数据去重处理和短文本过滤。使用 Python 列表匹配模式去重，经过分析将评论文本长度阈值设置为 8 个字符，删除评论文本数据长度小于阈值的数据。数据去重和删除的部分评论如表 14-4 所示。

表 14-4 部分评论文本数据处理

处理模式	评论数据
数据删除	您没有填写内容，默认好评。
数据去重	足斤足秤，味道不错。
数据去重	质量很好，味道也很好！
数据去重	质量很好，晶莹剔透，口感好。
短句删除	真的很好吃。
短句删除	太棒了！
短句删除	真是很赞。

(4) 去停用词

从上小节中文分词结果表观察到中文分词结果中包含大量无实际意义词汇和标点符号，无实际意义词汇称为停用词，主要包括语气助词和连词等。为了降低实验模型计算的复杂度，通过整理常见的中文停用词构成停用词表，最终得到包含 1 217 个常见停用词的停用词表。根据停用词表优化评论中文分词结果，优化后的评论文本分词数量减少，同时消除标点符号，为后续文本数据挖掘提供可靠的数据支撑。去除停用词和标点符号的分词结果如下表 14-5 所示。

表 14-5 评论文本去除停用词分词结果

序号	评论文本分词结果
1	包装/不错/店家/服务态度/好/比较/满意
2	包装/到位/味道/不错/值得/购买

（续表）

序号	评论文本分词结果
3	包装/完好/阳光玫瑰/不是/特别/满意
4	个头/适中/口感/略带/一点/酸/整体/可以
5	想象/中/小/多/结蒂处/变色
6	第一次/购买/包装/不错/味道/行/容易/坏
…	…

（5）中文分词

中文分词是将中文句子分割成若干具有实际意义的单个词语，中文词语组合复杂且词语间无明显的界限区分，由于中文句子中词语联系紧密，因此中文评论文本数据相较于英文文本数据分词难度较高。为了得到较为精确的文本挖掘结果，选取合适的中文分词方法尤为重要。常见的中文分词方法主要包括机械匹配分词方法、统计词频分词方法和语义理解分词方法，机械匹配分词方法虽然简单高效，但无法识别词典中未登录的词语，统计词频分词方法利用人工提取特征，能够有效解决歧义词和识别未登录词语，语义理解分词方法结合语法和语义知识，工作量巨大且实施困难。通过比较三种分词方法的优缺点，结合电商平台评论文本数据偏向口语化的特点，本研究采用统计词频分词方法用于鲜食葡萄电商评论文本分词。常用的分词方法、分词原理和优缺点如表14-6所示。

表14-6 分词方法比较

分词方法	分词原理	优点	缺点
机械匹配分词方法	通过算法将字符串与词典进行匹配，若字典中存在字符串，匹配成功	方法实现简单，速度快且实用性较强	无法识别词典中未登录词语且不能很好处理歧义词语
统计词频分词方法	根据词组合出现的概率划分词语界限，相邻字共现频率高形成词语	有效解决歧义词问题，能识别出未登录的词语	模型构建复杂度较高，需要人工提取词语特征
语义理解分词方法	分词的同时结合句法、语义分析，通过词性标注解决分词歧义	引入句法语义规则，无需人工提取特征	句法语义规模庞大且复杂度较高，实施较为困难

本研究使用 Python 语言 jieba 分词库对电商评论进行中文分词。jieba 分词库具有强大的中文分词功能，是基于统计词典构造前缀词典和动态规划实现评论文本数据分词工具，分词原理如下：首先基于统计词典构造前缀词典，根据前缀词典对中文文本进行句子切分，生成句子中所有成词可能并构造有向无环图，采用动态规划计算最大概率路径，查找基于词频的词语最大切分组合，即为最终中文文本分词结果。对多个品种鲜食葡萄好评数据和差评数据利用 jieba 分词工具进行中文分词，部分 jieba 分词结果如

表 14-7 所示。

表 14-7 部分评论文本分词结果

序号	评论文本分词结果
1	包装/很/不错/，/店家/服务态度/也/挺/好/，/还是/比较满意/的/。
2	包装/到位/，/味道/也/不错/，/值得/购买/！
3	包装/完好/，/只是/里面/的/阳光/玫瑰/不是/特别/满意/。
4	个头/比较/适中/，/口感/略带/一点/酸/，/整体/还/可以/。
5	比/想象/中/的/小/多了/？/而且/结蒂处/已经/变色/。
6	第一次/购买/，/包装/还/不错/，/味道/还/行/，/就是/容易/坏/。
…	…

14.1.4 构建文本数据集

通过文本数据预处理和划分好评数据差评数据之后共计得到 22 661 条电商评论文本数据，其中包括 17 859 条好评数据和 4 802 条差评数据。为了研究电商平台消费者对多个品种鲜食葡萄属性关注度和满意度，本研究根据鲜食葡萄品种将实验数据集划分为四个实验子数据集，分别是阳光玫瑰好评集、夏黑好评集、巨峰好评集和差评集，因实验过程中鲜食葡萄分品种采集到的差评数据较少，将差评数据不再分品种划分。对应的实验数据集详细情况如表 14-8 所示。

表 14-8 鲜食葡萄评论文本实验数据集

数据类型	数量（条）
阳光玫瑰好评数据	10 986
阳光玫瑰差评数据	3 812
夏黑好评数据	4 094
夏黑差评数据	554
巨峰好评数据	2 779
巨峰差评数据	436
数据总和	22 661

14.2 基于情感词典的鲜食葡萄评论描述

14.2.1 鲜食葡萄领域情感词典构建

为了分析消费者给出差评的原因，需要将数据划分为好评数据和差评数据。通过分析评论数据,电商评论对应评分为1~5分,评分为5可以直接划分为好评数据,评分为1划分为差评数据,评分为2~4分的评论数据包含多种情感极性,因此直接依据评分划分此类数据存在问题。为了精准划分好评和差评数据,依据评论中积极情感词语和消极情感词语出现的个数判断,如果评论中积极情感词语多于消极情感词语,将评论划分为好评数据,反之划分为差评数据。统计评论中情感词语个数和情感极性可以借助情感词典实现。

常用的开源情感词典可以满足多个领域的情感词语识别任务,但在鲜食葡萄领域情感词语识别任务中,常见的开源情感词典尚未登录部分鲜食葡萄语料库中高频出现的情感词。基于上述原因,需要构建鲜食葡萄领域情感词典。深度学习网络模型利用多层非线性网络结构建模,具备优越的文本特征学习能力,在情感分析任务中应用广泛。因此,基于鲜食葡萄评论文本语料库,利用浅层神经网络模型并结合主流的开源情感词典构建鲜食葡萄领域情感词典。构建鲜食葡萄领域情感词典流程如图14-1所示。

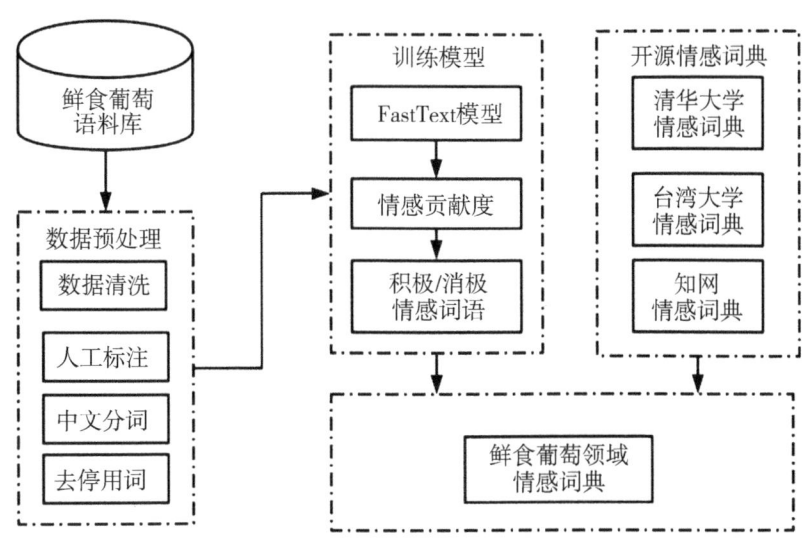

图14-1 构建鲜食葡萄领域情感词典流程

FastText模型中文本输入引入了N-gram语法,N-gram语法是一种基于统计的语言模型算法,主要思想是:将文本中的词语按分词长度为N进行滑动窗口操作,文本构成看作是从文本中提取的N个连续词语的集合。N-gram语法前提是假设第n个词语只与前面$n-1$个词语相关联,与其他词语不相关。常见的有Bi-gram($N=2$)和Tri-gram($N=3$),以分词后的句子"包装/到位/味道/不错/值得/购买"为例,对应的Bi-gram为{"包装/到位","到位/味道","味道/不错/","不错/值得","值得/购买"},对应的Tri-gram为{"包装/到位/味道","到位/味道/不错","味道/不错/值得","不错/值得/购买"},上述例子可以看出,N-gram语法得到词语的组合,有助于提取文本中词语组合特征,提高文本分类的准确度。

模型输入层为词嵌入层，$X_i(i \in [1, n])$ 表示文本中 N-gram 向量，隐藏层是语料库中词语词向量叠加取平均，得到文本的整体特征向量，输出层采用分层的 softmax 降低模型训练时间，得到文本语料的所属类别概率。模型采用负对数似然作为损失函数：

$$E = -\frac{1}{N}\sum_{n-1}^{N} y_n \log(f(BAx_n)) \qquad 公式（14-1）$$

式中，N 代表文档数，x_n 是文档中的词特征，y_n 是标签，A 和 B 代表权重矩阵，矩阵 A 用于转换文本表示，矩阵 B 用于线性变换计算类别，函数 f 是 softmax 层用于计算文本最终分类的概率。

14.2.2 鲜食葡萄领域情感词汇总

依据 FastText 模型有监督学习方法，根据带有情感极性标签的电商评论数据训练模型，模型在隐藏层是语料库中所有词语及 N-gram 向量叠加取平均，得到文本的整体特征向量，文本属于某种情感的概率由句子中每个词语贡献度取平均加类别偏置量得到。计算式如公式（14-2）所示。

$$\text{logit} = \frac{1}{n}\sum_{i=1}^{n} We(w_i) + b \qquad 公式（14-2）$$

式中，$We(w_i)$ 表示 w_i 这个词对情感极性的贡献度，假设 1 表示正向情感，0 表示负向情感，$W_1e(w_i)$ 和 $W_0e(w_i)$ 分别表示 w_i 这个对正向情感和负向情感的贡献度，本研究设定 $W_1e(w_i) - W_0e(w_i)$ 差值大于 0.5 为积极词语，$W_0e(w_i) - W_1e(w_i)$ 差值大于 0.5 为消极词语，b 为类别偏置量，是一个可训练参数，由模型标签数据训练得到。

从鲜食葡萄评论语料库中人工标注评论句子情感极性，筛选出部分评分为 5 的数据设定情感极性标签为 1，表示评论数据倾向正向情感；数据评分为 1 的评论情感极性标签为 0，表示评论数据倾向负向情感。共标注 4 000 条带有情感极性标签的数据训练 FastText 模型，其中包括 2 000 条正向情感评论和 2 000 条负向情感的评论。部分鲜食葡萄电商评论文本标签数据示例如表 14-9 所示。

表 14-9 部分鲜食葡萄电商评论文本标签数据

编号	评论内容	评分	标签
1	商品收到了，包装很好，物流非常快，客服态度很积极，葡萄味道清甜可口，总体来说非常满意！	5	1
2	葡萄收到，一如既往的好，包装很到位，质量还不错，很喜欢，水分足，颗粒饱满。	5	1
3	葡萄很好吃，个头很大，很新鲜，很干净，很好吃，很满意。	5	1
4	葡萄收到都烂掉了，根本没法吃，扔掉了，下次不会购买了。	1	0
5	葡萄个头小，味道很酸，物流也很慢，不值得购买。	1	0
6	有烂的葡萄，味道酸涩，没有阳光玫瑰的香味，要么是不熟要么就是酸。	1	0

使用带有情感极性的标签数据训练 FastText 模型，通过模型输出电商评论文本中词语对句子情感极性的贡献度，计算词语对积极情感和消极情感贡献度差值，最终共计得到 275 个积极情感词语和 323 个消极情感词语。鲜食葡萄领域情感词语如表 14-10 所示。

表 14-10　鲜食葡萄电商评论部分情感词语

词语情感分类	情感词语
积极词语（275）	喜欢、足、实惠、很足、饱满、值得、均匀、多汁、可口、充足、不错、很快、好吃、甜甜的、满意、完好、回购、推荐、严实、香甜…
消极词语（323）	差、差评、不值、很小、发霉、差劲、垃圾、软、发黄、最差、烂、欺骗、太慢、太小、不好、难吃、不符、很差、酸、腐烂、皮厚…

从评论语料库中以消费者的角度提取鲜食葡萄领域评价情感词语，结合开源情感词典，最终整合构建鲜食葡萄领域情感词典。其中开源词典主要包括。

（1）清华大学情感词典：清华大学李军褒贬义词典，该词典将中文情感词分为褒义词和贬义词两类，词典中包含 5 568 个褒义词和 4 470 个贬义词。本研究将清华大学情感词典中褒义词归类为积极词语，将贬义词归类为消极词语加入鲜食葡萄领域情感词典。

（2）台湾大学情感词典：台湾大学情感词典经过人为收录修订包含 2 810 个积极词和 8 276 个消极词，词典分为繁体和简体两个版本，词典中不仅收录的包括情感极性明显的词语，还收录了具有明显倾向的短语句子，将情感极性明显的词语扩充到鲜食葡萄领域情感词典中。

（3）知网情感词典：知网情感词典分为中文情感分类词集和英文情感分类词集两部分，其中中文情感分类词集主要由 2 090 个正负两类情感词组成，包括正向情感词 836 个，负向情感词 1 254 个。本研究将知网情感词典正向情感词和负向情感词按照情感极性归纳到鲜食葡萄领域情感词典中。

将上述开源情感词典中的积极词语和消极词语整合到鲜食葡萄领域情感词典中，共计得到 22 262 个情感词，其中包含 9 021 个积极情感词和 13 241 个消极情感词。利用本研究制定的好评数据和差评数据划分规则，结合鲜食葡萄领域情感词典，将数据预处理之后得到的 22 661 条鲜食葡萄电商评论文本数据，划分为 17 859 条好评数据和 4 802 条差评数据。

14.2.3　基于词云图的消费者评价可视化

词云图是由多个词语构成的图形，过滤掉部分低频词汇和无实际意义词汇，从而将文本中高频关键词语直观展示。词云图通过可视化的表达方式展示文本数据集中大量的高频词，有助于了解语料库中重要信息。词云图中词语的重要性以字体大小衡量，可以直观体现语料库中词语词频分布。本研究利用鲜食葡萄电商评论文本数据，通过 Python 语言 WordCloud 库绘制多个品种鲜食葡萄词云图，词云图中词语形状越大，表示词语在语料库中出现的频次越高,对应的词语重要程度也越高。以图14-2为本研究绘制的实验数据集词云图。

图14-2　数据集词云图

分析可视化词云图,"新鲜""好吃""包装"和"味道"等词语字体形状较大,说明这些词语在整个电商评论文本语料库中重要程度越高,因此可以发现:消费者评论中描述葡萄的新鲜度、口感、包装和物流等属性词语较多,表明消费者比较重视葡萄的新鲜度、口感、包装和物流等因素。

14.3　基于文本聚类的鲜食葡萄评论细分

14.3.1　鲜食葡萄评论文本聚类方法

(1) 文本聚类流程

本研究提取文本主题特征和重点语义特征进行文本聚类,提出融合句向量相似度计算模型，融合相似度度量分为两部分，LDA 主题模型句向量主题概率相似度和 TF-IDF 加权 Word2Vec 模型句向量余弦相似度，将融合相似度作为后续文本聚类距离度量，融合相似度文本聚类流程如图 14-3 所示。

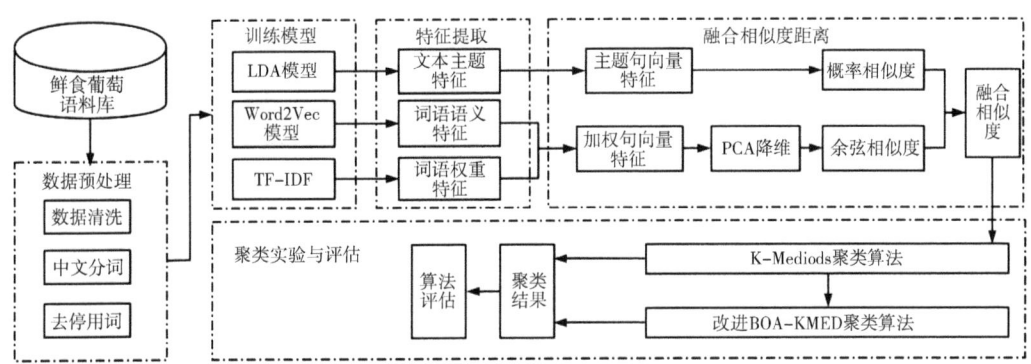

图 14-3 融合相似度文本聚类流程

（2）基于 LDA 的主题提取模型

LDA 主题模型中主题一致性反映主题的可解释性，是基于关键词对之间的非对称度量，本研究根据主题一致性确定最佳主题个数。主题一致性计算公式定义为：

$$C = \frac{2}{N \cdot (N-1)} \sum_{i=2}^{N} \sum_{j=1}^{i-1} \log \frac{p(w_i, w_j)}{p(w_j)} \qquad 公式（14-3）$$

式中，N 表示文档数，$p(w_i, w_j)$ 表示文档中同时包含词 w_i 和词 w_j 的概率，$p(w_j)$ 表示文档中包含词 w_j 的概率。

JS 散度（Jensen-Shannon Divergence）是衡量两个概率分布之间的差异性指标，JS 散度的取值范围为 [0, 1]，取值越小说明两个概率分布之间差异越小。文本 P 和文本 Q 的相似度计算 $JS(P, Q)$ 公式如下所示：

$$JS(P, Q) = \frac{1}{2}\left[D_{KL}\left(P, \frac{P+Q}{2}\right) + D_{KL}\left(Q, \frac{P+Q}{2}\right)\right] \qquad 公式（14-4）$$

式中，P 和 Q 表示文本 LDA 主题概率句向量，D_{KL} 表示 KL 散度（Kullback-Leibler divergence），其计算式如公式（14-5）所示。

$$D_{KL} = \sum P \log \frac{P}{Q} \qquad 公式（14-5）$$

本研究根据 JS 散度计算电商评论文本数据集中 LDA 主题模型概率句向量之间的相似度，得到文档 LDA 主题模型概率句向量相似度矩阵，将相似度值作为电商评论文本聚类相似度的一部分。

（3）TF-IDF 加权 Word2Vec 模型相似度

TF-IDF 是文本中常用的加权算法，TF-IDF 算法用于评估一个句子在语料库中的重要程度。其中 *TF* 表示词频，*IDF* 表示逆文档频率，词语的重要性与词语在评论文本数据中出现的次数成正比，与词语在整个语料库的出现频率成反比，计算公式为：

$$TF_{i,j} * IDF_i = \frac{n_{i,j}}{\sum_a n_{a,j}} * \log \frac{|D|}{|j: t_i \in d_j| + 1} \qquad 公式（14-6）$$

式中，$n_{i,j}$ 表示关键词语 t_j 在评论文本 D_j 中出现的次数，$\sum_a n_{a,j}$ 表示评论文本 D_j 中所有的分词数量，D 表示语料库中评论文本的数量，$|j: t_i \in d_j|$ 表示语料库中包含关键词语 t_j 的评论文本数量。TF-IDF 算法可以计算每条评论文本数据中分词的权重，分词权重反映了评论文本中分词对于整个句子语义表达的重要程度。

利用 Word2Vec 模型中的跳字模型预训练得到上下文语义准确度较高的词向量，同时将得到的分词权重 TF-IDF 值融合到词向量中，解决 Skip-gram 模型无法突出语义重点信息问题，通过累加词向量得到 TF-IDF 加权 Word2Vec 电商评论文本句向量。设置向量维度参数为 50，窗口大小为 5。为了降低高维句向量计算的复杂度，引入主成分分析法 PCA 降维，PCA 可以消除变量之间的相关性从而实现数据降维、提高模型的运算效率和预测效果，当主成分累积贡献率达到 85%，说明这些主成分可以代表原样本数据的信息。根据向量维度贡献率，保留评论文本句向量前 30 维度，其累计维度贡献率为 98%，能够很好地保留评论文本的语义信息。

余弦相似度（Cosine Similarity）是计算两个向量的余弦值来评估向量的相似性，反映了向量间的相关性，评论文本句向量之间的余弦相似度越大，表示评论文本包含的相似性信息越多。评论文本向量 P 和 Q 的余弦相似度计算式如公式（14-7）所示。

$$COS(P,Q) = \frac{P \cdot Q}{|P| \times |Q|} \qquad 公式（14-7）$$

将鲜食葡萄电商评论文本数据通过 TF-IDF 加权 Word2Vec 模型得到高维句向量，利用 PCA 方法对句向量降维，计算评论文本句向量之间的余弦相似度，得到文档 TF-IDF 加权 Word2Vec 模型句向量余弦相似度矩阵，将余弦相似度值也作为文本聚类相似度的一部分。

(4) 融合句向量相似度模型

为了有效解决 LDA 主题模型损失句向量信息和 Word2Vec 模型句向量难以突出语义重点信息等问题，利用 LDA 主题模型和 TF-IDF 加权 Word2Vec 模型分别表示电商评论句向量。将 LDA 主题模型表示的评论文本句向量 JS 散度与利用 PCA 方法降维的 TF-IDF 加权的 Word2Vec 模型句向量余弦相似度融合，得到评论文本句向量加权融合相似度。将加权融合相似度作为文本聚类的距离度量。其中文本 P 和 Q 的加权融合句向量相似度 $Dis(P,Q)$ 计算公式为：

$$Dis(P,Q) = \frac{1}{2}[(1 - JS(P,Q)) + COS(P,Q)] \qquad 公式（14-8）$$

(5) 改进的 BOA-KMED 文本聚类算法

基于 K-Mediods 聚类算法简单高效的优势，为了解决传统的聚类算法容易陷入局部最优导致聚类结果不稳定问题，引入 BOA 优化聚类中心选取，提出一种基于蝴蝶算法优化的 BOA-KMED 算法。根据 BOA 搜索机制，通过改进全局搜索和局部搜索概率自适应 P 值，合理选择全局搜索和局部搜索，同时解决 BOA 运行过程中产生搜索能力差和陷入局部最优等问题，利用 BOA-KMED 算法得到种群的最优值和最优解，应用到电商评论文本聚类中，提高文本聚类结果的可解释性和合理性。BOA-KMED 算法的主要操作流程包括：

①编码方式和初始化种群。本研究在确定聚类个数的情况下，寻找最优聚类中心。将评论文本数据采用实数编号，随机选取 k 个初始聚类中心，聚类中心可以表示为 $C=(c_1, c_2, c_3, \cdots, c_k)$，其中 $c_i(i \in k)$ 表示一个聚类中心对应评论文本数据实数编号。

②选取适应度函数。对于蝴蝶算法而言，适应度函数与 I 值相关，适应度函数取值越大，表示蝴蝶散发的香味浓度越大。以聚类算法中簇间的紧密程度作为评价标准，选取适应度函数公式如下所示。

$$F(x_i(t)) = \sum_{i=1}^{k} \sum_{p \in C_i} [Dis(p, c_j(t))]^2 \qquad 公式（14-9）$$

其中每只蝴蝶代表一组聚类中心，$x_i(t)$ 表示簇 C_i 的簇中心（$i=1, 2, \cdots, k$），聚类中心个数为 k，对应每只蝴蝶的维数为 k，p 为样本数据集合中的数据对象，其中 $c_j(t)$ 代表第 t 代蝴蝶的第 j 个聚类中心（$j=1, 2, \cdots, k$），表示融合相似度距离度量，$F(x_i(t))$ 表示所有数据到聚类中心的融合相似度距离，相似度取值越大表示聚类效果越好。蝴蝶香味浓度计算公式改写为。

$$f = c (F(x_i(t)))^a \qquad 公式（14-10）$$

③种群规模和选择操作。设定的种群规模 m 为 20，初始蝴蝶种群随机产生，在种群迭代过程中，计算每代蝴蝶的适应度值，改进自适应感知概率 P 值计算公式与随机值 r 比较，算法前期进行迭代，感知概率 P 值最大，以较大概率进行全局寻优确保种群以较快的速度向最优值靠拢，加快了算法的收敛速度，算法后期进行迭代，局部寻优概率增大，平衡种群全局搜索和局部搜索，提高算法的寻优能力。

④自适应 P 值计算。为平衡种群进行全局搜索和局部搜索，加快算法的收敛速度和提高算法的寻优能力，本研究提出自适应 P 值计算，动态切换感知概率 P 值实现更佳的寻优策略，对于第 t 代蝴蝶其感知概率即 P_t 计算公式如下所示。

$$P_t = P_{\min} + (P_{\max} - P_{\min}) \times \frac{MaxIter - t}{MaxIter} \qquad 公式（14-11）$$

式中，P_t 表示第 t 代蝴蝶感知概率，$P_{\min}$ 和 $P_{\max}$ 表示感知概率取值最小值和最大值，本研究设置 $P_{\min} = 0.5$，$P_{\max} = 0.8$，$MaxIter$ 表示迭代次数。

BOA-KMED 算法流程图如图 14-4 所示。

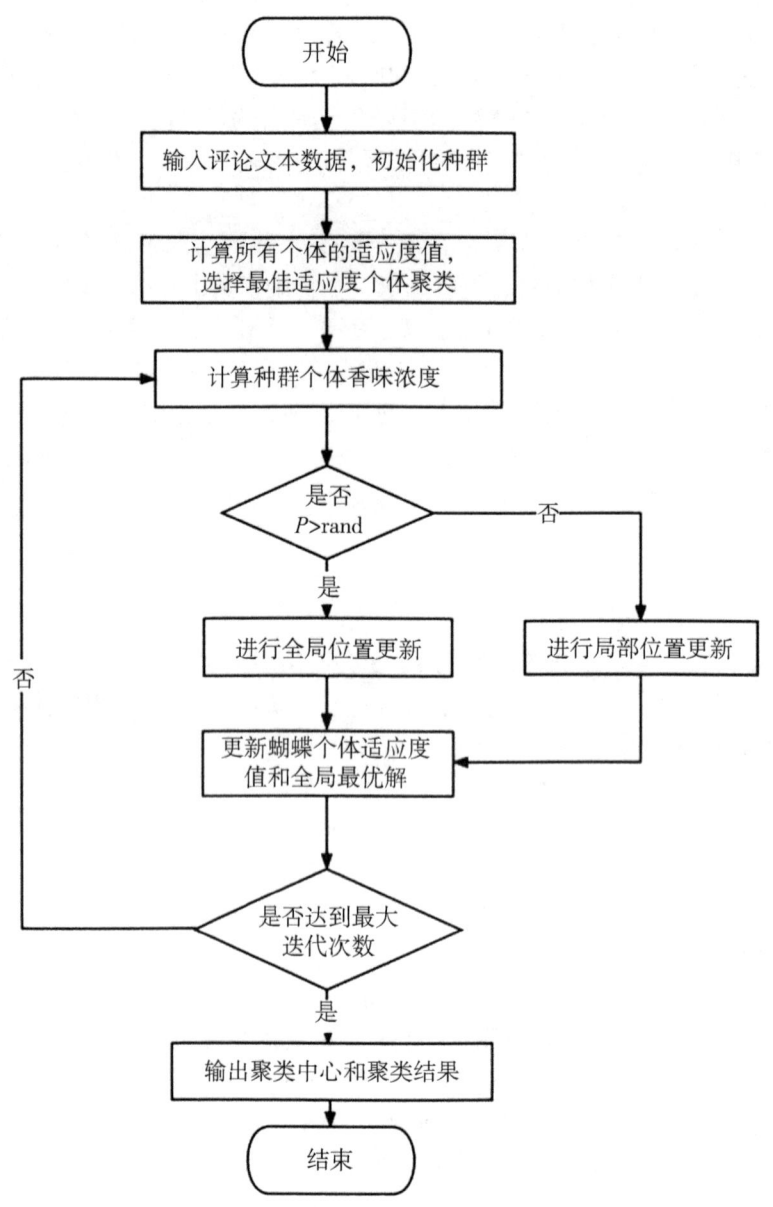

图 14-4　BOA-KMED 算法流程图

BOA-KMED 聚类算法流程描述如下。

算法：BOA-KMED 聚类算法

输入：聚类个数 K；种群规模 m；感觉模态 c；幂指数 a 和感知概率 P 值

输出：聚类中心；聚类结果

1. $t \leftarrow 1$（initialization）；

2. 初始化蝴蝶种群，从输入样本中随机选 k 个聚类中心；

3. 计算出蝴蝶种群中所有个体的适应度 $F(x_i(t))$；

4. 选择最佳适应度值个体，对评论文本数据进行聚类；

5. while（$t<MaxIter$）do

6. 计算自适应感知概率 P_t；

7. for i to m do

8. 计算蝴蝶香味浓度 f_i 和确定全局最优 $g*(t)$；

9. if（$P_t>rand$）do

10. $x_i^t \leftarrow x_i^t+(r^2 \times g^* - x_i^t) \times f_i$；

11. else do

12. $x_i^t \leftarrow x_i^t+(r^2 \times x_j^t - x_k^t) \times f_i$；

13. 更新得到蝴蝶全局最优解 $g*(t)$ 和最优值；

14. $t \leftarrow t+1$；

15. return 全局最优聚类中心（最优解）和聚类结果（最优值）。

14.3.2 鲜食葡萄电商评论聚类实验及结果

本研究验证了 LDA 主题模型和 TF-IDF 加权的 Word2Vec 模型融合相似度在电商评论文本聚类算法距离度量的优势，将融合相似度与单一的 LDA 主题模型 JS 散度和 TF-IDF 加权的 Word2Vec 模型余弦相似度文本聚类评价指标进行比较。之后将改进的 BOA-KMED 算法与 K-Mediods 算法、经典的群体智能优化算法优化 K-Mediods 后的文本聚类结果比较验证。自建的电商评论文本数据是无标签数据集，因此实验结果评价采用聚类算法的内部评价指标轮廓系数（Silhouette Coefficient）和 CH 指数（Calinski-Harabasz）作为评价标准。仿真实验在 Windows 11 操作系统进行，处理器为 Intel(R) Core(TM) i5-11400H，主频为 2.70 GHz，内存为 16.0 G，仿真软件为 PyCharm2021。

（1）聚类 K 值的选取

电商评论文本数据聚类时，首先需要确定聚类中心的个数，本研究采用聚类算法评价指标轮廓系数确定实验数据集的聚类 K 值，轮廓系数利用样本点所在簇的内聚度与其他簇分离度来描述簇之间的轮廓清晰度，取值越大表示聚类效果越好。实验选取 K 值为 2~10 之间的整数，实验重复进行 20 次，通过重复实验取均值，实验最终确定鲜食葡萄评论文本数据集对应的聚类 K 值见表 14-11。

表 14-11 聚类 K 值

阳光玫瑰好评集	夏黑好评集	巨峰好评集	差评集
2	2	2	3

实验结果得到阳光玫瑰好评集聚类 K 值为 2，夏黑好评集聚类 K 值为 2，巨峰好评集聚类 K 值为 2，差评集聚类 K 值为 3。

（2）LDA 主题个数的确定

主题一致性反映 LDA 主题模型中主题的可解释性，本研究利用 LDA 主题一致性确定主题个数，主题一致性计算式如公式（14-12）所示。

$$C = \frac{2}{N \cdot (N-1)} \sum_{i=1}^{N} \sum_{j=1}^{i-1} \log \frac{p(w_i, w_j) + e}{p(w_i) \cdot p(w_j)} \qquad 公式（14-12）$$

式中，N 为主题的个数，$p(w_i)$ 表示主题 w_i 出现的概率，$p(w_i, w_j)$ 表示主题 w_i 和 w_j 同时出现的概率。本研究重复实验 20 次，采用 30 次循环遍历的方式计算不同主题个数对应主题连贯性指标值，选取最大值时对应的主题数 M，其结果分别如图 14-5 所示：

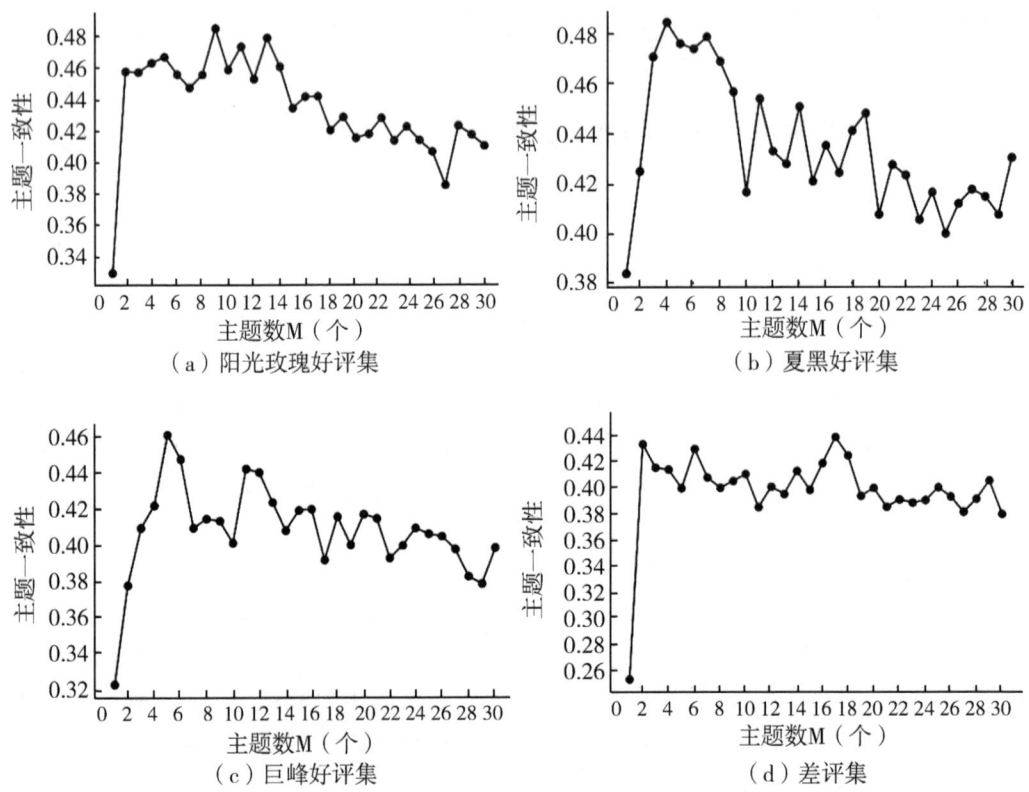

图 14-5 主题一致性确定 LDA 主题个数

确定鲜食葡萄评论文本数据集对应的主题个数如表 14-12 所示，其中阳光玫瑰好评集 LDA 主题数量为 9，夏黑好评集 LDA 主题数量为 4，巨峰好评集 LDA 主题数量为 5，差评集 LDA 主题数量为 17。

表 14-12　LDA 主题数量

数据集	阳光玫瑰好评集	夏黑好评集	巨峰好评集	差评集
主题个数 M	9	4	5	17

（3）评论文本聚类结果

在阳光玫瑰好评集、夏黑好评集、巨峰好评集和差评集 4 个鲜食葡萄评论文本数据集上分别用 LDA 主题模型表示主题句向量，计算主题句向量概率相似度进行 K-Mediods 文本聚类；TF-IDF 加权 Word2Vec 模型表示加权句向量；计算加权句向量余弦相似度极性 K-Mediods 聚类和 LDA 主题模型和 TF-IDF 加权 Word2Vec 模型分别表示评论句向量，计算融合相似度极性 K-Mediods 聚类轮廓系数实验结果如表 14-13 所示。

表 14-13　模型聚类轮廓系数对比

聚类模型	阳光玫瑰好评集	夏黑好评集	巨峰好评集	差评集
LDA+K-Mediods	0.027 7	0.069 6	0.103 5	0.040 1
Word2Vec+K-Mediods	0.162 1	0.268 8	0.302 6	0.109 4
LDA+Word2Vec+K-Mediods	**0.288 3**	**0.339 8**	**0.420 4**	**0.291 2**

用 LDA 主题模型计算概率相似度进行 K-Mediods 聚类、TF-IDF 加权 Word2Vec 模型计算余弦相似度进行 K-Mediods 聚类、融合相似度 K-Mediods 聚类的 CH 指数实验结果如表 14-14 所示。

表 14-14　模型聚类 CH 指数对比

聚类模型	阳光玫瑰好评集	夏黑好评集	巨峰好评集	差评集
LDA+K-Mediods	567.20	939.36	721.49	587.12
Word2Vec+ K-Mediods	2 144.09	1 471.98	1 231.74	533.97
LDA+Word2Vec+ K-Mediods	**5 602.43**	**2 201.49**	**2 741.07**	**2 553.59**

分析上述实验结果可知，融合相似度 K-Mediods 聚类相较于 LDA 主题模型句向量概率相似度 K-Mediods 聚类和 TF-IDF 加权 Word2Vec 模型句向量余弦相似度 K-Mediods 聚类，轮廓系数和 CH 指数显著提升。进一步地，融合 LDA 主题模型句向量概率相似度和 TF-IDF 加权 Word2Vec 模型句向量余弦相似度聚类，利用经典的粒子群优化算法（Particle Swarm Optimization，PSO）和人工蜂群算法（Artificial Bee Colony Optimization，ABCO）优化 K-Mediods 聚类算法，与改进的 BOA-KMED 算法在本研究数据集进行对比。

PSO-K-Mediods 算法参数粒子种群为 20，最大迭代次数为 50，惯性权重为 1.2，学习因子为 2，粒子变化范围取 10%。ABCO-K-Mediods 算法参数蜜蜂种群为 20，最大迭代次数为 50，最大限制搜索次数为 20。聚类轮廓系数实验结果如表 14-15 所示，聚类 CH 指数实验结果如表 14-16 所示。

表 14-15 对比算法聚类轮廓系数对比

聚类算法	阳光玫瑰好评集	夏黑好评集	巨峰好评集	差评集
K-Mediods	0.288 3	0.339 8	0.420 4	0.291 2
PSO-K-Mediods	0.295 7	0.351 5	0.448 1	0.299 1
ABCO-K-Mediods	0.291 9	0.348 0	0.437 3	0.300 4
BOA-KMED	**0.296 1**	**0.360 5**	**0.450 3**	**0.306 9**

表 14-16 对比算法聚类 CH 指数对比

聚类算法	阳光玫瑰好评集	夏黑好评集	巨峰好评集	差评集
K-Mediods	5 602.43	2 201.49	2 741.07	2 553.59
PSO-K-Mediods	5 803.16	2 725.27	2 904.80	2 624.24
ABCO-K-Mediods	5 657.58	2 677.23	2 775.69	2 626.95
BOA-KMED	**5 828.66**	**2 821.30**	**2 933.21**	**2 708.87**

分析上述实验结果，在自建的鲜食葡萄品论数据集中，改进的 BOA-KMED 算法聚类结果的轮廓系数和 CH 指数均高于对比算法，说明改进的 BOA-KMED 聚类算法效果优于 K-Mediods 算法、PSO-K-Mediods 算法和 ABCO-K-Mediods 算法。融合相似度聚类的轮廓系数和 CH 指数相较于单一的 LDA 主题模型 JS 散度和 TF-IDF 加权 Word2Vec 模型余弦相似度聚类效果提升显著，改进的 BOA-KMED 算法也优于经典群体智能优化算法优化的 K-Mediods 算法，利用融合相似度和改进的 BOA-KMED 算法聚类，相较于传统的 K-Mediods 算法聚类轮廓系数平均提升 0.019，CH 指数平均提升 298.37。因此，基于最佳聚类算法，得到稳定的电商评论文本聚类结果，见表 14-17。

表 14-17 电商评论聚类结果

评论数据集	数据集数量（条）	细分类型数量（个）	消费者细分类型及分布（条）
阳光玫瑰好评集	10 986	2	第一类（5 209）第二类（5 777）
夏黑好评集	4 094	2	第一类（1 643）第二类（2 451）

(续表)

评论数据集	数据集数量（条）	细分类型数量（个）	消费者细分类型及分布（条）
巨峰好评集	2 779	2	第一类（1 065）第二类（1 714）
差评集	4 802	3	第一类（1 399）第二类（1 537）第三类（1 866）

根据 BOA-KMED 聚类算法得到鲜食葡萄电商评论文本进行聚类细分，聚类结果得到不同类型评论者簇数目，将聚类结果按照第一类、第二类和第三类顺序命名，将聚类结果参与后续信息挖掘实验，后续确定消费者具体的细分类型进行详细分析。

14.4 鲜食葡萄电商评论的情感分析

本节主要分析电商评论文本的情感倾向，对文本聚类结果进行深入挖掘。首先利用依存句法理论构建鲜食葡萄属性词典，了解消费者关注的鲜食葡萄属性。之后构建 Bi-LSTM 情感分析模型，为降低模型计算复杂度，根据属性词典匹配评论文本中包含的鲜食葡萄属性，之后利用情感分类模型预测包含已知属性的评论文本的情感倾向，得到鲜食葡萄属性关注度和满意度结果。

14.4.1 构建鲜食葡萄属性词典

电商评论文本数据包含葡萄多个属性，为了分析和比较消费者对于不同品种鲜食葡萄属性满意度，首先采用依存句法理论识别评论文本中名词性主语，确定评论文本数据中鲜食葡萄属性词，整合提取的鲜食葡萄属性词，最终构建鲜食葡萄两级属性标签体系，了解消费者关注的鲜食葡萄属性，同时可以根据属性词典匹配电商评论中包含的属性，构建深度学习情感分析模型时无需识别评论文本属性，有效降低模型计算的复杂度。

（1）依存句法分析

在信息检索、文本挖掘和情感分析等领域，自然语言处理技术得到迅速发展，依存句法分析是自然语言处理的重点。依存句法分析通过句子中词语之间的依存关系表达句子整体结构，词语间的依存关系表达整个句子成分之间的语义关系。词语间的依存关系共同构成依存句法树，词语间的关系类似树干和树枝关系，其中树干代表整个句子的核心内容，称为核心谓词。在一个句子中，若两个词语之间存在依存关系，被修饰词称为支配项，修饰词称为依赖项，利用依存句法树中的依赖关系，可以很容易判断词语间的特定语法关系。依存句法理论存在五条公理，内容如下所示：

①一个句子中有且仅有一个成分是独立的。

②除句子中独立成分外，句子中的其他成分依赖于某一个成分。

③任何一个成分不能依赖于两个或两个以上句子中其他成分。

④如果成分 A 直接依赖于成分 B，而成分 C 在句中位于成分 A 和 B 之间，则成分 C 或者直接依赖于成分 B，或者直接依赖于成分 A 和 B 之间的某一成分。

⑤中心成分左右两面的其他成分相互不发生关系。

（2）鲜食葡萄属性词提取

根据依存句法分析的原理和公理，结合鲜食葡萄电商评论文本数据内容分析，一条评论文本数据涉及鲜食葡萄多个属性，消费者对每个属性的评论包含不同的情感倾向，提取评论文本数据中所有的属性词和观点词，即〈属性词，观点词〉词对是目标任务。本研究利用中文句法分析语料 UD 开源树库，根据自定义抽取规则提取〈属性词，观点词〉词对，规则如下：将所有评论文本构建成依存句法关系树，若发现句子分词词性为名词并且是某个形容词的名词性主语，则该名词分词确定为评论属性词，从评论语料库中提取所有的属性词，通过整合提取到的属性词及其同义词，从而构建鲜食葡萄两级属性标签体系。

以"包装到位，味道也不错，就是物流不快"评论句子为例构建依存句法分析树，利用依存句法理论提取到〈包装，到位〉〈味道，不错〉〈物流，不快〉三组词对，其中包装、味道和物流均为名词并且都有对应的形容词修饰，作为评论中描述的对象，刻画鲜食葡萄不同的属性，到位、不错、不快修饰名词主语，其描述的情感极性不同，对应消费者对鲜食葡萄属性持有的不同观点。

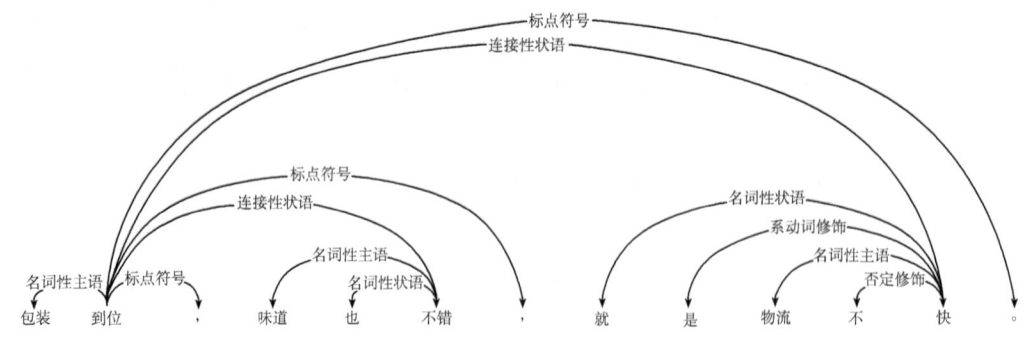

图 14-6　依存句法分析树

根据依存句法分析提取规则，对所有实验数据集中评论数据进行依存句法分析，采用人工校验方式汇总提取的鲜食葡萄属性词及其同义词，构建鲜食葡萄电商评论属性词典。鲜食葡萄电商评论属性词典构成如表 14-18。

表 14-18　鲜食葡萄电商评论属性词典

一级属性	二级属性	同义词
综合品质	品质（15）	品质、品相、总体、整体、质量、果质、肉质、坏果、烂果、款式、卖相、颜值、品牌、正品、精品
内在属性	新鲜度（18）	新鲜度、水分、汁水、汁、果汁、果实、果肉、肉、果皮、皮、表皮、外表、表面、硬度、成熟度、色泽、颜色、保质期
内在属性	口感（21）	口感、味道、风味、口味、味、香味、甜味、果味、酒味、酸味、无籽、核、无核、甜度、酸甜、糖分、香气、果香、玫瑰香、清香、酸度
内在属性	果粒（6）	果粒、颗粒、粒、个头、个儿、大小

（续表）

一级属性	二级属性	同义词
外在属性	价格（8）	价格、价钱、价位、价、价值、性价比、优惠、实惠
	包装（12）	包装、外包装、冷链、冰袋、冰块、箱子、保温箱、泡沫箱、袋子、气囊、真空、泡沫
商家服务属性	物流（12）	物流、速度、发货、快递、送货、配送、运输、空运、配送员、小哥、防护、收货
	服务（14）	服务商家、卖家、店铺、店家、态度、客服、体验、活动、售后、效率、赔偿、诚信、平台、网购

本研究构建的鲜食葡萄电商评论属性词典包括综合品质、内在属性、外在属性和商家服务属性四类一级属性。综合品质描述消费者对电商平台购买鲜食葡萄整体评价，内在属性包括葡萄新鲜度、口感和果粒三类二级属性，描述消费者食用体验，鲜食葡萄外在属性包括价格和包装两类二级属性，描述消费者购买鲜食葡萄感观体验，商家服务属性包括物流和服务两类二级属性，两级属性标签及其同义词共计106个，构成鲜食葡萄电商评论属性词典。

14.4.2 消费者对鲜食葡萄属性的关注度和满意度分析

（1）关注度和满意度分析流程

本节利用依存句法理论建立的属性词典和Bi-LSTM情感分类模型，对多个品种鲜食葡萄电商评论文本数据聚类后的结果分析研究，挖掘消费者对鲜食葡萄属性关注度和满意度，为消费者选购鲜食葡萄和电商平台商家优化营销策略提供合理的建议。鲜食葡萄属性关注度和满意度分析流程如图14-7所示。

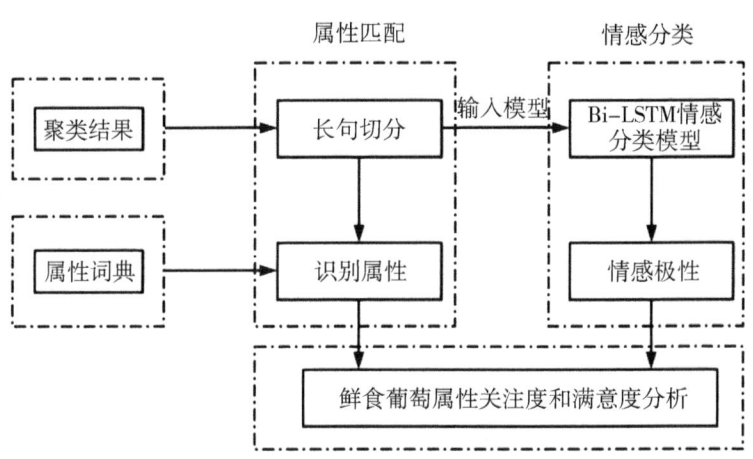

图14-7 鲜食葡萄属性关注度和满意度分析流程

将实验数据集评论长句切分为短句，保留包含鲜食葡萄属性的短句，依据鲜食葡萄属性词典识别短句中包含的属性，通过训练好的情感分类模型判断句子情感极性，根据情感极性计算得到满意度结果。依据划分的实验数据集和评论文本聚类结果，阳光玫瑰好评集、夏黑好评集和巨峰好评集聚为两类，差评数据集聚为三类，依据构建的鲜食葡萄属性词典将葡萄属性划分为两级，对应四个一级属性和八个二级属性，分别计算消费者对阳光玫瑰、夏黑和巨峰葡萄三个品种好评集和一个差评集的属性关注度和满意度。

鲜食葡萄属性关注度和满意度计算规则与流程如图14-8所示。

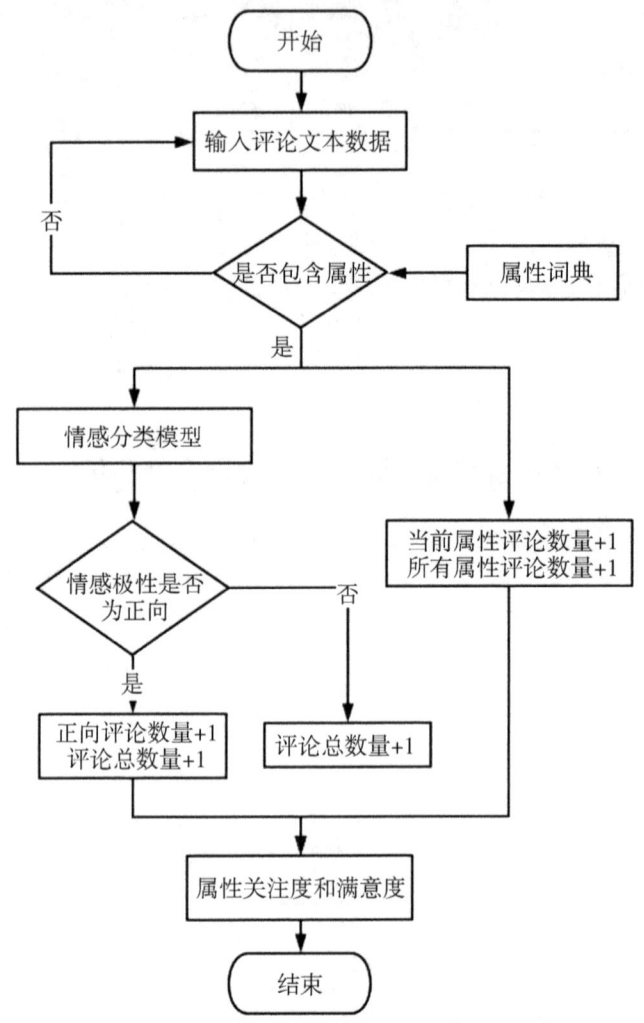

图14-8 属性关注度和满意度计算流程

得到属性关注度和满意度计算公式下：

$$A_i = \frac{SUM(R_i)}{\sum SUM(R_i)} \qquad 公式（14-13）$$

$$S_i = \frac{P_i}{P_i + N_i} \qquad 公式（14-14）$$

其中，i表示鲜食葡萄某种属性，A_i表示属性i关注度，$SUM(R_i)$表示包含该属性评论，$\sum SUM(R_i)$ 表示包含所有属性评论总数。S_i 表示属性 i 满意度，P_i 表示情感极性为积极评论数量，N_i 表示情感极性为消极的评论数量。

（2）好评数据集属性关注度和满意度

阳光玫瑰葡萄电商评论属性关注度见图 14-9 和属性满意度见图 14-10，阳光玫瑰好评数据聚为两类。分析属性关注度，第一类消费者重点关注葡萄口感、果粒和新鲜度，其中口感关注度最高，此类型消费者定义为口感至上型消费者。第二类消费者重点关注葡萄包装、价格、物流和服务等外在属性和商家服务属性，定义为服务至上型消费者。

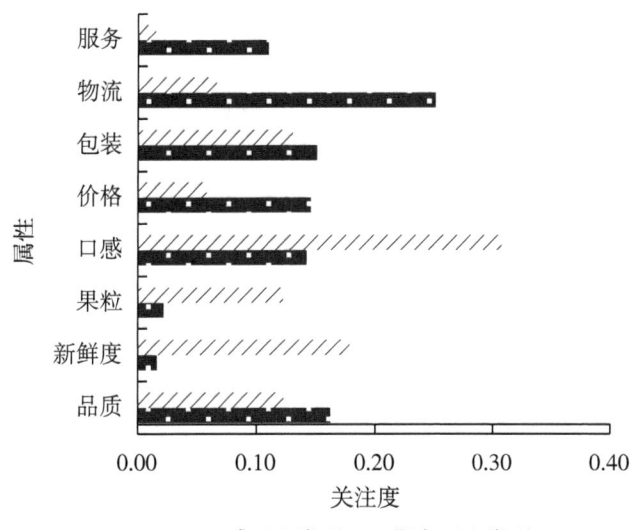

图 14-9 阳光玫瑰葡萄属性关注度

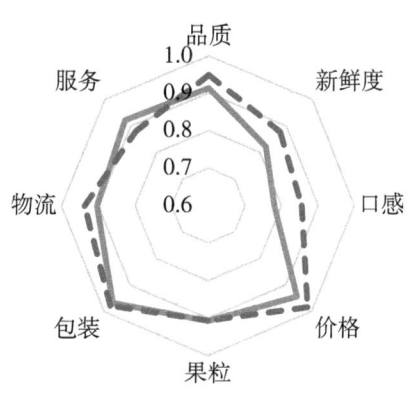

图 14-10 阳光玫瑰葡萄属性满意度

分析阳光玫瑰葡萄属性满意度，消费者属性满意度均高于 0.7，其中口感至上型消费者的服务满意度高于服务至上型消费者，果粒属性满意度接近，其他属性满意度低于服务至上型消费者。两类消费者对包装属性的满意度最高，口感属性的满意度最低。对阳光玫瑰葡萄商家而言，葡萄新鲜度和口感满意度存在提升空间，可以确保货源新鲜度和采取冷链运输等方式提高消费者满意度，促进电商平台阳光玫瑰葡萄的营销。

夏黑葡萄电商评论属性关注度见图 14-11 和属性满意度见图 14-12。夏黑好评数据聚为两类。分析属性关注度，第一类消费者重点关注葡萄口感、果粒、新鲜度和包装等属性，其中口感关注度最高，此类消费者为口感至上类型消费者，第二类消费者关注服务、物流、价格和综合品质，此类消费者为服务至上型消费者。

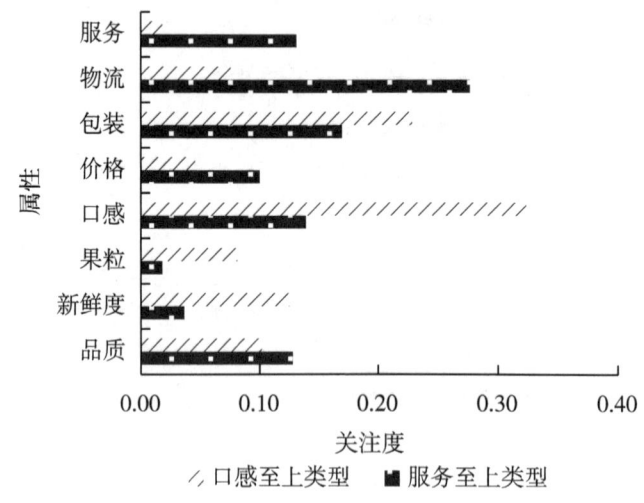

图 14-11　夏黑葡萄属性关注度

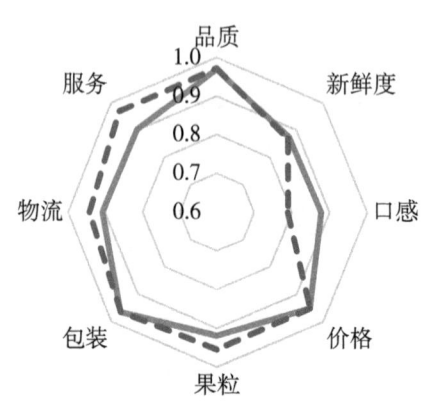

图 14-12　夏黑葡萄属性满意度

分析夏黑葡萄属性满意度，消费者属性满意度均高于 0.7，其中口感至上型消费者的口感满意度高于服务至上型消费者,新鲜度、价格、包装和品质属性满意度接近,物流和服务属性满意度均低于服务至上型消费者。两类消费者品质属性满意度最高,口感属性满意度最低。因此,对葡萄综合品质要求高的消费者可以选购夏黑葡萄。对夏黑葡萄商家而言,葡萄新鲜度和口感满意度存在提升空间,可以采取冷链运输和空运等方式确保葡萄新鲜度和良好的口感来提高消费者满意度,促进夏黑葡萄电商渠道的销售。

巨峰葡萄电商评论属性关注度见图14-13和属性满意度见图14-14,巨峰好评数据聚为两类。分析属性关注度,第一类消费者重点关注葡萄口感、新鲜度和品质等属性,其中口感关注度最高,此类消费者为口感至上型消费者,第二类消费重点关注葡萄服务、物流和包装,此类消费者为服务至上型消费者。

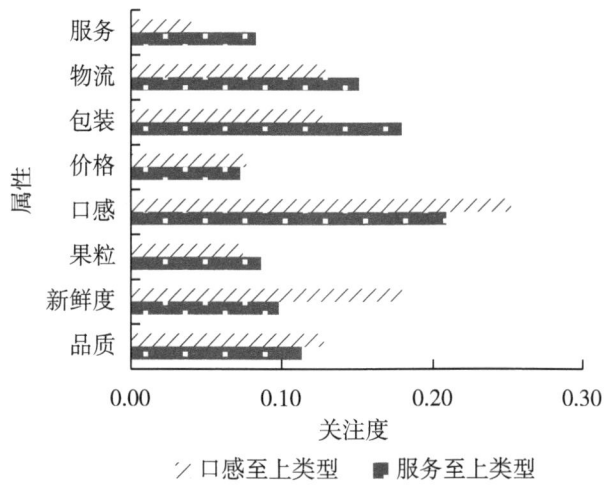

图 14-13 巨峰葡萄属性关注度

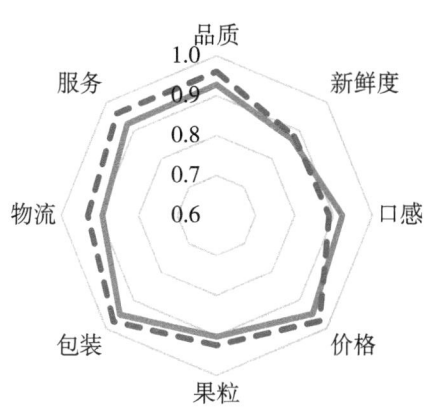

图 14-14 巨峰葡萄属性满意度

分析巨峰葡萄属性满意度,消费者属性满意度均高于0.8,其中口感至上型消费者口感满意度高于服务至上型消费者,新鲜度属性的满意度接近,其他属性的满意度均低于服务至上型消费者。两类消费者包装属性满意度最高,新鲜度属性满意度最低。对消费者而言,巨峰葡萄品质、包装、价格和服务属性满意度较高,对购买葡萄服务要求高的消费者可以购巨峰葡萄。对巨峰葡萄电商商家而言,葡萄新鲜度满意程度不高,需尽可能降低巨峰葡萄在运输过程中的损耗,保持新鲜度,提高消费者满意度,进一步促进巨峰葡萄销售。

(3) 差评数据集属性关注度和满意度

电商差评数据属性关注度见图 14-15 和属性满意度见图 14-16。将差评数据聚为三类,第一类消费者对葡萄服务、物流属性关注度高,第二类消费者对葡萄口感、新鲜度和果粒属性关注度高,第三类消费者对葡萄综合品质属性关注度高。分析差评数据属性满意度图,三类消费者的包装满意度较高,而其他属性满意度低于 0.3,其中葡萄新鲜度和口感满意度低于 0.1。

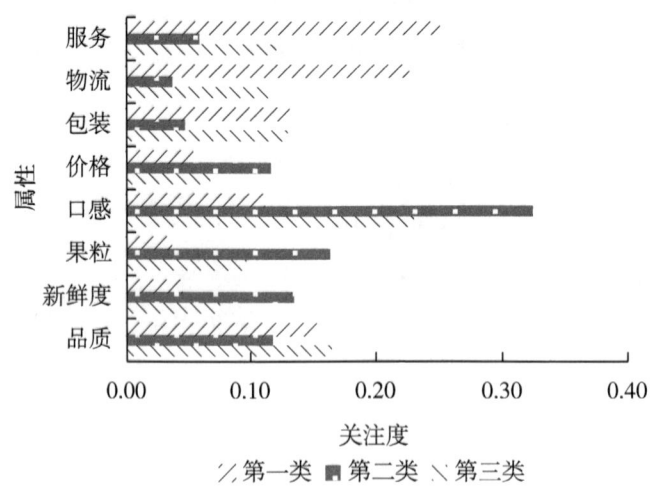

图 14-15　差评数据属性关注度

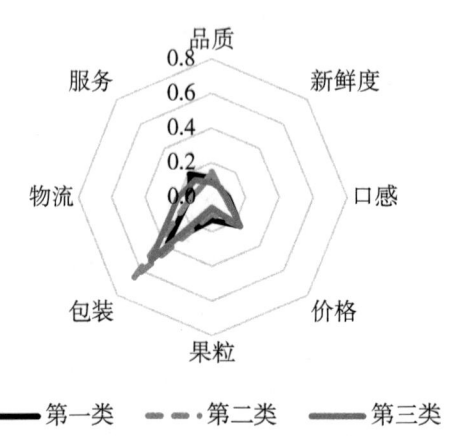

图 14-16　差评数据属性满意度

综合分析差评数据集满意度结果,消费者对鲜食葡萄包装的满意度较高,对果粒、新鲜度和口感满意度较低，原因可能是在鲜食葡萄物流运输过程中产生了掉粒现象，新鲜度和口感也发生变化，未达到消费者的购买预期。消费者差评主要表现在鲜食葡萄综合品质和内在属性方面，因此商家需要提高货源品质，在运输过程中保持鲜食葡萄的新鲜度，提升消费者满意度，进一步促进电商鲜食葡萄产业发展。

14.4.3 结论与建议

综合分析三种鲜食葡萄的属性满意度数据，绘制三种鲜食葡萄二级属性满意度热力图，如表 14-19 所示。对比分析可知：整体而言，消费者对三种鲜食葡萄物流和包装属性满意度接近，依托京东商城电子商务发展，产品物流和包装服务的质量较高。三种鲜食葡萄新鲜度和口感满意度较低，原因在于鲜食葡萄不易储存，运输过程中难以维持新鲜度，易出现品质下降。值得注意的是，消费者对阳光玫瑰葡萄的价格和包装满意度高于其他两种鲜食葡萄，这与阳光玫瑰葡萄价格下降有关。此外，消费者对夏黑葡萄品质、果粒和物流满意度高于其他两种鲜食葡萄，消费者对巨峰葡萄新鲜度、口感和服务满意度高于其他两种鲜食葡萄。

表 14-19 三种鲜食葡萄属性满意度

葡萄品种	综合品质	内在属性			外在属性		商家服务属性	
	品质	新鲜度	果粒	口感	价格	包装	物流	服务
阳光玫瑰葡萄	0.9317	0.8496	0.9074	0.8176	0.9639	0.9718	0.9203	0.9013
夏黑葡萄	0.9710	0.8707	0.9366	0.8334	0.9506	0.9652	0.9247	0.9358
巨峰葡萄	0.9443	0.8757	0.9138	0.9054	0.9612	0.9622	0.9122	0.9428

消费者对阳光玫瑰葡萄价格和包装满意度最高，阳光玫瑰葡萄皮薄肉甜，价格也逐渐亲民，电商平台阳光玫瑰葡萄礼盒装包装精美，广受消费者欢迎。消费者对夏黑葡萄品质、果粒和物流满意程度最高，夏黑葡萄果粒硬脆，果皮呈现紫黑色，综合品质较优，受益于京东商城自营高质量物流服务，夏黑葡萄也广受消费者喜爱。消费者对巨峰葡萄新鲜度、口感和服务满意度最高。巨峰葡萄虽然是老品种，但随着种植面积的缩减和市场供给的减少，巨峰葡萄的市场受欢迎程度有所升高，结合京东商城高效的服务模式，电商平台巨峰葡萄的满意度较高。

总结实验结果和上述建议，有助于商家调整经营战略，提升消费者满意度，促进电商平台鲜食葡萄产业发展。比如，满意度评价显示消费者对鲜食葡萄的新鲜度和口感满意度最低，鲜食葡萄运输过程直接影响到葡萄的新鲜度和口感，商家应确保运输鲜食葡萄过程中采用合理的保鲜方式，适当采取低温和防碰撞等措施保持鲜食葡萄的新鲜度。

参考文献

安璐,胡俊阳,李纲,2019. 基于主题一致性和情感支持的评论意见领袖识别方法研究[J]. 管理科学,32(1):3-13.

陈鹏,齐超,刘人玮,等,2022. 基于支持向量机回归的 LIBS 飞灰含碳量定量分析[J]. 光学学报,42(9):278-285.

陈倬,赵萌,2011. 果蔬供应链的风险分析及其控制措施[J]. 价格月刊(12):42-46.

褚晓泉,2021. 单变量时序数据预测模型研究[D]. 北京:中国农业大学.

党倩,崔阿军,尚闻博,等,2022. 采用欧式形态距离的负荷曲线近邻传播聚类方法[J]. 西安交通大学学报,56(1):165-76.

董林,2014. 时空关联规则挖掘研究[D]. 武汉:武汉大学.

董梦如,王国新,鲁金直,等,2024. 基于 WordCloud 技术的 MBSE 发展态势研究[J]. 系统工程与电子技术,46(2):534-548.

方娜,万畅,余俊杰,2020. 基于改进 PSO 的水火电短期发电优化调度[J]. 现代电子技术(6):127-131.

龚劭齐,2020. 基于 DEA 与机器学习的葡萄生产技术效率评价方法研究[D]. 北京:中国农业大学.

郝少璞,刘全,徐平安,等,2023. 基于余弦相似度的多模态模仿学习方法[J]. 计算机研究与发展,60(6):1358-1372.

侯通,郑启明,姚新文,等,2022. 基于文本挖掘的轨道电路细粒度故障致因分析方法[J]. 铁道学报,44(10):73-81.

胡艳丽,童谭骞,张啸宇,等,2022. 融入自注意力机制的深度学习情感分析方法[J]. 计算机科学,49(1):252-258.

蒋维,2018. 基于改进 PSO-BP 神经网络的个人信用评价模型及算法研究[D]. 成都:电子科技大学.

李宝鑫,杨俐苹,卢艳丽,等,2020. 我国葡萄主产区的土壤养分丰缺状况[J]. 中国农业科学,53(17):3553-3566.

李双海,郑诚乐,侯毛毛,等,2022. 生态肥料对高山巨峰葡萄果实品质的影响[J]. 中国果树(2):75-78.

李松,刘晓楠,刘娟,2023. 基于 JS 散度的不确定数据密度峰值聚类算法[J/OL]. 吉林大学学报(工学版),DOI:10.13229/j.cnki.jdxbgxb20221161.

李鑫, 2021. 基于支持向量回归建模的鲜食葡萄运输感官品质评价与预测 [D]. 北京：中国农业大学.

李玥, 2022. 基于机器学习的鲜食葡萄客户细分及其产品偏好预测模型研究 [D]. 北京：中国农业大学.

林强, 唐加山, 2019. 一种适用于混合型分类数据的聚类算法 [J]. 计算机工程与应用, 55 (1)：168-73.

乔秀峰, 2018. 研究生培养质量评估的一种改进模糊 K-Prototypes 聚类算法 [D]. 大连：大连海事大学.

裘慧奇, 2022. 基于向量矩阵的 Apriori 改进算法研究 [J]. 上海理工大学学报, 44 (1)：56-61, 8.

上官廷华, 冯荣耀, 柳宏川, 2010. 一种基于熵和均方差法综合赋权的 K-means 算法 [J]. 计算机与现代化 (4)：34-6.

苏允汇, 2022. 基于混合数据聚类的葡萄农户生产特征挖掘方法 [D]. 北京：中国农业大学.

谭伟, 唐晓萍, 董志刚, 等, 2015. 5 个鲜食葡萄品种果实酚类物质及抗氧化能力分析 [C] //中国园艺学会 2015 年学术年会论文摘要集, 中国福建厦门：39.

王冬生, 李智轩, 渠赛赛, 等, 2022. 基于 PSO-SVR 的取水泵组优化调度方法研究 [J]. 给水排水, 58 (8)：143-150.

王军伟, 2023. 基于文本聚类与情感分析的鲜食葡萄电商评论信息挖掘 [D]. 北京：中国农业大学.

王凌云, 林跃涵, 童华敏, 等, 2021. 基于改进 Apriori 关联分析及 MFOLSTM 算法的短期负荷预测 [J]. 电力系统保护与控制, 49 (20)：74-81.

王榆夫, 陈莉, 陈可钦, 等, 2022. 世界主要葡萄种质资源数据库的功能与使用 [J]. 植物遗传资源学报, 24 (2)：1-22.

王智, 2023. 基于时间序列聚类的我国鲜食葡萄价格区域特征挖掘与预测 [D]. 北京：中国农业大学.

武倩楠, 2019. 面向消费行为分析的聚类算法研究 [D]. 北京：中国农业大学.

徐亚妮, 张仁颐, 2011. 第三方冷链物流企业运营发展策略 [J]. 物流科技 (6)：118-120.

杨博, 刘树东, 鲁维佳, 等, 2022. 改进遗传算法在机器人路径规划中的应用 [J]. 现代制造工程 (6)：9-16.

杨旭华, 金鑫, 陶进, 等, 2022. 基于图神经网络和依存句法分析的文本分类 [J]. 计算机科学, 49 (12)：293-300.

叶奇明, 梁根, 2010. 量子遗传算法的模糊 K-prototypes 聚类 [J]. 计算机工程与应用, 46 (1)：112-5.

尹世庄, 王韬, 谢方方, 等, 2020. 基于互信息和轮廓系数的聚类结果评估方法 [J]. 兵器装备工程学报, 41 (8)：207-13.

尤众喜, 华薇娜, 潘雪莲, 2019. 中文分词器对图书评论和情感词典匹配程度的影响［J］. 数据分析与知识发现, 3（7）：23-33.

原变鱼, 2021. 鲜食葡萄可持续供应链风险评价的神经网络模型优化及系统［D］. 北京：中国农业大学.

张光华, 高天娇, 陈振国, 等, 2022. 基于 N-Gram 静态分析技术的恶意软件分类研究［J］. 计算机科学, 49（8）：336-343.

张锦强, 苏学德, 李鹏程, 等, 2022. 一年两熟夏黑葡萄日光温室温度变化与果实品质差异性分析［J］. 新疆农业科学, 59（8）：1889-1895.

张源, 陶翼飞, 王加冕, 2022. 基于并行融合机制的改进遗传算法求解 HFSP 调度问题［J］. 计算机应用与软件, 39（6）：252-257.

钟倩漪, 钱谦, 伏云发, 等, 2021. 粒子群优化算法在关联规则挖掘中的研究综述［J］. 计算机科学与探索, 15（5）：777-93.

钟昕妤, 李燕, 2022. 中文分词技术研究进展综述［J］. 软件导刊, 22（2）：1-6.

Aggarwal C C, 2015. Data mining：the textbook［M］. Springer.

Akbar Z, Liu J, Latif Z, 2020. Discovering knowledge by comparing silhouettes using K-means clustering for customer segmentation［J］. International Journal of Knowledge Management, 16（3）：70-88.

Arbelaitz O, Gurrutxaga I, Muguerza J, et al., 2013. An extensive comparative study of cluster validity indices［J］. Pattern Recognition, 46（1）：243-256.

Bouyer A, Hatamlou A, 2018. An efficient hybrid clustering method based on improved cuckoo optimization and modified particle swarm optimization algorithms［J］. Applied Soft Computing, 67：172-182.

Che J X, Wang J Z, 2014. Short-term load forecasting using a kernel-based support vector regression combination model［J］. Applied Energy, 132：602-609.

Chen Y, Liginlal D, 2008. A maximum entropy approach to feature selection in knowledge-based authentication［J］. Decision Support Systems, 46（1）：388-398.

Chung S, Lee H, Yu M, et al., 2005. Identification of key local factors influencing revenue water ratio of Korean cities using principal component analysis and clustering analysis［J］. Water Science and Technology：Water Supply, 5：197-208.

Clerc M, Kennedy J, 2002. The particle swarm-explosion, stability, and convergence in a multidimensional complex space［J］. IEEE Transactions on Evolutionary Computation, 6（1）：58-73.

Cortez P, Cerdeira A, Almeida F, et al., 2009. Modeling wine preferences by data mining from physicochemical properties［J］. Decision Support Systems, 47（4）：547-553.

Deng Y L, Gao Q Y, 2020. A study on e-commerce customer segmentation management based on improved K-means algorithm［J］. Information Systems and E-Business Management, 18（4）：497-510.

Dong J J, Li Q L, Yin H, et al., 2014. Predictive analysis of beer quality by correlating sensory evaluation with higher alcohol and ester production using multivariate statistics methods [J]. Food Chemistry, 161: 376-382.

Fahad A, Alshatri N, Tari Z, et al., 2014. A survey of clustering algorithms for big data: Taxonomy and empirical analysis [J]. IEEE Transactions on Emerging Topics in Computing, 2 (3): 267-279.

Gu Q, Liu Y, Chen L, et al., 2022. An improved competitive particle swarm optimization for many-objective optimization problems [J]. Expert Systems with Applications, 189: 116118.

Huang N E, Shen Z, Long S R, et al., 1998. The empirical mode decomposition and the Hilbert spectrum for nonlinear and non-stationary time series analysis [J]. Proceedings of the Royal Society of London. Series A: Mathematical, Physical Engineering Sciences, 454: 903-995.

Isiet M, Gadala M, 2019. Self-adapting control parameters in particle swarm optimization [J]. Applied Soft Computing, 83 (1): 105653.

Javed A, Lee B S, Rizzo D M, 2020. A benchmark study on time series clustering [J]. Machine Learning with Applications, 1: 100001.

Jin X, 2021. An Improved quantum particle swarm algorithm for routing optimization of wireless sensor networks [J]. International Journal of Circuits, Systems and Signal Processing, 15: 33-39.

Lai X, Hao J, Fu Z, et al., 2020. Diversity-preserving quantum particle swarm optimization for the multidimensional knapsack problem [J]. Expert Systems with Applications, 149: 113310.

Laref R, Losson E, Sava A, et al., 2019. On the optimization of the support vector machine regression hyperparameters setting for gas sensors array applications [J]. Chemometrics and Intelligent Laboratory Systems, 184: 22-27.

Li X N, Zhao Z H, 2020. Location layout design of aircraft parts assembly based on MSVR [J]. Chinese Journal of Aeronautics, 33 (5): 1532-1540.

Li Y, Chu X, Mou X, et al., 2020. An optimized hybrid clustering algorithm for mixed data: Application to customer segmentation of table grapes in China [C]. 10th International Conference on Computer Engineering and Networks (CENet). Xi'an, China: Springer, Singapore: 20-32.

Li Y, Chu X, Tian D, et al., 2021. Customer segmentation using K-means clustering and the adaptive particle swarm optimization algorithm [J]. Applied Soft Computing, 113: 107924.

Li Y, Qi J, Chu X, et al., 2022. Customer segmentation using K-means clustering and the hybrid particle swarm optimization algorithm [J]. The Computer Journal: bxab206.

Li Y, Zhan Z, Lin S, et al., 2015. Competitive and cooperative particle swarm optimization with information sharing mechanism for global optimization problems [J]. Information Sciences, 293: 370-382.

Lin C, Li T S, Kuo P, et al., 2016. Integrated particle swarm optimization algorithm based obstacle avoidance control design for home service robot [J]. Computers and Electrical Engineering, 56: 748-762.

Lin H, Chen Q S, Zhao J W, et al., 2009. Determination of free amino acid content in Radix Pseudostellariae using near infrared (NIR) spectroscopy and different multivariate calibrations [J]. Journal of Pharmaceutical and Biomedical Analysis, 50 (5): 803-808.

Liu F, He Y, Wang L, 2008. Comparison of calibrations for the determination of soluble solids content and pH of rice vinegars using visible and short-wave near infrared spectroscopy [J]. Analytica Chimica Acta, 610 (2): 196-204.

Luo M, Nie F, Chang X, et al., 2017. Adaptive unsupervised feature selection with structure regularization [J]. IEEE Transactions on Neural Networks and Learning Systems, 29 (4): 944-956.

Mu S, Punniyamoorthy M, 2020. Modified dynamic fuzzy C-means clustering algorithm-Application in dynamic customer segmentation [J]. Applied Intelligence, 50: 1922-1942.

Nasr M, Hamdy M, Hegazy D, et al., 2021. An efficient algorithm for unique class association rule mining [J]. Expert Systems with Applications, 164: 113978.

Qi J, Mou X, Li Y, et al., 2022. A novel consumer preference mining method based on improved weclat algorithm [J]. Journal of Enterprising Communities: People and Places in the Global Economy, 16 (1): 74-92.

Roushangar K, Koosheh A, 2015. Evalution of GA-SVR method for modeling bed load transport in gravel-bed rivers [J]. Journal of Hydrology, 527: 1141-1152.

Röder M, Both A, Hinneburg A, 2015. Exploring the space of topic coherence measures [C] //. Proceedings of the Eighth ACM International Conference on Web Search and Data Mining: 399-408

Sheng W, Wang X, Wang Z, et al., 2020. A differential evolution algorithm with adaptive niching and K-means operation for data clustering [J]. IEEE Transactions on Cybernetics, 99: 1-15.

Silva J, Varela N, Lopez L A B, et al., 2019. Association rules extraction for customer segmentation in the SMEs sector using the Apriori algorithm [J]. Procedia Computer Science, 151: 1207-1212.

Sun J, Fang W, Wu X, et al., 2012. Quantum-behaved particle swarm optimization: Analysis of individual particle behavior and parameter selection [J]. Evolutionary Computation, 20 (3): 349-393.

Sun J, Wu X, Palade V, et al., 2015. Random drift particle swarm optimization algorithm: Convergence analysis and parameter selection [J]. Machine Learning, 101: 345-376.

Wei W, 2011. Survey on Chinese text sentiment analysis [J]. Journal of Computer Applications, 31 (12): 3321.

Wu Z, Huang N E, 2009. Ensemble empirical mode decomposition: a noise-assisted data analysis method [J]. Advances in adaptive data analysis, 1: 1-41.

Yang F, Sun T, Zhang C, 2009. An efficient hybrid data clustering method based on K-harmonic means and particle swarm optimization [J]. Expert Systems with Application, 36 (6): 9847-9852.

Yang L, Song L, Han J, et al., 2012. Application of entropy-weight fuzzy comprehensive evaluation method in post safety competency appraisal of special operation staff in coal enterprises [J]. Journal of Software, 7 (10): 2217-2222.

Ye L, Keogh E, 2011. Time series shapelets: a novel technique that allows accurate, interpretable and fast classification [J]. Data Mining and Knowledge Discovery, 22 (1): 149-82.

Zain M Z B M, Kanesan J, Chuah J H, et al., 2018. A multi-objective particle swarm optimization algorithm based on dynamic boundary search for constrained optimization [J]. Applied Soft Computing, 70: 680-700.

Zhang C, Zhang H, Wang J, 2018. Personalized restaurant recommendation method combining group correlations and customer preferences [J]. Information Sciences, 454: 128-143.

Zhang S, Wu X, 2011. Fundamentals of association rules in data mining and knowledge discovery [J]. Wiley Interdisciplinary Reviews: Data Mining and Knowledge Discovery, 1 (2): 97-116.

Zhu C, Zhang J, Liu Y, et al., 2020. Comparison of GA-BP and PSO-BP neural network models with initial BP model for rainfall-induced landslides risk assessment in regional scale: a case study in Sichuan, China [J]. Natural Hazards: Journal of the International Society for the Prevention and Mitigation of Natural Hazards, 100.